高职高专公共基础课系列教材

# 大学生入学指南

(第二版)

主　编　任清华　陈　凯

副主编　林燕清　李　超　林贞香

参　编　杨丽贞　黄林毅　杨剑辉　朱　华　林　琼

朱雅鑫　王桦炜　王之玥

西安电子科技大学出版社

## 内 容 简 介

本书主要介绍了新时代大学生如何适应大学生活，如何学好理论课，如何掌握实践技能，如何与同学相处，如何塑造个人形象，如何投入到丰富多彩的校园文化生活中，如何掌握安全知识，如何践行社会主义核心价值观，如何为将来的职业生涯做好充分准备等。本书还包含《高等学校新型冠状病毒肺炎防控指南》和有关毒品的法律法规等内容，以二维码的形式呈现，供学生学习。

本书适用于高职高专院校大一所有新生进行入学导入教育，可帮助学生更好、更快地适应大学生活。

**图书在版编目(CIP)数据**

大学生入学指南 / 任清华，陈凯主编. —2 版. —西安：
西安电子科技大学出版社，2020.8(2021.8 重印)
ISBN 978-7-5606-5853-7

Ⅰ. ① 大…　Ⅱ. ① 任…　② 陈…　Ⅲ. ① 大学生—入学教育—指南
Ⅳ. ① G645.5-62

中国版本图书馆 CIP 数据核字(2019)第 148885 号

策划编辑　刘小莉
责任编辑　王　斌　阎　彬
出版发行　西安电子科技大学出版社(西安市太白南路 2 号)
电　　话　(029)88202421　88201467　　邮　　编　710071
网　　址　www.xduph.com　　电子邮箱　xdupfxb001@163.com
经　　销　新华书店
印刷单位　陕西日报社
版　　次　2020 年 8 月第 2 版　　2021 年 8 月第 4 次印刷
开　　本　787 毫米×1092 毫米　1/16　印　张　11.5
字　　数　263 千字
印　　数　8601～13 600 册
定　　价　35.00 元
ISBN 978-7-5606-5853-7 / G

**XDUP 6155002-4**

***如有印装问题可调换***

# 前　言

本书自2019年出版以来，由于学院搬迁至新校区及相关工作变化较大，第一版的一些内容已不适应教学的要求，同时考虑到第一版使用者的改进建议，故对其进行修订。本次修订的内容包括:

(1) 学院的基本情况及相关配套设置发生变化，对学院简介、职能部门联系方式、新校区地点及出行方式、学生社区管理服务等内容进行了修订。

(2) 相关政策标准发生变化，对大学生参军入伍政策、奖助学金政策等按新的标准进行了修订。

(3) 对学院专业介绍、社团活动等内容随新学年的发展变化进行了重新编写。

(4) 对部分章节内容做了补充和完善，使相关内容系统、完整。

本书由任清华、陈凯担任主编。参加本书编写和修订的人员有：任清华(前言、第一章)、陈凯(第三章)、林燕清(第五章、第十三章)、李超(第六章)、林贞香(第二章)、王桦炜(第四章)、朱华(第七章)、杨丽贞(第八章)、黄林毅(第九章)、朱雅鑫和王之玥(第十章)、杨剑辉(第十一章)、林琼(第十二章)。

在此，特别感谢西安电子科技大学出版社对本书出版的一贯支持和责任编辑为本书出版所付出的辛劳。

由于编者水平有限，书中难免有疏漏之处，希望广大读者批评指正，并及时反馈给我们(E-mail: 1301283925@ qq. com)。

编　者

2020年6月

# 第一版前言

亲爱的新同学：

祝贺你们进入高等学府，你们的到来为高校注入了活力和新鲜血液，你们是高校的新主人！你们身上洋溢着无限的青春与活力，美丽的校园因为你们更加生机勃勃、更加靓丽多姿。

十年寒窗诚然辛苦，三载春华更需拼搏。大学是人生求学路上的一个重要转折点，对综合素质、道德水平和专业技能的培养以及提高至关重要。大学阶段是用来发展自己的良好时期。在这里，你们将增长知识、掌握技能、学会做人、接轨社会。作为老师，希望同学们将来走出校园、走向社会的时候能够掌握一技之长，具备提升自我的潜能和素质，从而立足社会、回报社会。

大学新生入学教育是高等教育的首要环节，是高校思想政治教育的重要内容，是大学生涯的起点和基石，对整个大学生涯具有导航性和基础性作用。高校一向重视新生入学教育，通过新生入学教育帮助同学们尽快融入大学生活，引导同学们合理规划大学生涯。在总结过去经验的基础上，编者及所在学校的各相关部门合力编写了本书。

作为指南，本书将告诉同学们，新时代大学生如何适应大学生活，如何学好理论课，如何掌握实践技能，如何与同学相处，如何塑造个人形象，如何投入到丰富多彩的校园文化生活中，如何掌握安全知识，如何践行社会主义核心价值观，如何为将来的职业生涯做好充分准备等。同时，为培养大学生的法治意识，本书还将大学生必须了解的政策法规和学院规章制度作为附录，供学生学习。

古人云，“授人以鱼不如授人以渔”。本书不直接阐述学业知识，也不直接传授实践技能，只是想让同学们掌握在大学里发展自己、提升自己的方法。然而，囿于水平，本书难免有疏漏之处，恳请广大师生批评指正。

同学们，跨进了大学校门，人生就有了一个成功的开始，但是有成功的开始不一定就有成功的结果。对勤奋攀登的学生，大学为你们提供了通向成功的阶梯；而对不求上进、混日子的学生，大学却提供不了“保险”，你们虚度的青春年华也永远无处补偿。从这个意义上讲，成败系于自己，未来就在自己手中，你们的青春你们自己做主！

预祝同学们学有所成，身体健康，生活愉快！

编　者

2019 年 6 月

# 目　录

## 第一部分　学院概况篇



## 第二部分　大学生活篇

# 第一部分

## 学院概况篇

# 第一章　学院基本情况

## 一、学院简介

湄洲湾职业技术学院是一所面向全国招生的公办专科层次全日制工科类高等职业院校。学院地处妈祖的故乡——莆田，始建于 1985 年，2004 年经福建省人民政府批准升格为高职院校。

多年来，学院牢固树立“服务地方发展、服务学生发展”的办学理念，秉承“学为成人”的校训，确立了“坚持立足莆田，面向福建，服务国家‘一带一路’倡议，培养身心健康、品行优秀、技术精湛，具有良好人文素养、创新素养的新时代高素质技术技能人才”的办学定位，突出“坚持内涵质量发展、特色创新发展，深化产教融合、校企合作，建设‘亲地方产业、创行业特色、树职教品牌’”的现代高职院校特色，先后获评福建省示范性现代职业院校 A 类 2018 年培育院校、教育部高职高专人才工作水平评估“优秀”院校、首批“1+X”证书制度试点院校、全国“职业院校数字校园建设实验校”、全国现代学徒制试点院校、全国五好基层关工委(中国关心下一代工作委员会)“先进集体”、教育部全国十所高职院校关心下一代工作联系点、全国教育网络系统示范单位、福建省第一届文明校园、福建省高校安全稳定先进院校。

学院现有两个校区，莆田城区规划建设新校区 2000 亩，一期投资 24 亿元、建设 900 多亩，2019 年秋季实现主体搬迁；旧校区占地面积 400 多亩，建筑面积 15.5 万平方米。设有机械工程系、自动化工程系、化学工程系、信息工程系、工商管理系、工艺美术学院、建筑工程系、医学院、学前教育系 9 个教学单位。同时，学院还辖属莆田卫生学校、莆田市高级技工学校、福建省湄洲湾职业技术学校三个中专学校。学院现有教职工 453 人，专任教师 245 人，双师型教师 157 人，大中专在校生 1.5 万余人。

近年来，学院坚持走内涵发展道路，现有中央财政支持的提升专业服务产业专业 2 个、首批“1+X”证书制度试点专业 1 个、国家级现代学徒制试点专业 1 个，省级服务产业特色专业群 4 个，省级精品专业 2 个，省级示范专业 6 个，省产教融合示范专业 1 个，省级现代学徒制试点专业 4 个，省级二元制试点专业 10 个，省级创新创业教育改革试点专业 4 个；建有国家级职业教育专业教学资源库备选库 1 个；获得国家级教学成果奖 1 项，省级教学成果奖 4 项，省级教学改革研究项目 4 项，拥有省级教学团队 1 个，省级教学名师 2 人、省级专业带头人 9 人，省级精品课程 9 门，省级精品资源共享课程 2 门，省级中高职衔接专业指导性人才培养方案开发项目 1 个；建有国家财政支持实训基地 2 个，省财政支持实训基地 2 个，省级生产性实训基地 5 个，省级 VR/AR 实训基地 1 个。

学院先后被授予“第三批全国高职院校体育工作‘一校一品’示范基地”“福建省创新创业创造教育示范院校”“全国新型职业农民培育示范基地”“福建省农民工‘求学圆梦行动’项目培训基地”“福建省新型职业农民培育示范基地”。

学院还是 IT 职业技术教育工程定点院校、闽台高校合作交流定点院校、福建省高技能人才培养培训基地、福建省高校毕业生创业培训基地、福建省高校毕业生创业孵化基地、福建省大学生创新创业园、福建省高职院校应用技术协同创新中心、福建省高校石化产业人才培养培训基地、福建省自学考试定点院校、国家职业技能鉴定站等。

学院坚持开放办学。与台湾明道大学、台湾中山医学大学、泰国-台湾(BDI)科技学院、台湾中州科技大学、台湾弘光科技大学等 10 多所高校开展合作交流；与福州安博榕、深圳卫国教育、厦门布塔、中软国际、健康力等 5 家公司合作成立产业学院；分别与中国高技术服务业联盟、华峰实业、瑞斯健康等公司共建电子商务、纺织材料与应用、护理专业；与三棵树资料股份有限公司、厦门中软卓越教育科技有限公司、福建骠骑网络科技有限公司等知名企业开展校企合作；与莆田鞋机鞋材同业商会、鞍钢冷轧、钜能电力、三棵树涂料、振兴乡村集团等企业合办“冠名班”“订单班”“店长班”“振兴乡村班”；与莆田民办教育协会、福建佳通轮胎、三棵树涂料、华峰实业、瑞斯健康、莆田人民医院、顺丰速运、善艺工艺、青竹林软件科技等单位合作建设集生产性和教育性为一体的“厂中校”。

## 二、办学理念

### 1. 办学理念

服务地方发展，服务学生发展。

### 2. 办学方向

以立德树人为根本，以服务发展为宗旨，以促进就业为导向，培养职业精神与技术技能高度融合的社会主义合格建设者和接班人。

### 3. 办学定位

立足莆田，面向福建，服务国家“一带一路”倡议，培养身心健康、品行优秀、技术精湛，具有良好人文素养、创新素养的新时代高素质技术技能人才。

### 4. 办学思路

坚持内涵质量发展、特色创新发展，深化产教融合、校企合作，建设“亲地方产业、创行业特色、树职教品牌”的示范性现代高职院校。

### 5. 专业定位

深度对接莆田产业发展规划，健全专业动态调整机制，实现“工科做强、工艺做精、工商做优、医学做特”。

## 三、校训、校标、校歌

### 1. 校训

校训为：“学为成人”。“成人”语出《论语·宪问》：“子路问成人，子曰：‘若臧武仲之知，公绰之不欲，卞庄子之勇，冉求之艺，文之以礼乐，亦可以成人矣。’”“学为成人”语出陈亮《甲辰秋答朱元晦秘书》：“故亮以为学者，学为成人，而儒者亦一门户中之大者耳。”

“学”即学生要学知识、学技能、学做人。“成人”即要求学生文化知识合格、技术技能过关、人格品德完善，成为德才兼备的人，成为自立自强的人，成为对社会有用的人。

“学为成人”就是要求全体学生不仅要学好理论知识、掌握技术技能，还要培养良好的职业道德和职业精神，具备创新和持续发展的能力，成为德才兼备、全面发展的人。

### 2. 校标

校标设计以“湄”的汉语拼音首字母“M”为基本造型元素，由线条的粗细变化形成。该校标具有明显的沿海地域特色，寓意学院有海纳百川的胸怀。整体造型为圆形，象征至善圆满，寓意湄职人成事的圆熟、学子学业的圆满。主色调为蓝色，源自大海，寄怀“青出于蓝而胜于蓝”的理念。校标中心形状似擎帆航行的船，象征学院正扬帆高歌、勇往直前，象征学子的梦想在这里扬帆起航，也蕴含“学海无涯苦作舟”之意，提醒莘莘学子要刻苦努力。其形状又似大海中的波涛，激励湄职人在学院建设发展中要勇于乘风破浪，敢当高职办学的弄潮儿。

3. 校歌

## 追梦的校园

——湄洲湾职业技术学院

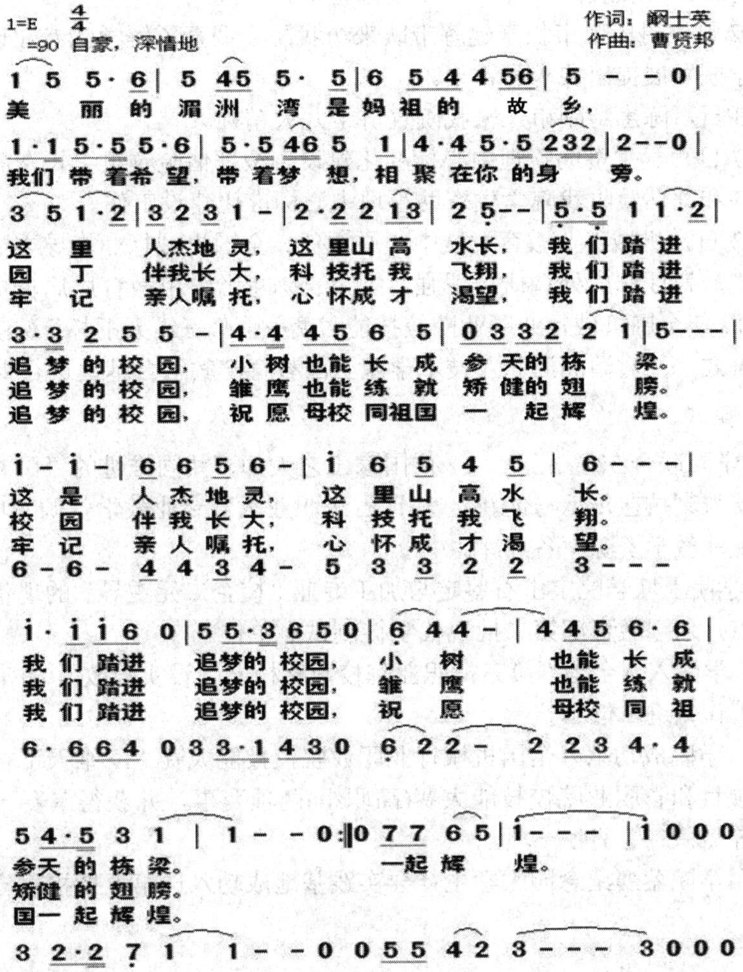


## 四、2017—2019 年学院大事记

### （一）2017 年学院大事记

#### 1. 省市领导来访

(1) 1月，杨金贤副省长、省教育厅黄红武厅长来莆田调研，我院许冬红院长赴市政府参会并报告学院发展情况。

(2) 2月7日和8日，市委书记林宝金、市长李建辉带领市直有关部门负责人，调研大学城迁建工作，学院党委书记林建华陪同。

(3) 6月，省教育系统关工委主任郭荣辉、副主任兼秘书长陈晃、副秘书长吴选兴、市教育系统关工委主任郑元池及来自全省28所高职高专院校的关工委领导莅临我院，参加省高职高专院校关工委工作协作会。

(4) 9月6日，全国政协常委、省政协副主席、福建中华职业教育社主任郭振家率领省职教社领导一行7人莅临我院，开展职业教育调研。

(5) 9月12日，莆田市市长李建辉带队来访我院，调查了解学院专业设置、招生就业等情况，并对学院发展提出要求和希望。

(6) 11月3日，陈惠黔副市长来我院宣讲十九大精神。

(7) 11月7日，学生资助管理中心标准化建设省级评估验收组组长李萍一行4人莅临我院，全面考核和评估验收我院学生资助管理中心标准化建设工作。

(8) 12月3日，机械工业教育发展中心原主任、全国机械行业指导委员会专家顾问组组长孙长庆，省教育厅职成处调研员罗强，副市长陈惠黔，市教育局局长卓金贤等出席在我院举办的2017年全国机械行业职业院校技能大赛——“三维天下杯”逆向建模创新设计与制造大赛开幕式，并对湄洲湾职业技术学院卫国教育产教融合基地进行揭牌。

**2. 学院大事**

(1) 7月，学院联合32家企业、12位国家工艺大师，共同推进的“民族文化传承与创新子库——传统雕刻技艺传承与创新”，获评省级职业教育专业教学资源库项目，并入选教育部职业教育专业教学资源库备选库。

(2) 9月，学院上塘学院宝玉石鉴定与加工专业“校企二元主导”的现代学徒制人才培养模式改革试点，入选教育部第二批现代学徒制试点单位。

(3) 12月，学院入选全国“第三批职业院校数字校园建设实验校”，并获得“福建省高校教育信息化工作先进单位”。

(4) 12月，学院成功承办全国机械行业职业院校技能大赛“三维天下杯”逆向建模创新设计与制造项目和省职业院校技能大赛(高职组)两项赛事，并获得国赛一等奖、优秀教师奖、省赛一等奖和二等奖各一项。

(5) 12月，学院蔡襄纪念园大学生社会实践基地成功入选第五批福建省大学生社会实践基地。

### （二）2018年学院大事记

**1. 国家、省市领导来访**

(1) 4月22日，省住建厅副厅长蒋金明带队，省建筑设计研究院原院长、首席总建筑师黄汉民，省建筑工程技术中心总建筑师施锦华，省住建厅规划处处长洪榕，省住建厅规划处主任科员卓高松来莆田调研，了解我院新校区建筑设计情况。副市长郑瑞锦、市政府副秘书长郭凤来、学院党委书记林建华陪同调研。

(2) 5月下旬，莆田市人大常委会沈萌芽副主任等来校开展职业教育执法检查。

(3) 7月11日，省委常委、秘书长、宣传部长梁建勇来我院新校区检查指导防御台风工作。

(4) 7 月 13 日，莆田市委书记林宝金调研新校区迁建项目。

(5) 8 月 22 日，莆田市市长李建辉调研我院新校区。

(6) 9 月 18 日，教育部现代学徒制专家王树生、林晓丹、杨尊东等一行对我院现代学徒制试点项目进行中期检查。

2. 学院大事

(1) 1 月，学院被授予福建省学生资助管理中心第三批标准化建设达标单位。

(2) 3 月，学院承办并参加 2018 年省职业院校技能大赛(高职组)“化工生产技术”赛项，获团体三等奖。

(3) 4 月，学院承办 2018 广东省职业教育机械设计与制造专业教学资源库例会。

(4) 5 月，学院入选“福建省示范性现代职业院校建设工程”2018 年 A 类培训项目。

(5) 5 月，学院获全国职业院校技能大赛高职组 “复杂部件数控多轴联动加工技术”赛项三等奖。

(6) 5 月，学院获福建省第三届中国(福建)女大学生创新创业大赛科技创新组优秀奖。

(7) 6 月，学院获 2018 年全国职业院校技能大赛“工业产品数字化设计与制造”“化工生产技术”赛项团体三等奖。

(8) 8 月，学院入选福建省高校第二批马克思主义理论读书社。

(9) 8 月，学院获福建省职业学校创新创效创业大赛特等奖一项。

(10) 9 月，学院作品《湄园告白》入围教育部 2018 年新时代教师风采公益广告。

(11) 10 月，学院获第八届全国数控技能大赛决赛三等奖。

(12) 10 月，学院妈祖文化社区教育特色品牌入选 2018 年福建省终身教育重点建设项目。

(13) 10 月，学院获“和职教杯”第二届福建省黄炎培职业教育奖创新创业大赛金奖、银奖各一项。

(14) 11 月，学院许冬红院长在第四十届清华大学教育信息化高峰论坛上做报告。

(15) 12 月，学院承办并参加 2018 年全国机械行业职业教育技能大赛，获一等奖。

(三) 2019 年学院大事记

(1) 5 月 10 日，致公党福建省委专职副主委吴棉国、秘书长王惠忠等一行走访我校，调研高校致公党组织工作，并看望基层党员。学院党委书记林建华、副书记林鹤柱，致公党莆田市委会主委陈道成等陪同。

(2) 7 月 16 日，全国政协委员、民建福建省委主委、省中华职教社主任吴志明一行来莆调研职业教育，并举行座谈会。吴主任一行实地考察湄洲湾职业技术学院，查看学院实训基地建设，听取学院工作汇报。调研组一行充分肯定学院所取得的办学成绩，并对学院把妈祖“立德，行善，大爱”作为校园文化，开展健康教育、劳动教育、大爱教育等立德树人工作表示赞赏。

(3) 11 月 27 日下午，福建省委第六巡回指导组张元闽副组长一行到湄洲湾职业技术学院调研指导“不忘初心、牢记使命”主题教育工作。指导组一行先后参观了学院新校区体育馆、学生宿舍楼、食堂以及系部教学楼建设情况，随后参加了座谈会。张元闽副组长对学院开展“不忘初心、牢记使命”主题教育工作给予充分肯定，认为学院领导干部对此次主题教育活动高度重视，组织严密，工作有亮点，开展扎实，气氛浓厚、效果显著。

(4) 12 月 10 日，副省长、市委书记林宝金，市委副书记、市长李建辉深入学院新校区实地调研。省委主题教育第六巡回指导组副组长张元闽，省委统战部部务会议成员、省中华职教社党组书记王秋梅，市领导阮军、林庆生、周青松、吴桂芳、郑瑞锦、胡国防、林惠中等参加。林宝金、李建辉先后观看了办学成果展，参加了该校首届“创新创业创造”教育实践启动仪式，查看了健康力产业学院、工艺系、自动化系、机械系教学情况以及学生宿舍、食堂、体育场馆建设情况，与师生面对面进行了交流。林宝金、李建辉要求学校进一步深化改革创新，强化产教融合，校企合作，加快培育具有专业技能与工匠精神的高素质人才，为莆田市高质量发展提供人才保障。

# 第二章　学院专业介绍

## 一、机械工程系

机械工程系创办于1985年，目前开设有机电一体化技术、数控技术、汽车检测与维修技术、智能控制技术、储能材料技术这5个专业。其中数控技术专业为中央财政支持的重点建设专业、省级产教融合示范专业；机电一体化技术技术专业为省级精品专业，与台湾兰阳技术学院合作，引进了台湾先进的人才培养模式，该专业在2013年福建省省级专业评估中排名第二；汽车检测与维修技术专业为中德合作项目，建有省级生产性实训基地。

机械工程系拥有知识结构合理的专、兼职教师40余人，其中国家级技能大赛裁判1人，省级教学名师1人，市级专业带头人2人，副高级职称以上的教师8人，双师型教师占80%。该系教师主、参编教材10余种，发表论文100余篇，承接省部级教学研究课题5项。

机械工程系拥有设备完善的实验室：数控五轴加工实验室、智能制造实训室、基础实验室、测量实验室、PLC实验室、CAD实验室、自动化加工实验室，以及大学生创业基地和校外固定的职业技能实习实训基地。自动化加工实验室采用了引企入校的方式，由一线工作人员带领学生进行自动化加工实训，真正实现“学中做、做中学”的实境教学模式。

机械工程系鼓励学生积极参加各级各类竞赛，并取得了优异的比赛成绩。在2011年福建省高职院校技能大赛中，“机械部件创新设计与制造”技能竞赛项目获得了“机械创新设计与制造”项目二等奖，“数控机床装配、调试与维修”技能竞赛项目获得优秀奖；在2017年福建省高职院校技能大赛中，“复杂部件数控多轴联动加工技术”获福建省第一名(一等奖)、国赛三等奖；在2017年全国机械行业“三维天下杯”逆向建模创新设计与制造大赛中获全国一等奖；在2018年福建省高职院校技能大赛中，“复杂部件数控多轴联动加工技术”“工业产品数字化设计与制造”这两个项目均获福建省第一名(一等奖)、国赛三等奖；在2018年全国数控技能大赛福建选拔赛中，“计算机程序员设计与制造”项目获福建省第一名、国赛高职组三等奖。

先进的实验设备、现代化的教学手段、稳定的校外实训基地，增强了学生的职业技能，提高了学生的就业竞争力。多年来毕业生深受各用人单位欢迎。机械工程系与京东方、鞍钢冷轧、钜能电力等企业建立了长期的合作关系，形成了教学、实践、就业一体的人才培养模式。根据用人单位需求，机械工程系和企业合作开设了汽车检测与维修、数控技术、机电一体化三个专业方向的校企订单班，合作企业负责订单班全部学生的就业。

**1. 机电一体化技术 (省级示范专业、省级实训基地)**

**培养目标**：培养具有与本专业相适应的文化水平及素质，掌握本专业的技术知识，具备相应实践技能以及较强的实际工作能力，适应现代化机电产品制造业生产、设备维护、技术服务第一线需要的，具有综合能力和全面素质的技术技能型人才。

**主干课程**：机械制图与计算机绘图、机械设计基础、电气控制与 PLC 技术、单片机原理及应用、液压与气动技术、机电控制技术基础。

**就业方向**：大中型企业机电一体化设备的设计、安装、调试、维修、维护、产品销售，以及机电企业的生产管理等工作。

**合作企业**：鞍钢冷轧钢板(莆田)有限公司、福建华佳彩有限公司、福建钜能电力有限公司、福建华峰实业有限公司、厦门唯科模塑科技有限公司、福州京东方光电科技有限公司。

**订单班**：鞍钢创新人才班、“互联网 + 订单培养”——京东方班、厦门唯科卓越技能人才培养——“唯科班”。

**2. 数控技术(重点建设专业、省级产教融合示范专业)**

**培养目标**：培养掌握数控加工工艺编制，加工编程技术，数控车、铣及加工等机床操作、调试及维护技术，生产组织管理，数控加工设备售后技术服务等知识和技能的技术技能型人才。

**主干课程**：机械制图与计算机绘图、机械设计基础、数控编程与加工技术、数控加工工艺、数控机床维护技术、CAD/CAM 技术应用、PRO/E 技术与应用、Mastercam 技术与应用。

**就业方向**：从事数控车、铣及加工等机床操作、调试及维护，生产组织管理，数控加工设备售后技术服务等工作。

**合作企业**：鞍钢冷轧钢板(莆田)有限公司、福建华佳彩有限公司、福建钜能电力有限公司、福建华峰实业有限公司、福州京东方光电科技有限公司、厦门唯科模塑科技有限公司。

**订单班**：厦门唯科卓越技能人才培养——“唯科班”、“互联网 + 订单培养”——京东方班、鞍钢创新人才班。

**3. 汽车检测与维修技术 (省级生产性实训基地)**

**培养目标**：培养面向汽车市场的检测、维修与服务，具有与本专业相适应的文化水平与素质，掌握现代汽车检测、维修、服务技能的技术技能型人才。

**主干课程**：汽车发动机技术及检修、汽车电器与辅助电子系统技术及检修、汽车传动系统技术及检修、汽车行驶转向与制动系统技术及检修、汽车综合性能检测、汽车综合故障诊断。

**就业方向**：从事汽车维修、汽车综合性能的检测和技术管理、汽车及汽车零配件销售或售后服务、汽车技术服务与贸易等工作。

**合作企业**：莆田汽车流通协会、莆田奔驰之星、莆田奇奇汽车销售服务有限公司、莆田兴隆达汽车销售有限公司、福州蜂行者汽车服务有限公司。

### 4. 智能控制技术

**培养目标：** 培养掌握智能控制技术的基本知识和基本技能，从事智能控制技术下的数码智能控制、测试智能控制、监控智能控制、环保智能控制等产品的设计、制造、营销、维护、检测和管理工作的技术技能型人才。

**主干课程：** 机械制图、电工电子技术、机械设计基础、传感器与检测技术、工业机器人应用技术、小型智能控制系统集成、单片机应用技术、CAD 应用技术、工控组态与 PLC 应用。

**就业方向：** 从事大中型企业智能系统、智能信息处理、智能行为决策等方面的研究、开发设计、工程应用等工作。

**合作企业：** 莆田市鞋业协会、莆田糠达自动化、福州京东方光电科技有限公司、莆田市雷腾激光数控设备有限公司、福建钜能电力有限公司、福建华峰实业有限公司、浙江恒逸集团有限公司。

### 5. 储能材料技术

**培养目标：** 培养掌握储能材料技术专业知识和技术技能，面向储能材料与器件行业的锂离子电池材料生产、锂离子电池制造及动力电池回收售后等职业群，能够从事生产操作、工艺技术管理、物化检验检测与控制、材料销售、动力电池检测维修等岗位工作的高素质创新型应用型技术技能人才。

**主干课程：** 机械制图、电工电子技术、AutoCAD、储能材料生产过程控制、储能电池模组设计与应用、储能材料基础、锂离子电池基础与技术、电动汽车与电池、储能材料营销、班组建设与管理、电池梯级利用与循环。

**就业方向：** 面向新能源材料制备维护保养，新型节能材料的生产与应用、工艺与控制、设备与维护、销售与服务技术领域等工作。

**合作企业：** 青创未来集团、福建东南电化股份有限公司、云度新能源汽车股份有限公司、福建申远新材料有限公司、湄洲湾氯碱股份有限公司、福建中锦新材料有限公司。

## 二、化学工程系

化学工程系是湄洲湾职业技术学院的特色院系，是学院最早开设的院系之一，是培养技术技能型人才的工科院系，是福建省重点支持的高技能石化人才培养培训基地，现开设有应用化工技术、油气储运技术、食品药品监督管理、工业分析技术、纺织材料与应用等福建省石化、能源、针织等行业急需的专业。其中应用化工技术专业是省级精品专业和省级示范专业，2013 年被评为省级示范专业，与莆田学院联办应用化学本科专业。化学工程系现拥有教职工 16 名，其中副教授、高工 7 人，博士、硕士 8 人，双师型教师 14 人，全国化工职教教学名师 1 名，福建省优秀教师 1 名，莆田市优秀人才 1 名，师资结构合理，具有较强的教学、科研能力。该系拥有 1 个省级示范实训基地、3 门省级精品课程、1 个中央财政和省级财政支持的化工实训基地，建有面积达 360 多平方米的具有实际生产能力的化工实训车间，拥有包括分析测试实训室、化工单元操作实训室、化工仿真实训室、化工综合技能实训室、无菌实验室、化工生产实训车间等 21 个实训(验)室在内的、面积达 1300 余平方米的独立化工实训大楼，实训条件全省领先。2009 年，该系的“应用化工高技能培养模式研究”获省高等教育教学成果二等奖。

化学工程系学生参加石油与化工职业院校技能大赛获得一等奖 1 项、三等奖 3 项；省级技能大赛获得团体一等奖 2 项、二等奖 1 项、三等奖 5 项。该系毕业生表现出较强劲的竞争力，就业率历年均达到 98%以上，2018 年用人单位对毕业生质量评价总体优良率高达 90.6%。目前，该系与中海油(福建)、福建炼化、华峰实业、福建华佳彩、三棵树涂料、湄洲湾氯碱、福建滨海化工、福建东南电化、赛得利(福建)纤维、翔鹭石化、石狮佳龙石化、福建中锦新材料、福建申远新材料、闽中有机食品等周边 20 多家知名企业联合建立了校外实训基地，以培训企业员工、共同开发科研项目等形式促进校企间深度合作，在办学体制创新、管理制度完善、运作机制改革方面进行探索，积极寻求适合各专业发展的途径。化学工程系的系训是“以德立身，以校立本，校企互动，学为成人”。

**1. 应用化工技术(省级示范专业)**

**培养目标：**培养具有良好的思想品质、职业道德、团队协作和敬业精神，掌握化工生产基本原理和技术，具备化工生产、产品检测、仪表使用、设备维护、管理和营销等实践能力，能从事化工生产操作、产品检测、设备运行维护、生产管理与产品营销等工作的高素质技术技能型人才。

**主干课程：**基础化学(实验)、化工仪表及自动化、化工单元操作技术(包括 DCS 操作)、分析测试技术、化工设备认知与制图、化工安全与环保等。

**就业方向：**化工、医药、能源、材料、轻工、食品、环保等行业；主要岗位有现场操作岗位、中控室操作岗位、物性检验岗位、设备维修维护岗位、班长管理岗位等。

**合作企业：**三棵树涂料股份有限公司、永荣科技有限公司、福建佳通轮胎有限公司、福建中锦新材料有限公司、福建省东南电化股份有限公司、翔鹭石化股份有限公司。

**订单班：**三棵树涂料班、永荣科技班、中锦新材料班。

**2. 油气储运技术**

**培养目标：**培养具有良好的思想品质、文化修养、职业道德、团队协作和创业创新精神，掌握油气输送及油气储存工艺基本原理和技术，具备油气储运生产运行系统的安装、检测、调试、运行、操作、维修、维护和管理等实践能力，能从事油气储运，油气质量检测，油气储运设备、仪表的操作与维护，石油化工产品营销，城市供气及安全管理等相关工作的高素质技术技能型人才。

**主干课程：**基础化学(含实验)、储运设备认知与制图、化工单元操作技术(DCS 技术与操作)、化工电气与仪表自动化、油气储存与销售、城市燃气输配等。

**就业方向：**油气储存、检验、销售，城市燃气公司管路维护，燃气输配技术与管理；各大、中型油气库从事产品质量检验、油气库存储和维护等技术与管理工作。

**合作企业：**福建中原港务有限公司、永荣科技有限公司、福建佳通轮胎有限公司、福建中景石化有限公司、福建省东南电化股份有限公司、翔鹭石化股份有限公司。

**订单班**：中景石化订单班、中原港务班、钜能电力班。

3. 食品药品监督管理

**培养目标**：面向莆田市及周边地区食品、药品等产业，培养从事食品、药品生产的质量检测、质量控制及质量监督管理所需基本知识和实践能力，具备良好的身心素质、职业道德，以及一定的组织和管理能力、团队协作能力、社会适应能力和创新创业能力的高素质技术技能型人才。

**主干课程**：食品化学、食品与药品安全与质量控制、药品分析与检测技术、食品掺伪鉴别检验、食品理化检测技术、药品质量检测技术。

**就业方向**：在食品、药品等行业企事业单位从事食品、药品生产，质量检测，质量控制及质量监督管理工作，以及食品加工、食品配方研发和生产工艺改进等工作。主要为莆田市食药局、南日集团等国有企事业单位培养人才。

**合作企业**：福建复茂食品有限公司、莆田市振兴乡村集团有限公司、福建达利食品有限公司、福建省亚明食品有限公司。

**订单班**：达利食品班、天辰耀隆班。

4. 工业分析技术

培养目标：培养德、智、体、美、劳全面发展，具备原料、产品质量检测与管理等基础知识，掌握原料、产品质量检测常规技术和现代分析测试方法，能够从事原料、产品质量检测与品质管理等岗位工作的技术技能型人才。

**主干课程**：基础化学操作技术、仪器分析、化工产品检验、食品理化检测技术、环境监测与评价、化验室组织与管理等。

**就业方向**：从事产品与商品质检、品管、化验及实验室管理、生产管理、技术服务等工作，可担任化验员、质检员、品管员、环保员、研发员、实验室管理员、化学试剂与分析仪器销售经理等。

**合作企业**：三棵树涂料股份有限公司、永荣科技有限公司、福建中锦新材料有限公司、福建达利食品有限公司、福建省东南电化股份有限公司、翔鹭石化股份有限公司。

**订单班**：三棵树涂料班、达利食品班、永荣科技班。

5. 纺织材料与应用

培养目标：培养从事纺织新材料及产品开发应用、纺织面料设计、家用纺织品设计与生产管理、质量控制、工艺设计、技术改造等工作的高素质复合型技术技能人才。

**主干课程**：化工设备认知与制图、纺织材料识别与应用、纺织材料基本加工工艺、化工单元操作、纺纱生产过程、纺织品图案设计。

**就业方向**：纺织材料生产管理、生产调度、半制品与成品的质量检验测试、质量控制、工艺设计、产品研发、设备安装与维护、设备管理、纺织品营销、面料分析与检测等工作。

**合作企业**：福建华峰实业有限公司、赛得利(福建)纤维有限公司、福建中锦新材料有限公司。

**订单班**：华峰订单班。

## 三、信息工程系

信息技术正成为当今的主流技术，信息技术人才需求、薪酬一直处于职场排行榜前列。信息工程系主要开设了信息系统设计、开发、维护与处理，计算机硬件的安装、配置、管理和运行操作技术，计算机网络应用、设计基本技能，物联网设备的安装、调试和检修、维护，网络编程，动漫制作技术、图形图像制作处理等多门课程，培养具有较强专业综合能力和良好职业道德，适应信息技术工作第一线需要的高素质技能型人才。

信息工程系师资力量雄厚，现有教职工 20 多人，其中专任教师 16 人，教授 1 人，副教授 5 人，双师型教师 12 人，硕士以上学历的教师 10 人，外聘教师 12 人。该系现开设有计算机应用技术、动漫制作技术、物联网应用技术、大数据技术与应用、虚拟现实应用技术、软件技术等专业。该系与知名企业合作共建了院内外实训基地，包括已建成的以计算机实验为中心的信息技术实训基地，以及院外 10 多个实训基地及院内 6 个实验(训)室，即软件工程实验室、网络综合布线实训室、数字媒体技术实验室、网络综合实验室、网络安全实验室、物联网应用实训室等，实训基地面积达 1200 多平方米。实训基地配有硕士学历以上的专业扎实、技能精湛的院内外专兼职管理、指导教师 12 名，拥有主流配置的计算机 400 多台。

目前，实训基地是信息产业部职业技能鉴定中心，全国计算机等级考试，全国计算机高新技术考试，微软、神州数码、趋势科技等著名 IT 厂商的培训、考核点，学生可自选 30 多个考试模块，获取相应等级的技能证书。

信息工程系拥有一支实力较强的教学、科研队伍，特别是在计算机应用技术、软件技术、物联网应用技术和动漫设计与制作等教学研究与应用研究等领域有较多积累，具有明显的特色。

### 1. 计算机应用技术(人工智能方向)

**培养目标**：培养掌握本专业知识和技术技能，能够较快适应生产、建设、管理、服务等一线岗位需要的，面向行政管理部门、事业单位、IT 行业、电子商务、电信、银行及其他相关行业，能从事大数据技术应用与分析、人机交互系统开发、人工智能软件研发、协作机器人操控、自动化测试和运维等相关工作，具有大数据技术应用和人工智能理论基础知识，掌握企业级 Web 项目研发、大数据分析、数据采集和数据分析、自动化测试和运维、人工智能应用技术等实用技能，具有较高综合素质与良好职业素养的发展型、复合型、创新型技术技能人才。

**主干课程**：大数据导论、人工智能导论、Python 程序设计、数据库原理与应用、MySQL 数据库程序设计、数据挖掘基础、Linux 核心技术与应用、人机交互系统自动化测试、人机交互系统自动化运维、数据采集、数据分析与可视化、企业级网站分析与设计、机器学习与深度学习算法及实践、语音识别与生成、图像智能处理。

**就业方向**：互联网应用开发工程师、大数据开发工程师、数据采集/数据分析工程师、人机交互系统开发工程师、系统自动化测试工程师、系统自动化运维工程师、AI 开发工程师。

合作企业：厦门中软卓越教育技术有限公司。

**2. 计算机应用技术(数字媒体应用技术方向)**

**培养目标**：培养掌握本专业知识和技术技能，面向莆田市及周边地区，服务于互联网、电子商务、教育、培训、院校、广告、影视、媒体艺术、文化传播等行业的生产与管理领域，能够从事平面设计、影视、动画、数字运营等数字新媒体技术工作的复合型技术人才。

**主干课程**：平面设计、动画设计与制作、HTML5 网页技术、UI 图标设计、影视音视频编辑技术、3D 建模技术、人机交互系统设计、C4D 动画设计与制作、室内设计、电子出版物设计与制作、产品包装设计、CI 设计、Python 语言程序设计实训、HTML5 网页技术实训、MG 动画制作实训、人机交互系统设计、多维动画设计与制作实训、室内设计实训、数字媒体技术企业实训。

**就业方向**：广告平面设计、电影电视制作、动画设计师、移动端 UI 设计、产品包装设计、电子出版物设计、数字营销、新媒体运营。

**合作企业**：厦门中软卓越教育技术有限公司。

**3. 计算机应用技术(优势专业)**

**培养目标**：培养掌握计算机软件设计和开发、应用，计算机硬件的安装、配置、管理和运行操作技术，适应工作一线需要的计算机应用技术开发、应用与维护的高素质技术技能型人才。

**主干课程**：常用工具软件应用、计算机组装与维护、计算机外设使用与维护、网络设备使用与维护、动态网页设计、面向对象的程序设计、网络规划设计、动画制作、图形图像处理。

**就业方向**：主要面向计算机应用系统的各类工作领域，从事计算机硬件维护与维修、计算机应用软件平台开发、网络系统安全管理与维护等工作。

**合作企业**：厦门布塔信息技术股份有限公司。

**4. 动漫制作技术**

**培养目标**：培养掌握漫画、动画角色设计、场景设计、分镜设计、原画、3D 建模、材质灯光制作、动画制作、特效制作、渲染合成、音频音效制作等技能，有一定的创意和策划能力，适应快速发展的计算机动漫行业的高素质技术技能型人才。

**主干课程**：素描与色彩设计构成、动画剧本创作、动画运动规律、场景及角色设计、动画原画设计、摄影与摄像技术、网页设计制作、FLASH 动画制作、影视后期制作、3DMAX 和 MAYA 软件应用。

**就业方向**：动画制作、游戏制作等计算机动漫行业。

**合作企业**：厦门布塔信息技术股份有限公司。

**5. 物联网应用技术(省创新创业教育试点专业)**

**培养目标**：培养掌握扎实的计算机和物联网技术基础知识，掌握射频识别技术和传感器技术、软件编程技术，可编写物联网相关软件，掌握物联网设备的安装、调试和检修、维护等物联网相关技术的高素质技术技能型人才。

**主干课程**：物联网技术导论、短距离无线数据通信与移动通信、传感器与无线传感器网络技术、网络设备配置调试与管理、RFID 技术与高频技术、网络数据库设计、嵌入式技术、物联网规划与组建。

**就业方向**：智能交通、智能物流、智能电网、智能医疗、智能工业、智能农业、环境监控与灾害预警、智能家居、公共安全、社会公共事业、金融与服务业、智慧城市、国防与军事等单位，担任物联网应用技术员(终端设备操作技术员)、物联网构建技术员、物联网集成工程师、物联网系统管理员、物联网销售工程师、物联网产业技术员等。

**合作企业**：福建新大陆有限公司。

**6. 大数据技术与应用**

**培养目标**：培养能从事计算机软硬件产品及大数据或数据挖掘的工程性开发与实现，在计算机与互联网企业中从事系统集成或售后服务、大数据处理与分析，在政府部门或企事业单位从事信息系统的建设、管理、运行、维护的技术工作的高素质技术技能型人才。

**主干课程**：Hadoop 大数据存储与运算、HBase 大数据快速读写、大数据查询与处理、Spark 大数据快速运算、Oozie 大数据工作流。

**就业方向**：能够在计算机、移动互联网、电子信息、电子商务技术、电子金融、电子政务、军事等领域，以及政府机关、房地产、银行、金融、移动互联网等部门从事各类大数据平台运维、大数据分析、大数据挖掘等相关工作，也可在 IT 领域从事计算机应用工作。

合作企业：厦门布塔信息技术股份有限公司。

**7. 虚拟现实应用技术**

**培养目标**：培养具有一定的美术基础和良好的审美能力，能熟练操作虚拟现实的相关设计制作软件，掌握虚拟现实交互应用技术，具备较强虚拟现实资源设计和交互开发技能，能够从事虚拟现实行业设计制作、经营、项目管理等岗位的高技术技能型人才。

**主干课程**：设计素描、平面构成、色彩构成、立体构成、摄影摄像、虚拟现实软件、写实场景模型制作、卡通模型制作、虚拟现实场景灯光渲染、拓扑低模制作、ZBrush 数字雕塑、贴图纹理制作、摄影机动画基础、Unreal4 引擎、Unity3D 引擎等。

**就业方向**：可就职于虚拟现实设计相关公司、游戏公司、专业商业演示制作公司、广告公司、专业三维图像输出展览公司等；能够胜任虚拟现实模型师、虚拟现实场景美术师、虚拟现实动画师、虚拟现实贴图纹理艺术师和虚拟现实交互设计师等专业岗位的工作。

合作企业：网龙普天教育科技有限公司。

**8. 软件技术(前端开发方向)**

**培养目标**：培养热爱网站前端开发事业，具有较高人文素质和良好的科学素养，德、智、体、美、劳全面发展，能够熟练掌握 Web 前端开发和人机交互设计，能够胜任各类 IT 企业及相关的计算机应用领域中从事 Web 交互开发工程师、Web 前端设计、手持设备网站前端开发等岗位工作的高技术人才。

**主干课程**：网页设计基础、数字图像设计、MYSQL 数据库系统、Web 3.0 网页设计、AE 动效、JavaScript 编程及 JS 框架应用、PHP 核心技术、PHP 微信开发、Flash 动画设计、UI 界面设计。

**就业方向**：Web 前端开发工程师、Web 交互开发工程师、Web 前端设计、网页设计师、UI 界面设计、视觉设计师等岗位。

**合作企业**：福州安博榕信息科技有限公司。

9. 软件技术(PHP 方向)

**培养目标**：培养拥护党的基本路线，德、智、体、美、劳等方面全面发展,适应新世纪计算机软件技术发展，适应管理、服务一线需要，具有良好的综合素质，掌握计算机软件开发和软件工程的基本理论、基本知识和基本技能，掌握程序开发模式、流行软件开发工具以及软件外包开发规范，在企事业或机关等单位从事计算机软件系统开发、信息维护、软件测试、文档编写等工作的高素质技能型专门人才。

**主干课程**：网页编程设计、PHP 核心技术(上)、MYSQL 数据库系统、PHP 核心技术(下)、JavaScript 编程、Linux 系统运维、基于 Think PHP 的 MVC 框架、PHP 微信开发、电子商务网站二次开发、基于 DedeCMS 的二次开发、网店运营/Web 前端开发。

**就业方向**：PHP 程序员、数据库开发工程师、Web 前端开发工程师、软件实施工程师、软件测试等岗位。

**合作企业**：福州安博榕信息科技有限公司。

## 四、自动化工程系

自动化工程系(原电子工程系)是学院首批重点建设的主干院系，近几年的办学条件、办学实力、影响力、知名度不断提升。该系现已形成了以电气自动化技术专业为龙头，以电子信息工程技术、工业机器人技术、医疗设备应用技术专业为支撑的智能制造自动化专业群，辐射服务电子信息行业及自动化相关企业。电气自动化专业为福建省高等职业教育示范专业，该专业获“福建省高职专业建设质量评价”第二名。自动化工程系教学团队建设取得了优异成绩。2009 年，福建省教科文卫体工会工作委员会授予该系“省五一先锋岗”称号；共青团福建省委授予该系“2008—2009 年度福建省新长征突击队”称号；2010 年，该系被莆田市教育局、莆田市人事局联合授予“莆田市教育系统先进单位”称号。

该系现有教职工 30 人，其中教授 1 人，副教授 5 人，高级工程师 1 人，高级实验师 1 人，硕士以上学历的教师 21 人，双师型教师 21 人，外聘工程师和高级工程师 8 人。

该系拥有价值近 900 万元的实验设备，为中央财政支持的“电工电子与自动化实训基地”。该实训基地被评为省级生产性实训基地，具有先进的电工、电子、供配电系统自动控制装置、工业自动化控制、电子设计自动化、电力系统自动化、现代通信技术、智能楼宇控制、柔性自动化生产线等 30 多个实验、实训室，可进行高级工、技师和高级技师的培训与鉴定。同时，该系与冠捷电子(福建)有限公司、莆田燃气股份有限公司等大型企业建立了 13 个校外实训基地，为学生校外实训提供有力的保障。

该系认真贯彻《教育部关于全面提高高等职业教育教学质量的若干意见》(教高〔2006〕16 号文件)精神，大力推行工学结合，突出实践能力培养，改革人才培养模式，狠抓质量工程，培养具有创新性的高级技术人才，取得了优异成绩。“数字电子技术”“单片机应用技术”课程被评为省级精品课程，3 名教师被评为“第一届院教学名师”，1 名教师被评为“福建省教学名师”；近 5 年该系学生参加全国、全省大学生电子设计竞赛，3 人获得“全国二等奖”，15 人获得“省一等奖”，24 人获得“省二等奖”，39 人获得“省三等奖”；近 3 年毕业生就业率达 100%；毕业生 100%获得相关工种的高级工职业资格证书。

**1. 电气自动化技术(国家骨干专业)**

**培养目标**：培养从事电力系统与电气设备运行、维护，建筑电气领域设计、综合布线，电气产品检测、销售、服务等工作的高素质技术技能型人才。

**主干课程**：电子电路分析与实践、单片机控制系统设计、常用电气设备控制与检修、自动线的安装调试与检修、电力电子设备安装与调试、PLC 控制系统编程与实现、供配电系统运行与检修、变频器操作与实践等。

**就业方向**：可就业于质量技术监督部门、电力部门、电气设备行业、建筑电气行业、工矿企业等。

**合作企业**：通力电梯有限公司、福建钜能电力有限公司(莆田)、鞍钢冷轧钢板(莆田)有限公司、福州中美达机电设备有限公司、泉州盛荣电力检修有限公司、福建佳通轮胎有限公司。

**订单班**：鞍钢班。

**2. 电子信息工程技术**

**培养目标**：面向电子信息行业，从事培养智能系统、信息系统、网络系统和网站等设计、管理、维护工作的高素质技术技能型人才。

**主干课程**：电子电路分析与实践、网络组建与安全实务、动漫制作与编程、图像处理与平面设计、动态网页设计。

**就业方向**：电子信息产品制造、软件和集成电路等产业。

**合作企业**：厦门立林科技有限公司(厦门)、莆田电业局(莆田)、思飞信息科技有限公司、莆田斯诺顿电子有限公司、福州飞毛腿电子有限公司、福建华佳彩有限公司。

**3. 工业机器人技术**

**培养目标**：培养掌握工业机器人系统的模拟、编程、调试、操作、销售及工业机器人应用系统维护维修与管理、生产管理及服务所需的基本知识和实践能力，具备创新创业能力的高素质技术技能型人才。

**主干课程**：单片机控制系统设计、常用电气设备控制与维修、PLC 控制系统编程与实现、机器人自动线安装调试与维护、变频器操作与实践、工业机器人技术。

**就业方向**：工业机器人制造、使用工业机器人的行业企业。

**合作企业**：福建渃博特自动化设备有限公司、福建瓦力新科智能科技有限公司、福建黑金刚科技有限公司。

**订单班**：渃博特班。

**4. 医疗设备应用技术**

**培养目标**：培养适应我国医药卫生事业现代化发展需要，能够在医疗卫生系统、医疗器械行业以及电子信息行业从事医疗电子仪器和设备的研发制造、安装调试、维修、管理、营销等工作，具有扎实的专业理论和专业技能、较强的实践操作的医疗高素质技术技能型人才。

**主干课程**：医用传感器、医用电子仪器分析与维护、医用超声诊断仪器应用与维修、医电产品组装与调试、X 线影像设备、医学检验设备应用与维护等。

**就业方向**：在医疗器械销售企业、医疗保障机构、医疗卫生系统、医疗器械相关生产企业以及电子等相关行业的企事业单位从事医疗设备的生产、营销、安装、调试、维护、维修等工作。

**合作企业**：健康力(北京)医疗科技有限公司、莆田睿康科技有限公司、莆田人民医院。

## 五、工商管理系

工商管理系成立于 2004 年，目前该系开设有会计、市场营销、物流管理、电子商务、跨境电子商务、中小企业创业与经营这 6 个专业，其中物流管理专业为省级示范专业，电子商务、市场营销专业为省级创新创业教育试点专业。该系构建省级特色专业群、现代商贸专业群，目前在校生规模近 1000 人。

工商管理系目前建有电商物流创训一体化校内生产性实训基地以及 9 个共享型仿真实训室(专业软件仿真实训室(一)和(二)、会计手工模拟实训室、商务谈判实训室、企业经营管理沙盘实训室、现代物流实训室、港口物流实训室、VBSE 财会虚拟仿真实训中心和电子商务综合实训室)，引企入校，引入企业真实项目，服务学生、服务企业、服务学院。该系与莆田才子服饰有限公司、特步中国、顺丰速运、永辉超市集团、福建众事达电子商务有限公司、宏峰集团、京东物流福建分公司、安踏集团、青春之家电子商务有限公司等 20 多家大中型企业合作建设校外实训基地，实现资源共享、优势互补和共谋发展。

工商管理系现有教职工 39 人，其中专任教师 26 人，副高级职称以上的教师 10 人，硕士以上学历的教师 22 人，省市级专业带头人 2 人，市级教学名师 1 人，省物流行指委委员 1 人；大部分教师有企业实践工作经历，双师型教师比例达 90%以上；聘请企业兼职教师 30 人，拥有一支专兼结合、结构合理、充满活力的优秀教学团队。

工商管理系近年来高度重视职业技能大赛，以赛促教、以赛促学、以赛促练，全面提高学生实践技能水平。近三年来，“会计技能”“企业经营沙盘”“现代物流”“电子商务”赛项分别获得省级职业院校技能大赛二等奖和三等奖共 13 项；2017 年、2018 年连续两年获得福建省“网龙杯”信息化大赛二等奖；获得国家级高职院校教学成果奖二等奖 1 项、省级高职院校教学成果奖一等奖 1 项。

该系学生就业竞争力强，近年来学生职业资格证书获取率达 95%以上，其中高级工职业资格证书比率达 90%以上。该系以创新创业驱动教学活动，多专业融合，校企共建生产性基地，共同育人，使学生的综合能力得到提升，年平均就业率达到 95%以上，专业对口率达到 88.6%。较高的教学质量和就业率受到学生、家长以及社会的广泛好评。

**1. 会计(重点专业)**

**培养目标**：本专业培养具有良好的思想品质、团队协作和敬业精神，掌握会计的基本原理知识，具备各种财务会计实务以及涉税业务处理等实践能力的高素质技术技能人才。

**主干课程**：基础会计、财务会计、财务管理、管理会计、经济法基础、纳税筹划、成本会计、用友财务软件、统计基础、税法与税务会计、审计基础、VBSE 会计综合实训、Excel 在会计中的应用等。

**就业方向**：从事出纳、往来账会计、销售会计、成本会计、费用会计、税务会计、审计、总账会计、财务主管、财务经理等岗位的相关工作。

**合作企业**：福建才子服饰股份有限公司、中交建宏峰集团有限公司、仙游农村信用社。

**2. 物流管理(国家骨干专业)**

**培养目标**：面向莆田市及周边地区的物流服务行业，培养能从事运输管理、仓储配送管理、快递信息管理、物流客户服务管理等所需基本知识和实践能力，具备良好的身心素质，又具备一定的组织和管理能力、团队协作能力、社会适应能力和创新创业能力的高素质技术技能型人才。

**主干课程**：现代物流管理、电子商务、仓储配送管理实务、运输组织管理实务、采购实务、供应链管理实务、物流信息系统、国际货运代理实务、快递实务、企业物流管理等。

**就业方向**：电商物流、仓储管理、连锁配送管理、企业物流管理、物流营销、运输管理、快递运营管理等工作。

**合作企业**：莆田盛辉物流有限公司、莆田才子服饰有限公司、顺丰速运有限公司、京东物流福建分公司。

**3. 市场营销(省创新创业教育试点专业)**

**培养目标**：培养具有较强实践能力和社会适应能力的、能够自主创业，并胜任中小型企、事业单位专业营销与策划及其管理工作的“会销售、会调研、会策划、会管理”的高素质营销人才。

**主干课程**：市场营销实务、商务礼仪、经济法基础、市场调查与预测、市场营销策划、营销管理、营销心理学基础、商务谈判、电子商务、推销实务、门店运营管理、企业跟岗实训。

**就业方向**：从事市场调研、营销策划、业务洽谈、销售管理、商务写作、电子商务等工作。

**合作企业**：三棵树涂料股份有限公司、福建复茂食品有限公司、特步(中国)有限公司、福建永辉超市有限公司。

**订单班**：三棵树涂料班、特步零售精英班。

**4. 电子商务(省创新创业教育试点专业)**

**培养目标**：培养掌握电子商务原理与技术、网络营销和电子商务法律等知识，熟悉计算机和通信技术、电子商务网站建设、网页制作、平面图片处理、多媒体广告制作等技术方面的基本知识，能够从事电子商务客户关系管理、网络推广、网站编辑、美工、电子商务网站设计、电子商务公关与营销策划等方面的电子商务技术技能型人才。

**主干课程**：网店运营与实务、网店美工实务、电商客服与沟通技巧、移动电子商务、跨境电子商务、网络营销、电子商务文案策划与写作、电子商务案例分析。

**就业方向**：从事电子政务、政府采购、网络营销、网站推广、论坛社区营销、网页设计、网站建设和维护、网络编辑、国际商务、企业商品和服务的营销策划、企业信息化管理等工作。

**合作企业**：厦门安踏电子商务有限公司、上海赋氧企业管理有限公司、北京久点共创网络科技有限公司莆田分公司、福建省聚典贸易有限公司、莆田市天顺贸易有限公司、福建省夏末电子商务有限公司、莆田市皓宇贸易有限公司、莆田市趋势制鞋有限公司。

**5. 跨境电子商务**

**培养目标**：培养掌握现代电子商务基本理论和国际电子商务环境、政策和法律知识，熟悉主流的跨境电子商务平台；熟悉跨境电子商务开店、店铺装修、推广优化、销售、客户服务、国际贸易、国际物流等全流程操作和管理工作的高素质(复合型)技术跨境电商技能人才。

**主干课程**：跨境电子商务营销管理、跨境电商客服与沟通、跨境电子商务项目运营、跨境电子商务物流、跨境电商数据收集与分析、跨境电商英语文案写作、产品拍摄与图像处理。

**就业方向**：从事跨境电子商务项目的策划、管理及运营，或者具体的营销、采购、供应链管理、客户服务等工作。

**合作企业**：诺亚创梦电子商务有限公司、上海赋氧企业管理有限公司、福建省夏末电子商务有限公司、福建省易佰达品牌运营管理有限公司、莆田市皓宇贸易有限公司、莆田市趋势制鞋有限公司。

**6. 中小企业创业与经营**

**培养目标**：具有良好的职业道德和创新精神，掌握较为宽广的人力资源管理、企业管理与运营基础理论，具有较强的实践动手能力，具有政策分析、风险识别与评估、商业机会识别、创新成果保护、企业管理、产品开发与管理等创业管理能力，懂技术、善管理，具备较强的事业开拓精神、沟通协调能力和持续发展潜力，能进行自主创业、市场开拓及企业管理的高素质技术技能型人才及开拓性创新创业人才。

**主干课程**：中小企业创意设计、中小企业创新思维训练、中小企业创新管理、中小企业创业机会识别与评估、中小企业商业模式设计、中小企业创业团队组建、中小企业创业风险分析、中小企业商业计划书、中小企业人力资源管理、中小企业市场营销、中小企业项目管理、中小企业创业战略分析等。

**就业方向**：培养中小企业(联合)创始人或家族企业接班人，自主创业以及中小企业营销、运营、人事等部门的中基层管理者。

**合作企业**：青创未来集团有限公司。

## 六、工艺美术学院

工艺美术学院是学院重点建设的特色二级学院，目前开设有建筑室内设计(省级重点专业)、广告设计与制作、艺术设计、视觉传播设计与制作、宝玉石鉴定与加工(教育部现代学徒制试点专业)这5个专业。各专业以“理实一体、教服一体”为教学模式，以“培养标准行业化、培养过程个性化、培养内容职业化”为宗旨，以能力培养为本位，以就业为导向，走工学结合的发展道路，为海西工艺美术行业培养德、智、体、美全面发展的高素质技术技能型人才。工艺美术学院成功辐射出上塘雕刻学院的“厂中校”办学模式和华昌珠宝班的“厂中校”的办学模式。学院与福建省古典家具协会、福建省油画行业协会、莆田市工艺美术协会、莆田市寿山石行业协会、华昌珠宝有限公司合作，由业内知名工艺大师、产品设计师和能工巧匠共同参与人才培养全过程。该系拥有一支专业知识结构合理的高层次、双师型教师队伍，现有专任教师 23 名，其中硕士以上学历的教师 11 人，聘请企业界的高级工艺美术师、工艺大师 8 名，现有在校学生近 700 人。

工艺美术学院立足于莆田地区巨大完整的工艺美术产业体系，秉承湄洲湾职业技术学院踏实严谨的办学传统，该系引导学生“学为成人”，把学生培养成为德才兼备的技术技能型人才。在人才培养上，该院以工学结合为形式，实施“双导师”制教学，一是专业依托产业，创新“现代学徒制”教学，分阶段、分层次完成人才培养计划。二是上课与上岗融合，工学结合，实施“双导师制”教学，2/3 的时间为实操训练，1/3 的时间为基础课学习，强调“做中教、学中做”。在实践性教学中，坚持“面向就业、培养技能”的原则，充分利用实训基地，改变传统的以课堂为中心的教学方法和教学模式。在授课形式上改革班级授课制的形式，做到五个合一，即教室与车间合一、教师与师傅合一、学生与学徒合一、作品与产品合一、育人与成才合一，让学生在练中学、学中练；在教学形式上，做到学做合一，逐步形成基本实践能力与专业技术应用能力、综合实践能力有机结合的实践教学体系。

工艺美术学院成功辐射出上塘雕刻学院办学模式，创新现代学徒制人才培养，融“教、学、做”为一体，集“德、技、艺”于一身，逐步形成强大的“厂中校”运行机制。该院与华昌珠宝有限公司联合办学，成立华昌珠宝班，把产品引入到课堂、教学延伸到车间，建立功能完善、成效显著的“厂中校”合作运行机制。聘请业内知名工艺大师、设计师和技术骨干共同参与人才培养，将专业人才培养计划纳入行业发展规划、专业顶岗实习计划纳入企业生产计划，走出一条体现产业特色、开放式办学的特色之路。

**1. 建筑室内设计(省级示范专业)**

**培养目标：**培养具备专业绘图能力、方案设计能力、项目实施能力、团队协作能力及可持续发展能力的高素质技术技能型人才。

**主干课程：**居住空间设计、公共空间设计、装饰材料与施工工艺、室内装饰工程预结算、建筑装饰施工组织与管理。

**就业方向：**毕业生在专业设计机构、企业内部设计部门或其他相关岗位从事室内装饰装修方案设计、设计绘图及施工管理等工作。

**合作企业：**厦门布塔信息技术股份有限公司。

**订单班：**厦门布塔信息技术股份有限公司订单班。

**2. 宝玉石鉴定与加工(教育部现代学徒制试点专业)**

**培养目标：**培养适应珠宝玉石首饰产业及行业发展需要，具备首饰设计及加工两项职业核心能力，以宝玉石检验、珠宝首饰商贸为拓展能力，能够在一线从事首饰设计和首饰加工制作及其管理的高素质技术技能型专门人才。

**主干课程**：首饰CAD、首饰设计效果图制作、首饰创意设计、首饰设计表现技法、首饰材料与工艺、首饰制作工艺、宝玉石仪器及鉴定等。

**就业方向**：从事珠宝玉石设计与加工、宝玉石鉴定、钻石分级评价、珠宝玉石首饰营销及商贸管理等工作。

**合作企业**：华昌珠宝有限公司、德诚黄金集团有限公司、金德尚黄金有限公司。

**订单班**：华昌订单班。

**3. 视觉传播设计与制作**

**培养目标**：培养面向图形设计公司、广告公司、生产企业广告部或企划部、相关设计工作室等行业的在文化创意设计、策划、新媒体技术制作岗位人员职业群，能够从事视觉传播的策划、创作、技术及其管理等相关工作的高素质复合型技术技能人才。

**主干课程**：Illustrator、Photoshop、摄影与摄像、Premiere、图片后期处理、编剧基础、广告设计与制作、VIS设计、电商视觉设计、界面设计、创意短片制作、新媒体技术应用、综合设计应用等。

**就业方向**：从事网络广告设计人员、UI界面设计、摄影与摄像师、影视后期剪辑、影视后期制作、创意短片拍摄等工作。

**合作企业**：厦门海尼电子商务有限公司、莆田品尚世纪文化传播有限公司。

**4. 广告设计与制作**

**培养目标**：培养面向广告设计与电商传媒领域，能够从事平面广告、影视广告、网络广告的设计与制作，具备一定的组织和管理能力、团队协作能力、社会适应能力和创新创业能力的高素质复合型技术技能型人才。

**主干课程**：Photoshop、Illustrator、Premiere、摄影与摄像、广告策划与文案、版式设计、包装设计、UI图标设计、VIS设计、Flash动画制作、网页美工设计、商业修片、新媒体广告设计。

**就业方向**：毕业生在广告公司、企划公司、电商传媒公司、图文设计公司、出版行业、企业宣传策划等需求广告设计师的领域从事相关设计工作。

**合作企业**：厦门布塔信息技术股份有限公司、莆田品尚世纪文化传播有限公司。

**订单班**：厦门布塔信息技术股份有限公司订单班。

**5. 艺术设计**

**培养目标**：培养适应莆田市及海西地区宝玉石加工制造行业领域一线需要，能够从事宝玉石加工制造、宝玉石鉴定、工艺品设计、工艺品营销及其管理等相关工作的高素质复合型技术技能人才。

**主干课程**：基础刀法、修光技法基础、雕刻基础、雕刻机应用、临摹雕刻、雕刻创新创作思维、ZBrush、北京精雕、素描(石膏几何体、静物、石膏头像、人物头像、半身像)、图案、CorelDraw、Photoshop。

**就业方向**：玉石雕刻工、工艺品设计员、宝玉石检验员、宝玉石营销员。

**合作企业**：莆田市善艺李氏工艺有限公司。

## 七、建筑工程系

建筑工程系创建于2013年，并于2013年春季开始面向全国招生。目前开设有消防工程技术、建筑工程技术、工程造价、建筑设计这4个专业。建筑工程系拥有专、兼职教师40多人，其中副高级以上职称的教师10人，中级职称的教师18人，博士学位教师4人，同时具备现场实践和高校教学经验的双师型教师占60%。该系已与30多家土木建筑、消防工程技术相关企业签订校企合作协议，并已开展较深层次的合作。

建筑工程系已建实训室包括：基于通用技能实训平台的CAD实训室、工程造价实训室、测量实训室、工程资料管理实训室；基于专门技能实训平台的力学实验室、砌体实训室、结构检测实训室、技术工种训练场及消防工程实训室等，仪器设备总值约500多万元，实训室总面积约为1800平方米。

在开展正常的理论和实践教学的基础上，该系于2015年年底开始建设的创新创业教育中心，将从消防工程技术、测绘工程、工程造价、建筑设计、施工技术和施工管理等专业方向全方位开展学生创新创业教育和服务社会经济发展的活动。

**1. 消防工程技术(全省公办大专唯一开设专业)**

**培养目标**：面向莆田及周边地区，培养掌握消防政策法规、消防安全技术以及工程方法，注重工程实践能力，能从事建筑消防设计、施工以及消防设施维护保养检测等工作岗位所需基本知识和实践能力，具备良好的身心素质的高素质技术技能型人才。

**主干课程**：消防制图与识图、消防管理学、危险品性能检测与评价、电气安全防火、火灾自动报警系统、建筑消防系统设计施工、常用灭火系统设计与施工、化工生产防火防爆、消防法规、消防安全评估、消防设施操作员、智慧消防等。

**就业方向**：主要从事建筑消防工程以及智慧消防设计、施工以及消防设施维护、保养、检测等相关工作。

**合作企业**：福建荔建工程技术有限公司、福建省宏实建设工程质量检测有限公司、福建省中北建设发展有限公司、福建巨岸建设工程有限公司、中国电建集团福建工程有限公司、中天建设集团有限公司福建分公司等。

**2. 建筑工程技术(重点专业)**

**培养目标**：培养拥护党的基本路线，坚持科学发展观，适应生产、建设、管理、服务一线需要，面向莆田市及周边地区土木建筑行业，具有施工员、质量员、资料员、安全员、材料检测实验员、监理员、BIM建模员等就业岗位所需的基本知识和实践能力，既具备良好的身心素质，又具备一定的组织和管理能力、团队协作能力、社会适应能力和创新创业能力的高素质技术技能型人才。

**主干课程**：建筑识图与绘图、建筑材料与检测、建筑CAD、建筑力学与结构、建筑工程测量、建筑电工与设备、土力学与地基基础、砌体结构工程、钢筋混凝土工程施工、房屋构造、建筑工程计量与计价、工程招投标与合同管理、建筑法规、施工组织与项目管理、施工图识读与实训、施工员专业管理实务、建筑BIM技术应用、房地产开发与经营、建筑企业管理、装配式建筑施工技术以及各种专业技能实训等。

**就业方向**：从事施工员、安全员、材料员、测量员、资料员等岗位现场施工技术与现场管理等工作。

**合作企业**：福建巨岸建设工程有限公司、福建一建集团有限公司、中国电建集团福建工程有限公司、莆田市涵江区大地测量有限公司、莆田市山海测绘技术有限公司、福建省中京建设发展有限公司、中天建设集团有限公司福建分公司、福建省莆田市联发建筑工程有限公司、福建大福建设发展有限公司等。

3. 工程造价

**培养目标**：培养理想信念坚定，德、智、体、美、劳全面发展，具有一定的科学文化水平，良好的人文素养、职业道德和创新意识，精益求精的工匠精神，较强的就业能力和可持续发展的能力；掌握工程造价专业知识和技术技能，面向专业技术服务业、房屋建筑业等行业的工程技术人员职业群，能够从事造价咨询、施工生产、房地产开发、预算审计等相关工作的高素质(复合型)技术技能人才。

**主干课程**：建筑构造与识图、建筑材料与检测、建筑 CAD、建筑设备与识图、建筑工程计量与计价、安装工程定额与预算、装饰工程定额与预算、BIM 建模基础与应用、建筑施工技术、BIM 施工组织设计、工程造价软件应用、工程造价管理、工程招投标与合同管理、建设法规、工程结算、BIM 技术概论等。

**就业方向**：毕业生可在工程(造价)咨询公司、建筑施工企业、监理公司、房地产开发企业、设计院、会计审计事务所、政府部门等企事业单位，从事工程预(结)决算、招标代理、工程造价确定与控制、投标报价决策、施工管理、工程成本分析、工程咨询以及造价相关软件的开发应用和技术支持等工作。

**合作企业**：福建闽审工程造价咨询有限公司莆田分公司、福建省忆达工程咨询有限公司、福建巨岸建设工程有限公司、福建祥荣建设投资集团有限公司、福建一建集团有限公司、福建中设工程咨询有限公司、福建华鸿建设工程有限公司等。

4. 建筑设计

**培养目标**：培养德、智、体、美全面发展，具有良好职业素养和创新能力，能适应生产、建设、管理、服务一线需要，具有建筑设计专业必备的基础理论知识，具备较强的中、小型民用建筑设计、建筑施工图绘制、建筑效果图制作、建筑经济与设计业务管理能力的高素质技能型人才。

**主干课程**：建筑手绘表现技法、建筑制图与识图、建筑设计初步、建筑构造、计算机辅助设计(CAD、SU、PS )、中外建筑史、居住建筑与居住区规划、公共建筑设计、建筑快题设计、建筑模型制作、古建筑测绘与修复、建筑师实务、景观设计、施工图设计等。

**就业方向**：从事现代建筑设计、古建设计与修复、景观设计，以及施工管理、施工图设计等工作。

**合作企业**：福建中恒华筑建设设计有限公司莆田分公司、中煤科工集团重庆设计研究院、福建巨岸建设工程有限公司、福建一建集团有限公司、中天建设集团有限公司福建分公司等。

## 八、医学院

医学院目前开设有护理、助产、中医养生保健这 3 个专业。现有专任教师 26 人，同时聘请了多位教授、医学专家、主任医师等来该院担任医学相关类专业的兼任教师。其中教授 3 人，主任医师 2 人，博士 1 人，副高级以上职称的教师 12 人，硕士以上学位的教师比例为 75%。师资力量雄厚，专业实训条件完善。该院坚持以专业建设为重点，校内设有护理教学实训实验中心，拥有的仪器设备价值 495 万，教学实训面积达 1500 平方米。同时，医学院与莆田学院附属医院、仙游妇幼医院、涵江区医院等各级医院建立了校外实习基地。

医学院顺应医疗事业发展，培养临床护理、社区护理、助产、预防保健、健康管理、医疗设备维护等卫生事业急需的高素质高技能型护理人才。医学院师生坚定发展目标，勇于开拓进取，为提升护理专业技术人才的竞争力，为学生升入本科提供良好的学习平台，造就高素质、全面发展的技能应用型人才而不断努力！

**1. 护理(省创新创业教育试点专业)**

**培养目标：**培养具备人文社会科学、医学、预防保健的基本知识及护理学的基本理论知识和技能，能在护理领域内从事临床护理、预防保健、护理管理、护理教学和护理科研的高级专门人才。

**主干课程：**基础护理学、内科护理学、外科护理学、妇产科护理学、儿科护理学。

**就业方向：**毕业生在护理领域内从事临床护理、预防保健、护理管理、护理教学和护理科研工作。就业岗位有护士、美容师、销售代表、医药代表、护士长、护理部主任、导医、产品专员、美容导师、医院代表、手术室护士、客服专员等。

**合作企业：**福建医科大学附属第一医院、福建中医药大学附属第二人民医院、厦门大学附属第一医院、厦门大学附属中山医院、泉州市第一医院、龙岩市第一医院、漳州市医院、莆田市第一医院、莆田学院附属医院、联勤保障部队第 900 医院。

**2. 助产**

**培养目标：**培养具备人文社会科学、医学、预防保健的基本知识及高级助产学、护理学的基本理论知识和技能，能在各级各类医疗卫生机构、社区卫生服务机构内从事临床助产、临床护理、母婴保健、护理教学和护理科研的高级专门人才。

**主干课程：**基础护理学、内科护理学、外科护理学、高级助产学、妇科护理学、儿科护理学。

**就业方向：**毕业生在各级各类医院、妇幼保健院、社区卫生服务机构内从事临床助产、临床护理、母婴保健、护理教学和护理科研工作。就业岗位有助产士、护士、美容师、销售代表、医药代表、护士长、护理部主任、导医、产品专员、美容导师、医院代表、客服专员等。

**合作企业：**福建医科大学附属第一医院、福建中医药大学附属第二人民医院、厦门大学附属第一医院、厦门大学附属中山医院、泉州市第一医院、龙岩市第一医院、漳州市医院、莆田市第一医院、莆田学院附属医院、联勤保障部队第 900 医院。

3. 中医养生保健

**培养目标**：培养德、智、体、美全面发展，具有良好医疗职业道德和职业素养，掌握中医养生保健专业的基本理论知识和专业技能，具有较高素质、创新精神和实践能力，能在各医疗及养生保健单位从事养生保健、推拿按摩、药膳食疗、健康咨询以及用药指导等工作的中医养生保健高素质技术技能型人才。

**主干课程**：人体解剖生理学、中医学基础、疾病学基础、中药学、营养学基础、经络与腧穴、中医诊断学、中医疾病防治技术、健康管理、中医推拿、中医针灸、药膳食疗、医学心理学、临床方剂应用、健康评估、中医美容技术、中医传统康复技术、用药指导、中医养生保健特色技能、用药指导、中医养生保健特色技能等。

**就业方向**：毕业生在社区健康服务中心、各级医疗保健机构、医药公司内从事推拿保健、健康养生培训、药膳食疗咨询以及与中药相关的工作。

**合作企业**：福建中医药大学附属第二人民医院、福建中医药大学国医堂、福州中轩堂中医门诊部、莆田市第一医院、莆田学院附属医院、莆田市中医医院、莆田人民医院、莆田华林园区医院等。

## 九、学前教育系

学前教育系目前开设有学前教育、研学旅行服务与管理这 2 个专业。

1. 学前教育

**培养目标**：培养立足莆田，面向福建，理想信念坚定，德、智、体、美、劳全面发展，具有一定的科学文化水平，良好的人文素养、职业道德和创新意识，精益求精的工匠精神，较强的就业能力和可持续发展的能力；掌握学前教育专业知识和技术技能，面向学前教育及其相关行业职业群，能够从事各类学前教育机构保教与管理等相关工作的高素质复合型技术技能人才。

**主干课程**：学前儿童卫生与保健、学前儿童发展心理学、学前教育学、幼儿游戏、学前儿童健康教育、学前儿童社会教育、学前儿童语言教育、学前儿童科学教育、学前儿童艺术教育、钢琴基础与儿歌弹唱、舞蹈基础、声乐基础与儿歌表演唱、美术基础等。

**就业方向**：毕业生适合到各类学前教育机构(幼儿园、托儿所、亲子园、学前班)从事保教工作，也可以应聘社区幼教、家庭教育咨询机构、社会办学机构等相关岗位的工作。

**合作企业**：莆田市民办教育协会、幼之幼(厦门)教育科技有限公司、北京水米田教育集团。

2. 研学旅行服务与管理(新兴专业)

**培养目标**：培养德、智、体、美、劳全面发展，具有良好职业道德和人文素养，掌握研学旅行相关政策法规和规范标准，熟悉中小学研学旅行相关教育政策、目标、大纲和方案要求，从事研学旅行项目开发运营、策划咨询、线路设计、课程开发等运营、管理及服务工作的高素质复合型技术技能人才。

**主干课程**：研学旅行课程开发、研学旅行市场营销、中小学生认知与学习、研学旅行资源学、研学项目策划设计、研学旅行计调实务、研学旅行政策法规、研学旅行文化创意、研学旅行教育与引导、研学旅行风险管理、研学旅行线路设计、研学旅行营地规划与设计、研学旅行服务语言艺术等。

**就业方向：**从事目前市场极度紧缺的研学旅行相关的经营、管理、投资、策划、规划等工作。

**合作企业：**青创未来集团有限公司。

# 第三章 学院职能部门设置

学院管理实行党委领导下的院长负责制，院长对学院行政工作全面负责，学院设有承担具体管理职能的机构和办事机构，为院长提供信息，协助决策，处理具体管理事务。目前学院设有党委工作部、纪检监察处、办公室、工会、团委、人事处、教务处、学生工作处、后勤管理处、产学研与对外合作交流中心、保卫科、财务科、图书馆、现代教育技术中心、成人教育部等职能部门。下面简要介绍几个与学生的学习、生活比较密切的职能部门。

## 一、学生工作处

学生工作处是学院学生管理的主要行政机构，在分管院领导的领导下，制定和执行学院学生管理各项规章制度，对二级学院学生管理工作开展情况进行指导或监督，主要负责全院学生思想政治教育，提升学生综合素质，评审和发放各项奖助、贷、勤等学金，开展国防教育，指导学生心理健康教育，统筹就业管理，接管学生档案，管理“易班”，管理与服务学生社区，管理医务室及学生保险、体检等工作。

联系电话：0594-7663360。

## 二、教务处

教务处是根据国家教育主管部门有关教学工作指导文件的规定，结合学院的教育任务和人才培养目标，管理全院教学工作的职能部门。其主要负责是贯彻执行学院教学管理的决策，组织教学工作计划的制订与执行，组织教学过程和实施，检查教学质量，全面管理招生、学生学籍、成绩、教材、考试等。

联系电话：0594-7685750。

## 三、院团委

院团委是院党委和上级团组织共同领导下的先进青年的群团组织，是我院青年学生在实践中学习中国特色社会主义和共产主义的“学校”，作为党的助手和后备军，担负着围绕学院育人中心工作，服务广大青年成长成才的重要职能。院团委全面负责全院团员青年的思想教育、组织建设、宣传工作、社会实践与志愿者活动、课外学术科技活动、文化艺术活动等工作，指导院学生会、社团联合会的日常工作及各二级学院分团委组织工作。

联系电话：0594-7673301。

## 四、保卫科

保卫科在学院党政领导下，负责学院安全保卫和治安综合治理工作，监督指导相关部门做好防火、防盗、防恐怖、院内大型活动以及节、假日等的安全防范工作，确保校内师生安全。

联系电话：0594-3996110(新校区)、0594-7662110(老校区)。

## 五、财务科

财务科是负责学院的日常财务管理和会计核算工作的职能部门，具有管理、监督和服务的职能，主要负责贯彻执行国家相关税法、会计法等政策法规，制定学院财务管理制度，负责编制学院年度财务预算和财务支出计划，按期编制学院相关财务报表和财务分析报告，负责管理学院的财务收支，规范做好各项费用的收取和管理工作等。

联系电话：0594-7685731。

## 六、后勤管理处

后勤管理处是为学院教学、科研和全体师生的生活提供服务的职能部门，负责校园卫生、绿化管理、师生膳食和卫生健康管理、水电保障、物品采购等。

联系电话： 0594-7658091。

## 七、成人教育部

成人教育部是学院专门负责成人教育等学历教育与非学历培训的教辅单位，主要负责开展成人教育，网络教育、函授教育、社区教育、校内专本衔接、校内外各类职业技能培训与鉴定等工作。

联系电话：0594-7663302。

## 八、图书馆

图书馆为学院办学的重要组成部分，为学院教学科研、读者利用“第二课堂”服务提供支撑。图书馆是我们的良师益友，是提供高效的信息、文献和情报的重要资源。电子资源信息网络资源共享，构筑了学院的文献信息资源保障体系。

联系电话： 0594-7620023。

# 第四章　乘车指南　玩转莆田

## 第一节　各大站点到达本校乘车指南

### 一、学院地点

(1) 主校区(新)地址：莆田市涵江区梧塘镇荔涵大道 1001 号。

(2) 枫亭校区(旧)地址：莆田市仙游县枫亭镇蔡襄北街 1999 号(福厦公路 135 公里处)；福厦高速公路仙游枫亭出口、仙游动车站往 324 国道福州方向 2 公里处。

### 二、各大站点到达本校乘车指南

(一) 动车站到学院乘车方案

**1. 仙游动车站—湄洲湾职业技术学院(枫亭校区)**

乘坐 621、651 路公交车可到达学院校门口(白蛇过路站)。

**2. 莆田动车站—湄洲湾职业技术学院(枫亭校区)**

乘坐 559 路公交车可到达学院校门口(白蛇过路站)。

**3. 莆田动车站—湄洲湾职业技术学院(梧塘校区)**

(1) 乘坐 303 路或 23 路公交车到“大学城湄职院站”下车。

(2) 乘坐 K01 路公交车于“太平洋中心站”转乘 K02 路公交车到“东宫站”下车。

**4. 涵江动车站—湄洲湾职业技术学院(梧塘校区)**

乘坐 212 路公交车于“石庭圆圈站”转乘 202 路公交车到“东宫站”下车。

(二) 汽车站到学院乘车方案

**1. 莆田汽车站—湄洲湾职业技术学院(枫亭校区)**

乘坐 102、152 路公交车，153 路公交快线可到达学院校门口(白蛇过路站)。

**2. 仙游汽车站—湄洲湾职业技术学院(枫亭校区)**

乘坐 621、651 路公交车可到达学院校门口(白蛇过路站)。

**3. 笏石汽车站—湄洲湾职业技术学院(枫亭校区)**

乘坐 555、559 路公交车可到达学院校门口(白蛇过路站)。

**4. 莆田汽车站—湄洲湾职业技术学院(梧塘校区)**

乘坐 202 路公交车到“东宫站”下车。

**5. 涵江汽车站—湄洲湾职业技术学院(梧塘校区)**

乘坐 212 路公交车于“涵江西站”转乘 K02 路公交车可到达学院校门口(东宫站)。

## 第二节　莆田市主要旅游景点介绍

大家都说，每座城市都有自己的标志性风景，能体现一座城市的风貌和味道。如果说“一城一景一情怀”是每座城市的常态，那么，了解莆田的人会知道，这座城市远超乎这样的界定。因为这里的美景太多了。

明代天顺年间，邑人吴希贤首拟出“莆阳四景”，即“壶桥晴岚、乌山霁雪、绶溪待渡、宁海观澜”。清顺治年间，莆籍诗人林尧英认为这四个景区不能概括莆田优美风光，于是遍览莆阳山水，概括出了“莆田二十四景”，随后的三百余年，这些景点在莆田妇孺皆知。2014 年 4 月，“新莆田二十四景”闪亮登场，受到广泛好评，成为莆田对外宣传和打造文化莆田的一张新名片。

**新莆田二十四景：**① 九鲤飞瀑(仙游)；② 龙谷奔泉(城厢)；③ 林泉禅武(荔城)；④ 江东梅影(荔城)；⑤ 菜溪幽壑(仙游)；⑥ 永兴画嶂(涵江)；⑦ 天云石语(秀屿)；⑧ 望江竹浪(涵江)；⑨ 麦斜云岫(仙游)；⑩ 妈阁风涛(北岸)；⑪ 东甲晨光(荔城)；⑫ 塔斗夕霞(仙游)；⑬ 天马悬梯(仙游)；⑭ 圳湖映碧(城厢)；⑮ 浮曦春赏(北岸)；⑯ 五侯秋望(荔城)；⑰ 仙洋戏水(仙游)；⑱ 清塘栖鹭(秀屿)；⑲ 凤顶无尘(仙游)；⑳ 龟洋积雾(城厢)；㉑ 蜚山霜月(仙游)；㉒ 雁阵归舟(涵江)；㉓ 尖山瞰海(秀屿)；㉔ 鹅尾观澜(湄洲)。

**1. 九鲤飞瀑**

九鲤湖，位于仙游县东北部的钟山镇境内，系“仙游四大景”之一，传说在汉武帝时期，何氏九兄弟在此炼丹，丹成各乘一鲤升天而得名。九鲤湖荡青漾翠，四周林木葱茏，千岩竞秀，怪石嵯峨，瀑漈泱泱，兼具林泉水石之胜，尤以飞瀑著称，素有“九鲤飞瀑天下奇”的美誉，与武夷山、玉华洞并称福建“三绝”。

**2. 龙谷奔泉**

九龙谷，位于城厢区常太镇莒溪，海拔 717 米，与九鲤湖风景区接壤，鲤湖九漈中的下五漈，尽在九龙谷之中。九龙谷有莆田“后花园”之美称，谷内峰峦起伏，怪石林立，泉瀑清奇，古木苍郁，碧水青山融于一体，2006 年被评为国家级森林公园，2012 年被评为国家 AAAA 级景区。

**3. 林泉禅武**

林泉院，位于荔城区西天尾镇境内，始建于南朝陈永定元年(557 年)，寺院周围，有九座山围成一圈，形如九瓣莲花，故名九莲山，林泉院就坐落在花心上。林泉院以禅武文化闻名。习武之风，始于唐初，其历经磨劫，也与武风有关。北宋时期，寺庙兴旺，规模宏大(占地约三万平方米)，僧人 500 多名，武风极盛，形成南少林拳，与北少林的腿功一起誉称“北腿南拳”。

### 4. 江东梅影

江东村，位于荔城区黄石镇境内，相传为唐梅妃故里。村中有南塘，方圆百亩，清澈如玉；塘中央有梅亭，塘边有白色梅妃塑像，附近巨石刻着“梅妃故里”四个大字。行走南塘畔，碧波荡漾，四周田园稻菽飘香，温婉恬淡的兴化水乡遗韵展露无遗。微风拂过草木，如细碎的琴音，仿佛在诉说着前朝的往事。

### 5. 菜溪幽壑

菜溪岩，位于仙游县菜溪乡境内，平均海拔 750 余米，系“仙游四大景”之一。菜溪岩历史文化积淀深厚。南北朝时期，中郎将郑庄创建的“浔阳书院”，是福建最早的民间书院之一，宋状元郑侨等名流年幼时曾在此读书；北宋时，名士陈聘君隐居于此，创建“菜溪书院”以传播理学。

### 6. 永兴画幛

永兴岩，位于涵江区大洋乡境内，系瑞云山森林公园的主体景区，与永泰县、福清市交界，海拔 1015 米，高耸天际，附近村人常以山间积云判断晴雨，其山有峰、峦、岭、嶂、崖、岩等，千奇百态；其水有泉、瀑、溪、涧、潭、濑等，动静相生。永兴岩岩体属于火山喷出岩，节理有孔隙，地下水可渗透，风化较为严重，因而造就了灵山秀石的奇特景观。

### 7. 天云石语

天云洞，位于秀屿区埭头镇境内，系大蚶山主峰，海拔 398 米。兴化湾的船只进出港口，往往以此来定方位。山上岩阵群立，怪石杂陈，洞穴奇多，石像遍布，有石鱼鼓、石磬、十八跳石、东西覆船石等秀石奇石，如骆驼、鹰、狗等石像群，极为传神，富有灵性，似能言语。其中最著名的是“三十六碟”，在几百平方米巨石顶面上，错落排布着似盘、碗、碟、汤匙等食具形状的天然石窟，令人叹为观止。

### 8. 望江竹浪

望江山，位于涵江区庄边镇西部，与永泰县交界，海拔 1083.4 米，是莆田市第二高峰，因在山上可望见锦江入海而得名。旧志记载：“升高远眺，银海渺茫，风樯浪舶，宛在目睫下。”只见萩芦溪蜿蜒驰突于群山之间，在天边形成一线水光，从江口注入兴化湾。望江山上植被茂密，以竹林为最，自古便有“百里之内皆毛竹”的赞誉，漫山遍野，满目葱茏，千树万竿，亭亭玉立，不愧为“山之浪，竹之海”。

### 9. 麦斜云岫

麦斜岩，位于仙游县钟山镇境内，南距九鲤湖约 8 千米，乃石所山主峰，海拔 1006.5 米，系“仙游四大景”之一。因峰顶常有云雾缭绕，形成云岫，故又称“云居山”。麦斜岩上有寺，始建于南宋。麦斜岩顶峰上，有一凌空矗立、形如钟磬的巨石，相传天气突变时，附近村庄可隐约听见巨石发出哐哐作响的钟声，这一带山区便以“钟山”为名。

### 10. 妈阁风涛

妈祖阁，位于湄洲湾北岸山亭乡境内，居麒山之巅，与湄洲妈祖祖庙隔海相望。四层阁高 32.3 米，取农历三月廿三妈祖诞生之意。总建筑面积为 2685 平方米，基座面积为 1568

平方米。阁平面为方形，四角减缺，成海棠状。妈祖阁于2006年由中华妈祖文化交流协会牵头兴建，2008年竣工并对外开放。阁内供奉妈祖神像，设大厅、陈列室、展览馆等，作为焚香朝拜、观光游览、五色土展示之用。

### 11. 东甲晨光

镇海堤，原名东甲堤，位于荔城区黄石镇境内，蜿蜒横卧在兴化湾南岸木兰溪入海口，全长6千米。相传，镇海堤存，则南洋平原一年三熟，鱼米之乡；镇海堤亡，则南洋平原蒲草丛生，泽国水乡。其意义和地位可见一斑。2006年，镇海堤被列入全国重点文物保护单位。堤岸有报功祠，系清道光年间邑人陈池养修堤后重建，祠内纪念历代修堤人九位，并用石刻记载了历代修堤的有功人士四百多人的事迹。

### 12. 塔斗夕霞

塔斗山，位于仙游县枫亭镇境内，山形似螺，亦称青螺峰，耸立在湄洲湾畔、枫江平原上，东临大海，既可俯瞰枫江沧溪两岸风光，也可眺望湄洲湾千顷碧波。每当旭日初升，放眼东南海面，但见烟波浩淼，霞光万道，气象万千；而当夕阳西下，枫江两岸，晚霞与归鸟齐飞，灯火与归帆相衬，故有“塔斗烟霞”的美称。

### 13. 天马悬梯

天马悬梯，位于仙游县榜头镇天马山境，海拔655米，因主峰山势巍峨，状如天马行空而得名，系“仙游四大景”之一。天马山以“险幽”著称，山分五峰，水流七漈。山中有天马寺，始建于明万历年间，寺门镌刻的清代楹联：“入天出天游行自在，是马非马色相皆空”，寺中悬挂的清代“秘诀延年”匾及古香炉，被视为镇寺三宝。

### 14. 圳湖映碧

东圳水库，位于城厢区常太镇境内，延寿溪中游。东圳水库于1958年6月动工兴建，1960年4月竣工通水，总库容4.35亿立方米，具有灌溉、防洪、发电、航运等作用，是福建省大型水库之一。水库拦河大坝像一座巨大的屏障，横亘在天马、地龙两山峡谷之间，将莆田西北部山区大小溪涧之水，汇聚于此，形成一个面积为10平方千米的人工湖。库面呈桑叶形，犹如一面明镜，四面青山环绕，树木蓊郁，苍翠的远山近景倒映在澄碧的湖水中，湖光山色相映成趣。

### 15. 浮曦春赏

莆禧，古称“浮曦”，位于湄洲湾北岸山亭乡境内。明洪武十四年(1381)，此地设莆禧千户所，隶属于平海卫。明洪武二十年(1387)，始建防倭军事城堡，拆东甲“镇海堤”石料，筑平海城和莆禧城。因莆禧所为守御千户所，故称“所城”。城墙围长1965米，墙高7米，宽4米，有城垛1049个，警铺24个；城门4座，门上建有城楼，并筑月城；城之东、南、北三面临海，每当晨曦初现，岚光海雾幻作一袭绛纱披挂其间，像在茫茫苍波中浮立，故美其名曰“浮曦”。

莆禧城东北角约三里许，有紫霄洞赏春台，这里古榕参天，怪石嶙峋，摩崖题刻比比皆是，系莆仙四大祈梦胜地之一。拾级而上，“洞天”二字赫然入目。“紫霄洞”、“望仙门”、“普陀庵”、“九仙阁”等景点各具特色。

### 16. 五侯秋望

五侯山，位于兴化湾南侧，绵延笏石、北高及东峤等镇，海拔约 400 多米，为莆田沿海第一高峰。《莆舆纪胜》称，从不同角度仰看山体，所得形状不一，因其形状酷似巨型笔架，得名笔架山；而从正面望去，则有五座山峰，故称五侯山；另从壶公山东北侧远望，山体有如双髻，故又称双髻山。山间有古庙、洞岩多处，以“仙女洞”风景最佳。莆仙四大祈梦胜地：春莆禧、夏天云、秋仙女、冬九鲤，其中“秋仙女”正是笔架山上的“仙女洞”。

### 17. 仙洋戏水

仙水洋，位于仙游县与德化县交界处，在九座寺以西，有大溪涧，涧水琤淙，蜿蜒数里，流入凤山村，溪面变宽，溪床平展，溪流轻缓，水深没踝，接近膝半，沿溪延伸约 1 千米，是罕见的浅水广场。溪面最宽处达数十米，岩石溪床平滑如砥，系整块棕色平坦石皮构成，净无砂砾，布水均匀，在阳光照耀下波光潋滟，流淌着一种清澈的原生态之美。

### 18. 清塘栖鹭

清塘，古时名国清塘，位于秀屿区笏石、荔城区黄石两镇之间，开凿于唐贞观五年(631)，由木兰溪支流灌注而成面积近 2000 万平方米的泱泱水泽，是莆田南洋水系的重要组成部分，因水域辽阔，泥沙较多，民间俗称“土海”。国清塘是莆田最重要的湿地之一，已开发建设“土海生态湿地公园”，栽植垂柳、榕树、芦苇等植物，形成湿地景观，恢复湿地生态系统和生物多样性，重现“清塘栖鹭”“碧野濯缨”“天光云影”之美。

### 19. 凤顶无尘

九座山，位于仙游县西苑乡境内，重峦叠嶂，巍然高峙。明弘治《兴化府志》记载：“九座山，旧经谓八峰环绕一峰，故名九座。自仙游望之，正在西北。其山高大，是为众山之祖……山有盘髻峰，盖中峰独峙，上有嘉木异卉，四时不改。”九座山有凤凰来仪的山形，九座寺建在凤顶冠上，故称当地为“凤顶”，方圆数十里间，山水秀洁，清幽脱俗，是一片半封闭的净土，高山、流水、丛林、石景、古塔，组成简单而神奇的风景。

### 20. 龟洋积雾

龟山，古名龟洋，位于城厢区华亭镇境内，距莆田市区以西 15 千米。因群山中一片平地形似龟壳状，且南倚之紫帽山昂耸犹如龟首，故名龟山。龟山峰峦重叠，岚雾弥漫，清幽阴凉，林深树多，滴水不绝，自古就有“龟洋积雾”之称。尤其春夏多雾，春季盆地周围饱含水汽，遇晴则蒸发为雾，聚成云海；夏季午后多雷阵雨，翌晨就出现平流云雾，犹如白雪堆积。

### 21. 蜚山霜月

大蜚山，古称飞山，分为大小，位于仙游县城北，系境内五大山脉之一。《八闽通志》记载：“大飞山、小飞山，县之主山也。蜿蜒数百里，屹立为二，高可千仞，其形翼然，如飞扬之状。”大蜚山乃自九座山绵延而来，蜿蜒数百里，矗为大蜚、小蜚二峰，是鲤城盆地的屏障，有九龙岩、富洋道场等十八胜景。

### 22. 雁阵归舟

雁阵山，又称岩浔山、鳌山，海拔约 50 米，位于涵江区三江口镇境内，是涵江沿海最高峰。旧志书记载："岩浔山，发脉自囊山，屹立海滨，高阁层轩，东望大海。唐时初立，以稍障东方之缺。"其山状如大鳌之头，故名鳌山。因东面濒海，海浪滔滔，渔舟点点，海阔天空。深秋之际，退潮之时，鸿雁成群结队在此栖息、觅食、过冬，故又名雁阵山。

### 23. 尖山瞰海

尖山，位于秀屿区南日镇中部，是南日岛的标志性山峰，海拔 100.2 米，以头尖得名。岛上渔民出入东海捕鱼，均以此山为指南针。山上巨岩遍布，树木葱郁。尖山顶有玉皇宫、关帝庙。南日岛烈士纪念碑屹立在尖山之腰，碑高约 8 米，碑身有中共福建省委原书记叶飞等人的题字。

### 24. 鹅尾观澜

鹅尾山，位于湄洲岛东南端，因形似鹅尾而得名，是一座天然的地质公园，又名鹅尾神化石，占地约 32 万平方米。由于受风蚀、海蚀的双重作用，山上形成众多大小不一、形态各异的象形石，如海门、龟石、飞戟洞、斧劈崖、妈祖书库等，千姿百态，形神俱佳。鹅尾山的地表材质，被地质学家称为世界罕见的海蚀地貌，是一亿三千多年的时间风化而成的独特奇景。

择一城终老，遇一人白首。
挽一帘幽梦，许一世倾城。
是多少人理想中爱情的模样。
也许来了莆田，你会在这里找到——
梦里的那个世外桃源。

以上文字资料来自莆田新闻网《有一种风情叫"新莆田二十四景"》。

# 第二部分

# 大学生活篇

# 第五章　适应大学新环境

## 第一节　解读大学生活

挥手告别昨日荣誉，怀揣五彩斑斓的梦，学子们迈进了大学校园，人生的历程开始了崭新的一页，人生的理想将在这里起航，未来的成就将在这里奠基，大学美好的生活将在这里开始。面对崭新的学习、生活环境，同学们充满好奇与兴奋，也会有些许不适与困惑。因此，尽快转换角色，适应大学生活，是同学们面临的首要问题。与中学生活相比，大学生活发生了以下显著的变化。

### 一、社会角色的变化

大学生与中学生担任的社会角色不同。在中学时，不少人是在校内或班内担任一定职务、受人尊敬的学习尖子，而在人才荟萃的大学校园里，他们中的大多数可能成为不担任任何职务的普通学生。大学新生须适应这种由出人头地到默默无闻，由高才生到一般学生的转变。中学生的心理和思想正在发展中，职业方向和社会角色还不确定；而大学生的职业方向基本确定，社会地位有了较大提高，社会对大学生的期望和要求要比中学生高得多。因此，大学新生要实现从中学生到大学生这种社会角色的变化，处处用大学生的标准严格要求自己，既学会做人，又学会做事。

### 二、奋斗目标的变化

大一新生上了大学，原来的目标实现了，但新的目标却是模糊的。有的学生说， 我们读高中像在黑夜里摸索，上大学是激励我们前进的一盏明灯。考上大学了，“天亮了”，前进的目标没有了，感到彷徨。新生进入大学，学习与竞争进入了新的阶段， 开始新的起点。上大学，这只是向新的高度攀登的开始，征途漫漫，任重道远。

大学是人生成才、成就事业的一个新起点。古人云：“有志者事竟成”“学必先立志”。大学生应从高考的满足或失落中清醒过来，根据大学教育目标的要求和自己的实际，制订出个人学习计划，明确新的奋斗目标和行动方略，增强进取的内动力，为创造成功人生打下良好的基础。

### 三、生活环境的变化

进入大学以后，同学们离开父母独立生活，许多同学还远离家乡，衣食住行等日常生活都要自己安排。自主、自立、自律是大学生活的主旋律。大学生应适应这种生活方式的变化，自主而合理地处理好个人的学习和生活问题，注意培养独立生活的能力，要自觉遵守学校的规章制度和作息时间，养成良好的生活习惯；要积极参加学校、班级组织的文体活动和“第二课堂”活动；要学会理财，家中给的钱要计划开支，不要月头松、月尾空，把基本生活费打入校园卡，这是生活、学习的基本保证。

同学们来自五湖四海，兴趣爱好、生活习惯可能存在差异，主动地加强沟通和交流，互相理解和关心成为一种需要。自理能力强的同学会很快适应，应对自如；自理能力弱的同学，则可能计划失当，顾此失彼。因此，同学们要尽快适应新的环境，既要学会集体生活，又要学会独立处理学习生活中遇到的各种实际问题。

大学生与中学生的来源不同。中学生大多在家乡就读，同学之间充满乡音乡情；而大学生来自全国各地，其语言、个性、生活习惯有较大差异。这就要求交往方式要有所转变。首先，要做到相互了解，相互适应，要提倡主动交往；其次，同学之间要相互尊重、相互关心，为人要诚恳热情，严以律己，宽以待人，大事讲原则，小事讲风格；另外与同学交往要坚持与人为善，要搞“五湖四海”全方位交往，而不要有老乡抱团，搞宗派、拉帮结伙等庸俗作风，注意人际关系的和谐性。

## 四、课外生活的变化

在中学阶段，同学们除了在上体育课的时候打打球，自娱自乐一下，基本就没有什么课外活动，同学们除了吃饭、睡觉，基本上就是在读书学习了。进入大学之后，这一切都发生了实质的变化。由党组织、团组织、学生会、班委会等组织的活动很多；由志趣、爱好相同的同学自愿组织起来的各种学生社团的活动丰富多彩，同学们参加各种“第二课堂”活动的机会大大增加。“第二课堂”活动是展现自我的舞台，既可以锻炼组织和交往能力，又可以让同学们在活动中拓展自己的素质，成为更加全面的人才。因此，同学们可以根据自己的特点和爱好、时间和精力积极参加各种活动，合理安排课余活动，合理安排学习与生活，锻炼组织和交往能力。

## 五、学校管理模式的变化

步入大学，这是人生的又一个新起点，与中学时代不同，大学生个人的自由空间和时间更加充足，同学们每周只要上二十多节课，其他的时间全部由自己支配和安排。高校为了保证正常的教学秩序，制定了一系列的规章制度，如学校的学生管理规定、学籍管理制度、考试管理规定、学生违纪处罚规定等。这些规定是大学生大学生活的行动指南，这就要求我们新生入学之初，就要尽快了解大学生的行为规范，适应大学管理模式，遵守大学生守则，养成良好的行为习惯，努力塑造良好的大学生形象，使自己成为知书达理、文明向上的大学生。

总之，大学阶段是人生一段最美丽、最难得的时光，在此期间，我们不仅要掌握扎实的理论知识，同时需要培养自学能力，提高自己的思维水平，完善自身的人格素质。因此，大学生要抓紧实现上述 5 个方面的转变，尽快地适应大学生活，取得适应大学生活的主动权。

## 第二节 习惯决定成败

良好的习惯是成功的基础。孔子曰："少成若天性，习惯成自然。"说的是从小培养怎样的习惯，就会形成怎样的品性。当然，习惯的培养是一个从外化到内外的过程，需要相当长的时间。因此，良好习惯的养成贵在坚持。

由于应试教育升学的压力没有根本改变，中小学生都不得不面临着升学的巨大压力。同时，由于目前国家就业政策以及社会对人才评价存在一些问题，使得学生和社会、家庭及各个方面都过多地关注学生的学习成绩，而疏于考虑学生良好生活习惯的培养。进入大学后，有些同学由于学业负担的减轻，突然放松了自己，不知不觉养成了不良的生活习惯。这将对大学生未来走向社会带来极大的负面影响。良好的生活习惯不仅能促进个人的身心健康，而且能形成高尚的品德，也能对个人的未来发展有重要作用。大学生精力旺盛，又处于长身体、长知识的阶段，良好的生活习惯是确保顺利度过大学阶段的一个重要基础。因此，我们从进入大学开始，就应该养成良好的习惯。

**(1) 要安排好作息时间，形成良好的作息习惯**。现代医学证明：有规律的生活能使大脑和神经系统的兴奋和抑制交替进行，能在大脑皮层上形成动力定型，这对促进身心健康是非常有利的。基础教育阶段特别是高中阶段，学生学业负担重、学习压力大，不少学生形成了自己的学习和作息习惯。进入大学后，学生没有了学习的压力，没有了父母的管教，有的学生便没有了明确的学习目标，失去了明确的努力方向，不少大学生没有把主要精力放在学习上，有些学生整日无所事事，或沉溺于网络，或浑浑噩噩，或过多地考虑个人感情问题等，以至于形成了不良的作息习惯。这必将对我们未来的学习和生活造成严重的影响。大学生应注意培养自我控制和约束能力，增强时间观念，养成良好的作息习惯，睡眠时间每天一般不少于 7 个小时，早睡早起，适当午休。

**(2) 要进行适度的体育锻炼，养成自觉锻炼的习惯**。"生命在于运动""一天锻炼一小时，健康工作五十年，幸福生活一辈子"。 现在不少大学生不懂得体育锻炼的重要性，没有锻炼意识。认为自己年轻、身体好，没有锻炼的必要，体育锻炼是中老年人的事。其实青少年体育锻炼的效果最好，从青少年开始锻炼并形成习惯，对身体、工作或学习，乃至一生都是大有裨益的。一旦身体出现问题或年龄大了才想到了体育锻炼，往往达不到理想的效果。作为"天之骄子"的现代大学生，在安排好学习的同时，也要根据自身的条件进行适当的体育锻炼，这样不但可以缓解刻板紧张的学习和生活，还可以放松心情，增加生活乐趣，有助于提高学习效率。跑步、打篮球、踢足球、打羽毛球等各种体育活动都有助于增强体质，提高对疾病的抵抗能力，这也是一种积极的休息。另外，要注意在锻炼过程中逐步找到适合自身特点的体育运动项目并一直坚持下去，将会终身受益。

**(3) 要安排好饮食，养成良好的饮食习惯**。饮食不良现象在大学生中比较普遍，主要表现在以下几个方面：一是饮食不规律。很多学生早晨起床比较晚，来不及吃早餐便去上课，或匆匆忙忙往教室赶时随便吃一点，有的索性取消了早餐，有的则在课间饿的时候随便吃些零食。二是不懂营养搭配、荤素搭配。喜欢吃什么就经常吃什么、想吃什么就吃什么。三是暴饮暴食。学生主要在食堂就餐，由于食堂的就餐时间比较固定，常有学生由于学习或其他原因错过了开饭时间，于是就随便对付一下，等下一顿吃饭时再多吃。

研究表明：最近几年我国因饮食问题产生的疾病逐渐增加，发病率越来越高。青少年中肥胖率的快速增高，高血压、高血脂等老年病的低龄化倾向等，都与饮食习惯有关。大学时期应注意安排好饮食，逐步形成良好的饮食习惯。良好的饮食习惯包括饮食要定时定量。“早饭要吃好、午饭要吃饱、晚饭要吃少”；吃饭要细嚼慢咽、不要狼吞虎咽；注意营养搭配、荤素搭配，不要只吃“好的”、喜欢吃的，不能挑食偏食；要加强全面营养，还要多吃蔬菜和水果。

**(4) 不沉溺于电子或网络游戏，形成合理掌握使用计算机和网络时间的良好生活习惯。**如今，网络生活已成为人们日常生活的重要组成部分，网络对大学生的学习和生活带来了极大的便利，但同时也对大学生的思想品德、学业、身心、人际关系、情绪情感、兴趣爱好等多方面带来不少负面影响。有些同学经常熬夜上网，沉溺于网络游戏或“网聊”，白天无精打采或在课堂上睡觉。这既给学生及家长带来了一定的经济负担，也严重地影响了学生的身心健康和学业成绩，同时也会对以后的工作和生活产生消极影响。

电脑是用来工作和学习的，不是专门用来玩游戏的。理想和信念是人生的精神支柱，大学生应志存高远、奋斗不息。有些大学生进入大学以后，人生的目标不明确，特别是没有崇高的人生追求；个别大学生胸无大志，缺乏对生存问题的理性思考；许多人碌碌无为、虚度年华，并不是因为他们没有智慧和才华，而是因为没有崇高的人生追求。21世纪是知识经济时代，对人们特别是对大学生的要求更高。大学生努力学习，努力创造人生的辉煌，为社会多做贡献，有了这样的人生追求，大学阶段才会过得比较充实而有意义，就不会沉溺于网络。

**(5) 要远离烟酒，注意公共卫生和个人卫生，形成良好的卫生习惯。**烟酒的危害尽人皆知，但由于不良环境的影响、奋斗目标不明确、就业压力增大等，或者只是想一味地扮“酷”，有些学生不知不觉间与烟酒结缘。生活中有些学生既不注意公共卫生，也不注意个人卫生。随地吐痰，乱丢乱扔废纸、塑料袋，不打扫宿舍卫生，乱倒垃圾，被褥长时间不晒，脏臭的袜子乱扔、不洗或者洗衣不及时，没养成早晚刷牙的习惯等。

时代赋予了大学生新的历史使命，对大学生提出了更高的素质要求，当然也包括卫生习惯的要求。俗话说：“一屋不扫，何以扫天下。”很难想象基本的公共卫生和个人卫生都不会做、做不好的人，工作上会有大的成就。同时，现代社会是一个高度文明的社会，国内外许多城市对市民的素质要求很高，公共卫生和个人卫生意识也是个人素质的一种体现。众所周知，一座高度发达的文明城市绝对不会接纳一位没有公共卫生和个人卫生意识的市民；一家有着丰富文化底蕴的公司同样不会接纳一位没有公共卫生和个人卫生意识的员工。如果我们在大学时代没有养成良好的卫生习惯，就会跟不上时代的步伐。因此，大学生应该明确目标、振奋精神，从自身做起，从一点一滴做起，逐步养成良好的卫生习惯。

**(6) 要积极参加劳动，养成良好的劳动习惯。**如今，生活现代化以前所未有的速度向前迈进，家庭生活中的体力劳动日趋减少，加上许多家庭对独生子女的溺爱，从来不要子女在家做任何家务劳动，子女在家中就过着饭来张口、衣来伸手的生活。我们经常把“素质教育”挂在嘴边，却没有很好地理解素质教育的本质。素质教育最重要的是注重学生人格的养成。教育家陶行知曾说过：“千教万教，教人学真；千学万学，学做真人。”在实施教育过程中，对于学生劳动品质的培养往往被忽视，很多人认为，只要把学习搞好了，别的无关紧要，忽略了自立意识与能力的培养。我们应充分认识到新世纪的人才不是“四体不勤，五谷不分”的书呆子，而是既有科学文化知识，又有各种劳动技能的高素质人才。所以培养大学生吃苦耐劳、热爱劳动的观念是学校教育的基础课程，也是家庭教育的一个重要组成部分。

劳动是人类最基本的实践活动，对大学生的全面发展有着极其重要的意义。它能使我们的肌体充满活力，促进我们的身体发育与强健，还能培养我们的智慧、情感、意志和高尚的品格。劳动对培养大学生的自理能力、促使学生养成良好的劳动习惯和纯朴的生活习惯起着重要的指导作用。一方面，学生要定期整理寝室内务，打扫房间，养成良好的卫生、劳动习惯；另一方面，可以积极参加学校的一些社团活动，经常参加这些社团组织的校内校外的公益性劳动。

## 第三节 成功源于追求

在英文中，大一新生被称为“Freshman”，它既代表大学新生对新生活环境的陌生与好奇，又代表同学们进入大学有新的希望、新的追求。社会是一个大舞台，每个人都是这个舞台上的一个角色。当然，只有进入了角色才能演好人生这台大戏，才能实现自我的价值。因此，我们应尽快转换角色，调整心态，积极面对新的生活环境，树立崇高理想与人生追求，塑造良好的大学生形象。

### 一、政治上要有追求

#### （一）正确认识党组织

我们的祖国经历了许多磨难，受尽了西方列强的凌辱，我们的许多精英们不惜牺牲，为国家的强盛付出了一切。正是在中国共产党的领导下，我们的祖国才走上了复兴之路，改革开放和新农村建设所取得的伟大成就，展示着我们党领导人民英勇顽强、波澜壮阔的奋斗足迹，为我们绘制了一幅透迤而又气势磅礴、雄浑而又绚丽多彩的画卷。当然，我们生活在一个这么大的国家，就像一棵参天的大树，即使是满树绿叶的春天，也会有几片枯黄的落叶，但这并不影响它的美丽；任何国家、政党都存在腐败现象，问题的关键在于对待腐败的态度。中国共产党敢于正视腐败现象，并切实采取行动反腐败。因此，作为大学生，我们不能“一叶障目”，应正确认识党组织，坚定自己的信念。

#### （二）积极向党组织表达愿望

争取加入中国共产党，首先要积极主动地向党组织表达自己要求入党的愿望。在这个问题上，有些同学存在着模糊认识。比如，有的同学认为，自己刚入学，各方面还不够优秀，没有取得申请入党的资格，想等做出了成绩后再向党组织申请。实践证明，争取入党是一个过程，只要有入党愿望，就应当表达出来。要通过努力做出成绩，接受党组织的考验。我们党对每个要求入党的同志，从来不是看一时一事，而是看他的全部历史和全部工作。所以，每一个有入党愿望的同学，都应该积极地向党组织靠拢。这样做，不仅使自己有了具体的奋斗目标和前进动力，同时也能够得到党组织的及时帮助和指导。

### （三）端正入党动机

任何要求入党的同学在申请要求入党之时，都会面临着要回答入党是为了什么的问题，这就是入党动机。在现实生活中，要求入党者的入党动机往往是不相同的，例如，有些同学是为了实现共产主义、全心全意为人民服务而要求入党的；有的同学则认为入了党个人和家庭都光荣，在亲戚同学面前也好看；有的同学是看到周围一些同学提出了申请，随大流而要求入党的；也有的同学认为，大学入了党可以更好就业，以后在个人名利、地位、金钱等方面会更有优势。上述种种入党动机中，只有信仰共产主义，更好地全心全意为人民服务而要求入党，才是唯一正确的入党动机。只有拥有正确的入党动机，我们才会在自己的学习和工作中，刻苦学习科学文化知识，在知识的海洋中顽强拼搏，并始终以共产党员的标准严格要求自己，时时处处起先锋模范作用，为党和人民的事业勇于奉献出自己的力量。

### （四）自觉接受党组织的培养、教育和考察

一般来说，一个人在刚刚提出入党申请的时候，尽管有要求进步的愿望，但他对党的性质、纲领、宗旨和任务的认识可能不那么深刻，与共产党员的标准还有一定距离。要缩短这个距离，既需要个人的主观努力，又需要党组织的培养、教育和帮助。所以，申请入党的同学应该自觉地接受党组织的培养、教育和考察。首先，要主动向党组织汇报自己的思想情况，这有利于党组织加深对自己的了解和有针对性地进行教育帮助，使自己更快地进步；其次，要积极参加党的活动，实际体验党内生活，接受党内生活锻炼，学习党的基本知识和党员优秀品质，从中接受教育。同时，要自觉接受党组织的培训，提高自己的思想觉悟，并且接受党组织的考察。

### （五）关心国家时政，以实际行动报效祖国

争取入党离不开实践，争取入党的过程也主要是实践的过程。当前，全党和全国人民正在全面建设有中国特色的和谐社会。这就要求我们在实际工作中“与时俱进”，关心国家时政，积极参加社会实践活动，为中国特色社会主义建设做出贡献。“未进党的门，先做党的人”。同学们只有按照党员标准严格要求自己，贯彻落实“科学发展观”，积极投身于全面建设有中国特色的和谐社会，才能把自己锻炼成为合格的共产党员。

## 二、学习上要有追求

### （一）理想的学习目的

一说到学习，我们一般都会想到读书、考大学或为了考证、考级。当然，作为大学生，考证、考级是理所当然的分内之事。但是，我们更应该充分发挥自己的个人兴趣，充分展示自己的天赋，为了自己的爱好，发掘自己的才能而学习。21世纪需要的是与时俱进的创新型人才，这就需要我们有自己独特的学习理想，按照自己的兴趣来制订学习计划，规划自己的学习过程。具体来说，学习要能使自己全面发展、充分激化自己潜能和学习主动性

与学习欲望，也就是说，能让自己感到快乐。

### （二）快乐的学习态度

学习本来是件快乐的事，因为追求知识与真理是人类最快乐的事。但是由于“应试教育”的影响，学习成了大多数学生的“苦海”。如果我们立足于充分发挥个性与天赋的角度，我们的学习一定会充满乐趣。学习的幸福，在于有符合自己个性发展的目的、理想。有了这些理想，就会有快乐的学习态度。现在的时代是一个看重“能力”的社会，只有把学习当成自己的追求，把学习当成快乐的事，才会有较大的进步，才会有自己的创造与作为。

### （三）幸福的学习过程

任何事情的幸福，都存在于创造幸福这个幸福的过程之中。幸福的学习是最高意义的学习，学习的幸福在于学习的过程而不是单纯的学习结果。在学习过程中，每一次“顿悟”与“豁然开朗”，每一点滴知识的获取，都是一种幸福的感受。幸福的学习是我们把学习看成是一种游戏，而不是一种负担。如果我们有自己理想的学习目的，快乐的学习态度，就能使学习过程充满着幸福感。

### （四）科学的学习方法

学习要有效果，体会到了学习的进步，我们才会感受到学习的快乐。学习要有效果，除了要有耐心和刻苦的学习精神之外，还必须有科学的学习方法。学习的方法有很多，但它也会因人而异，并不是所有的方法都适合每一个人。所以，同学们必须结合自己的特点，选择适合自己的学习方法。具体来说，科学的学习方法有精读法、反复法、联想法、浏览法、抄书法、浓缩法、笔记法、评读法、交叉法、借读法、写读法……

### （五）永恒的学习精神

“一天不读书，没人看得出；一周不读书，动口就爆粗；一月不读书，智商不如猪”，这是网络上流传的一句俏皮话，虽然说得有点粗糙，但它说明了“终身学习”的重要性：现代社会是信息爆炸的时代，知识的更新速度日新月异，如果我们不与时俱进，就跟不上时代的要求。学习真的没有早晚的问题，台塑创办人王永庆七十岁还在学习英语。知识是无止境的，学习也是无止境的，再多知识都是相对的，世界上没有一项事物的知识是被人类探究尽了的。正因为如此，所以追求知识和真理才是最大的快乐，并且这种快乐也是无止境的。

## 三、生活上要有追求

### （一）独立生活、自信自强

大学生适应新的学习、生活环境，很重要的就是要培养和提高独立生活能力，无论是学习、生活、交友乃至认识社会和人生，都需要更多地依靠自己去思考、判断、选择和行动。大学主要是为社会培养有用的合格人才。因此，从一定意义上说，进入大学就意味着逐步独立地走向社会、走向生活。在这个新的起点上，为了给自己的人生理想夯实基础，就需要摆脱依赖、等待和犹豫，树立自信、自律、自立、自强的精神，勇于面对社会和生活。

### （二）虚心求教、细心体察

面对新的生活环境，同学们随时都可能遭遇到过去所没有遇到的问题、矛盾和困惑。过去没有接触过的人，需要去交往；过去没有做过的事，需要学着去做；过去没有解决的问题，需要自己去解决。为了尽快提高自身的能力，同学们必须在各个方面虚心求教、细心体察，多向周围的老师、同学学习。当然，虚心请教不要随波逐流、没有主见。人无完人，伟人都有犯错误的时候，何况是我们这些年轻的学子？所以说，年轻人犯错误是正常的，不要怕犯错误，但不要为自己所犯的错误找借口，要勇敢地去面对错误，虚心求教，但一定要有主见，因为这有利于培养自己的独立精神，也有利于发现解决问题的新思路，以便下次不犯相同的错误。勇于面对错误、虚心求教而又有主见的人，是一个很有可能做出成就的人！

### （三）大胆实践、积极交往

任何能力都是在实践中积累起来的，都有一个从不会到会、从不熟悉到熟悉的过程。人们常说，“实践是最好的老师”。意思是说只有在实践中不断磨砺，才能逐渐提高自己的能力。作为大学生，社会实践活动会更多，除了每年假期学院安排的社会实践活动外，同学们还可以利用节假日和课外活动参加各类社会实践活动，以积累未来走向社会必须具备的社交、口才、胆识和社会经验。在人际交往方面，中学阶段的人际关系和交往环境比较简单，交往关系不复杂，人际关系也比较容易处理。随着大学生活的日益丰富与交往环境的变化，大学生处于“半社会化”的新环境中，这就要求我们要大胆参与、积极交往，在交往中既要注意自己的大学生形象，又要注重细节，但不拘泥于小节。

### （四）爱好广泛、兴趣高雅

作为大学生，最主要的任务是学习，但学习不只是局限于课堂和书本，社会是一个大课堂，有丰富的知识值得我们去学习和探索。现代社会需要的不是“两耳不闻窗外事，一心只读圣贤书”的书呆子，而是熟练掌握多门技能、全面发展的“通才”。人们常说“字如其人”，高雅的兴趣爱好本身就是全面素质的体现，因此，在学习之余，我们可以根据自己的特点和爱好、时间和精力积极参加各种活动，培养自己高雅的兴趣爱好，积累自己的社交、口才、胆识和社会经验。在参加活动方面要注意三点：一是认真对待。除了上课以外，宿舍、校园、社团活动是学生最主要的生活空间，专业技能可以从课堂学习获得，而作为人的培养很大程度上在课堂以外，来自隐性的课堂。校园活动具有培养“领导力”的作用，它是培养个人特长的重要舞台。二是积极参与。大学生参与校园活动的深度和广度随着年级的变化而变化。一年级、二年级是参与校园活动的最佳时期，大学生可以让自己参与校园活动的深度和广度达到最大，而三年级是大学生活的收获期，大三学生应将自己全部或更多的精力放在毕业设计和未来职业的考虑上。三是主动组织。大学学生干部是校园活动的组织者，学生干部岗位也是一种学习资源，它能锻炼大学生的组织管理能力和处理人际关系的能力等，大学生要充分利用这一学习资源，在校期间争取做一次学生干部。

# 第六章　我的学习

学习是构成大学丰富多彩生活的中心内容，也是大学生最重要的职责与使命。大学阶段的学习与中学阶段的学习相比，在学习内容、学习方法等方面发生了较大变化。对于刚进入大学的新生而言，如何适应这些变化，尽快了解和掌握大学学习的基本规律，是摆在每一名新生面前的首要问题。

## 第一节　新生学习问答

### 一、大学学习的学习任务

在中学学习期间，老师和家长告诉学生:“高中的学习是苦一点、累一点，没有时间玩，但考取大学就好了，学习任务轻，玩的时间多”等类似观点和说法。造成很多同学在考取大学后没把学习作为主要任务，在学习上没有投入足够精力，结果不少同学的学习成绩一团糟，部分学生考试成绩经常是“大红灯笼高高挂”，最终连毕业证都拿不到。

其实，与高中相比，大学的学习任务并没有减轻。因此，希望新生抛弃“该好好休息一下”的错误想法，充分认识到学习在大学生活中的重要地位，进一步确立学习是大学生的首要任务的观念，将主要精力投入到大学学习中去。

(1) 中学阶段，我们一般只学习10门左右的课程，而大学里所开设的课程分为核心课程、专业基础课程、核心能力课程和选修课程四类课。每类课程又由许多门课程综合而成。一般来说，我们大学几年需要学习的课程在30门以上，学习内容远比中学多。

(2) 根据高职人才培养目标特点，学院还专门组织大学英语A、B级考试和计算机等级考试，这些考试大多需要学生自己在正常教学课程学习之余抽出时间来进行学习和复习，学习难度远比中学大。

(3) 根据各专业要求，学院还组织一系列的职业从业资格证考试。学院虽然会组织学习和练习，但更多的是靠学生自学。

从上述情况足以表明，大学学习的内容广、课程多、难度大是不言而喻的。因此，不能认为大学学习任务比中学学习任务更轻了。

### 二、大学学习与中学学习的区别

大学学习与中学时期的学习相比，存在着许多不同之处，其中最主要的区别是在学习内容、学习任务、学习方式、学习方法及教师讲课方式上发生了较大变化。

**1．学习内容不同**

如第一个问题所述，大学学习与中学阶段的学习相比较，大学学习的内容更广泛，课程数量更多，学习难度更大，对学生自学能力的要求更高。

**2．学习任务不同**

中学的学习任务主要是学习各种科学文化的基础知识，为进一步的升学或就业做准备。大学则是以培养各类高级专门人才为目标，既要学习专业知识，又要掌握专门的技能，学会应用知识去解决问题，这与整个社会需要紧密地结合在一起，使其具有很强的实践性和针对性。

**3．学习方式不同**

在学习方式上，中学学习的主要方式是课堂讲授，教学过程中的每一天、每一节课，老师都安排得非常具体，有频繁的作业和课堂提问，也有大量而紧凑的课程学习。而在大学里，课堂讲授相对减少，自学时间大量增加。同时，大学为学生学习提供了非常好的环境，大学有藏书丰富的图书馆，有设备先进的实验室，有丰富多彩的课外科研、实训活动。另外，大学的教学计划还安排了大量的教学实验、实习、社会调查、毕业设计等教学环节。

**4．学习方法变化明显**

在学习方法上，中学时期，老师教学生是“手把手”领着教，老师安排得详细周到，不少同学养成了依赖老师，只会记忆和背诵的习惯。而大学采用的方法则是“老师在前面引，学生在后想着走”，提倡学生自主学习，课外时间要自己安排，逐渐地从“要我学”向“我要学”转变，不采用题海战术和死记硬背的方法，提倡生动活泼地学习，提倡勤于思考。

**5．教师讲课方式差异显著**

大学教师讲课的特点有：一是介绍思路多，详细讲解少。主要讲授重点、难点内容，而且许多教师都使用投影机、多媒体设备授课，实现了授课手段多样化，授课进度比较快，一节课可能要讲授一章或几章的内容。二是抽象理论多，直观内容少。三是课堂讨论多，课外答疑少。四是参考书目多，课外习题少。此外，大学学习的教学环境也发生了的变化。中学时期，我们有固定的教室、固定的座位，而且是小班授课，但是在大学里，有些班没有固定的、属于自己独享的教室，有时 1、2 节课可能在这一栋楼的某个教室学习，但 3、4 节课又会到另一栋楼去上课，与自己一起上课的可能还会有其他专业的同学。

## 三、大学学习的主要方法

针对大学学习与中学学习的变化，大学新生必须尽快适应大学学习的特点，掌握科学的学习方法。这主要从以下几个方面去努力：

第一，要认真学习所学专业的专业培养计划中有关本专业核心课程、专业基础课程、核心能力课程和选修课程的设置情况，了解本专业培养目标、培养计划和获得毕业证书的必要条件，做到有的放矢。

第二，要充分把握教学环节。首先是要做到主动预习，通过预习，发现课程重点和难点，了解课程的前后关系及内在联系，做到心中有数，掌握听课的主动权，从而事半功倍；其次是要认真听课，努力提高听课质量，紧跟老师的思路，适时做好笔记；然后是要重视作业，大学的作业相对高中而言，量少而精，着眼于加深对原理的理解和对思考方法的培养，因此必须认真对待；最后，要做到自觉复习，及时消化课堂繁重的教学内容，使所学知识成为自己知识链条中的一个有机组成部分，最终达到开阔思路、扩展知识领域、为进一步学习创造条件的目的。

第三，科学安排学习时间。新的学习方式为学生安排时间提供了较大的自由度。为了避免出现时间空白带，新生可以制订一张时间表，认真落实时间计划表的安排内容，合理地确定时间计划表中各个时间段的学习内容，努力提高单位时间内的学习效率。

## 四、大学生的学习目标

人体潜能是不可估量的，只要同学们建立目标，坚定信念，努力进取，就一定能达到成功的彼岸！

学习目标是激发大学生学习积极性、自觉性的前提，起着非常重要的作用：

首先，学习目标具有启动作用。如果大家只有学习需要，而没有可以满足学习需要的学习目标，学习目标就难以催生学习动机，也不会有自觉的学习活动，学习目标对学习需要转变为学习动机有启动作用。

其次，学习目标具有导向作用。在大家自觉的学习过程中，都是朝着一定的学习目标进行的。如果学习活动偏离了学习目标的要求，就需要调整和纠正。如果一个人没有自己明确的学习目标，在今后的大学学习生活中，就很可能在铺天盖地的各种信息面前迷失方向，不知所措。明确的学习目标可以通过对学习各方面活动的调节和控制，引导学习活动朝着正确的方向前进。一个具体的近期的学习目标为具体的学习活动导向，人生总的学习目标为终身学习的导向。

与此同时，当自己有了可以满足需要的学习目标，就能增强信心，形成实现内在驱动力，能使人产生成就感，激发实现目标的能动性。同时，实现学习目标后满足需要的意义越大，期望程度就越高，激发作用就越大，学习积极性和努力程度就越高。

大学生的学习是一种艰苦的脑力劳动，需要具有锲而不舍的钻研精神和坚忍不拔的顽强意志。所以大学生建立学习目标要考虑以下几个方面的问题：

第一，学习目标必须适应社会、经济、学科和人的个性发展的需要，这是树立学习目标的首要原则。一个人价值的大小，主要是以他对社会贡献的大小来衡量的。要使自己能够对社会做出较大的贡献，就必须根据社会的需要树立学习目标。如果不考虑社会发展的需要，只顾个人的兴趣爱好，就可能使自己的学习与社会需要之间产生较大的差距，因而很难适应社会。

第二，学习目标要考虑到超前性和超越性。一方面，大学生必须对社会发展的趋势有一个基本正确的预测和判断，要有前瞻性，必须放眼未来，要有较长远的眼光，尽可能使自己的学习目标超前一些；另一方面，大学生要意识到自己的不足，并且决心克服自己的欠缺，才可能产生学习的欲望和动力，如果自己认为自己现在的情况非常完美，当然也就觉得没有继续学习的必要，也就不可能有学习的动力。

第三，学习目标要考虑个人条件，要切实可行。应充分认识自己，扬长避短，制定出既适合自己的条件，又能够超越自我的学习目标，难度、高度、深度要掌握“跳一跳，摘得到”的原则。不要眼高手低，好高骛远，要量力而行，尽力而为，要正确估计自己的能力，正确认识自己。

第四，学习目标要考虑目标的动态性和具体性。即根据科学技术发展对人才素质的要求，随着情况的变化而不断地修正和调整。在学习目标确立后，要根据情况的变化，修正和调整自己的目标。因为目标仅仅是一张蓝图，实施目标应是一个实际的、动态的发展过程。

学习目标如果选定，应该保持其相对的稳定性，同时，在实现目标的过程中，还要注意收集反馈信息。根据新情况，对目标进行自我调节，包括目标方向的调节和目标层次的调整，并使得方方面面变得更为完善。

## 五、大学生应掌握的学习技巧

大学的学习是不同于中学的学习的，具有更多的自主性。老师讲课的内容也不全来自书本，教学中对学习方法的传授多于知识点的讲解。习惯了中学学习形式的同学们一定要掌握科学的、适合自己的学习方法，才能在大学的学习中游刃有余。

### 1．学会快速阅读

一个掌握阅读技能的学生，能够更迅速、更顺利地掌握知识，学得更主动、更轻松。在实际学习中，许多同学习惯于上课听讲，下课做作业，即使是教科书也不甚阅读，更不用说大量阅读课外书籍。长期下去造成的结果是不会读书，没有形成熟练的阅读技能，对学习的发展造成严重阻碍。我们讲的阅读技能并不是指能简单地读，而是指在阅读的同时能思考、在思考的同时能阅读的能力。而是指能够根据不同书籍的模式迅速分清主次、把握书中内容的一种技能。这就要求同学必须多读书，注意了解不同书籍的特点和阅读技巧，加强读思结合，并且有意识地加快阅读速度，逐渐形成快速阅读技能。

### 2．学会快速书写

在大学学习中，如果没有掌握快速书写的技能，这种负担会更加沉重。例如，课堂上跟不上老师的速度记录笔记；课后完成作业用时过多；考试因书写太慢而答不完试卷等，这些现象都与书写技能有关。可以说书写技能是我们借以掌握知识的工具，这种工具所处的状态将决定我们能否有效而合理地使用时间。那些书写速度慢的同学对此应引起足够的注意，自觉地加强这方面的训练，尽快掌握这一技能。当然，快速书写的同时还要保证字迹的清楚与规范。

### 3．学会做笔记

做笔记是一种与动手相结合的学习行为，有助于对知识的理解和记忆，是一种必须掌握的技能。大学生的学习笔记主要有课堂笔记、读书笔记和复习笔记等，课堂笔记应注意结合教材进行记录，不能全抄全录老师的板书。读书笔记应注意做好阅读标记，所谓“不动笔墨不读书”。复习笔记应注意做好知识的归纳整理，理清知识结构和联系。还需要指出的是，不论哪种笔记都要做好疑难问题的记录，便于集中处理。

## 六、大学生怎样解决学习中的疑难问题

在大学学习期间，由于老师教学方式方法的改变、学习范围的极大扩展，我们不免不时遇到一些疑难问题，寻找有效的解决疑难问题的方式、方法对提高学习兴趣，提高自主

学习的能力，提高学习效率，培养终身学习的学习习惯具有重要的促进作用。

**1. 问自己，不断给自己提问题**

在学习过程中，当我们遇到困难时，你首先应当想到谁呢？答案就是自己。大学生应当具备自己探索问题的能力，而大学这个平台也为我们提供了自主探索问题的条件。所以，当我们面对疑难问题时首先应该寻求自己的思考。我们应当刻意养成不断给自己提问题的良好习惯。面对专业领域里的某种现象、社会问题中的某种现象，我们一定要问问自己“这种现象究竟是怎么一回事？”也就是说，我们要注意去了解这种现象的全貌，尽可能从各种不同的角度去认识它。进一步，我们再思考一下“这种现象为什么会存在，为什么会这样而不是那样存在”，最后，我们尽自己的能力去解决它，即继续向自己提问“这个问题用什么办法去解决”。在这一系列的问题中，我们一步一步找到了问题的答案。当然，也可能在这一系列提问中，我们靠自己的能力找不到答案，那么，不要不了了之。我们可以向老师寻求答案。

**2. 问老师，将思考的问题向老师讨教**

老师的职能之一就是“解惑”。我们经过自己思考无法解决的问题可以寻求老师的帮助。也许你会发现，自己百思不得其解的问题，拿到老师的面前就会迎刃而解。现代社会，老师不可能是精通任何领域的全才，但是，我们一定要坚信，你的老师大多数在他所研究、教授的专业领域里，肯定有比你高超的地方。所以，在大学期间，我们需要养成有了疑问找老师的习惯。

**3. 问同学，将学习中共同的疑难问题开展讨论**

在大学期间，接触最多的恐怕还是我们的同学了。所以，在学习中遇到疑难问题时，条件最充分的还是向同学请教。我们可以就单一的、自己解决不了又找不到老师去问的问题去请教身边的同学。谁都能够想到的是：问问题，当然要向学习程度好于自己的同学提问。所以，我们在新入学时不妨注意结交几个高年级的同学或成绩比自己好的同学。这样，在以后的学习中可以给自己较大的帮助。

**4. 问书本，通过教科书、参考书来解决问题**

书本是不会说话的老师。当大学生遇到疑难问题时，求助书本也是一种良好的方法。在大学学习期间，养成良好的读书习惯对自身的发展可以说是终身受益的。教科书、相关参考书是大学生最容易接触的书籍。在学习中遇到疑难问题时，我们应当学会从教科书、参考书中寻求答案。有些大学生可能学完了某一门课程，教材还几乎是新的。那么可以肯定的是，他的这门课程肯定是没学好的。大学老师讲课也许并不是严格按照教科书中的内容去讲授，老师要考虑到教学的各方面需求。但是，教科书毋庸置疑是我们全面、系统地了解某一门课程的最好依据。所以，学习任何一门课程，我们都不能抛开教科书。当我们遇到疑难问题时，系统阅读教科书，积极思考，大多数情况下是可以解决问题的。

## 七、大学新生如何利用好图书馆来学习

大学新生一进大学门就要尽快学会自学。俗话说：“师傅领进门，修行在个人。”大学生“修行”的理想之所，就是图书馆。

高校图书馆最主要的职能是教育职能，是大学生构建和更新专业知识的基地。图书馆是知识的宝库，它拥有浩如烟海的文献，各种有价值的知识、信息蕴藏其中。大学图书馆作为大学生专业教育的"第二课堂"既能为学习有困难的同学提供启发和帮助，又能为有能力的学生提供充分发展的广阔空间，它是对高校课堂教学必不可缺的补充。在大学利用图书馆来完成学业，是大学生迅速成才的最大优势。大学生必须在课余时间利用图书馆的最新文献信息，汲取新的专业知识，了解学科的发展方向，否则就无法全面理解，融会贯通教师讲授的知识，更谈不上主动去探寻和掌握最新的专业知识。

由于大学学习的特点：课内学时大幅度减少、课内信息量明显增加、教材作用降低，参考书刊的作用相对提高、主动式学习取代被动式学习等，新生必须解决好一个重要问题：如何利用图书馆来学习。

**1．新生应把图书馆作为一个大课堂**

大学阶段，课内学时减少，信息量增加，要求学生在课前做好预习，在课后花较多的时间去复习。也就是说，新生大量的课余时间不应在花前月下度过，也不应在游戏、电视中耗费，而应主要用于在图书馆等这样的大课堂中学习。

**2．新生应利用图书馆良好的学习氛围养成良好的学习习惯**

事实证明，一个学生学习的好坏，固然和其智力有关，但更重要的是取决于他的勤奋努力及学习习惯。图书馆是知识的殿堂，是信息知识的集散地，更是众多学生努力学习的最佳场所。新生应该积极利用这一有利条件，想方设法使自己养成潜心读书、专心学习的良好习惯。

**3．新生应充分利用图书馆学好本专业知识**

教师在课堂上讲的只是本专业最基本、最主要的东西，而图书馆有各个专业的多种教材、参考书和专业刊物。有志于学好某一专业知识的学生，应充分利用图书馆的多种信息资源，了解本专业的全貌、前沿和发展趋势，并通过在图书馆的学习加深对课堂教学内容的理解。

**4．新生应充分利用图书馆拓宽自己的知识面**

大学生在图书馆一方面钻研本专业的知识和理论；另一方面通过广泛涉猎书籍，在知识的"海洋中畅游"。对于成为一专多能的复合型人才无疑是十分有益的。

**5．新生应在图书馆学会获取知识和信息的技能**

新生学会获取知识和信息的技能，比在图书馆学习有限的知识更重要，因此新生在图书馆既要学习用传统的方法获取书刊资料的技能和途径，又要学习现代信息技术。

(1) 熟悉图书馆文献检索。

(2) 熟练使用计算机检索系统。

(3) 了解图书分类法。

知识分为两种：一种是需要记忆的知识；另一种是"知道从哪里获取知识"的知识。后一种知识的学习是非常重要且终身受用的。知识面的拓展、学习研究的深入等都要求当今的大学生有强烈的图书馆意识和丰富的图书馆使用知识，所以大学生掌握对图书馆的使用知识是十分迫切的，并且具有重大的现实意义。

# 第二节　大学生怎样学好实践课

## 一、大学生对实践课的期望

实践既是产生理论的源泉，又是检验真理的标准。作为一名合格的大学生，必须具备良好的实践能力，才能适应现代科学技术高速发展的需要。

欧美国家大学生动手能力强，这与他们从小就受到的各种实践训练是分不开的。他们受到的实践训练来自三个方面：一是家庭教育，从小就接触各种电子、电动玩具和各种自动化的家用电器，这种熏陶是一种无形的教育，时刻都在对他们进行着实践能力的训练。二是社会教育，从小就有机会到现代化的儿童乐园，或各种有综合知识的游乐场和青少年宫活动，这些科技活动对培养人们的兴趣、好奇心、思维和动手能力极有帮助。三是学校教育，先进工业国家对实践教学相当重视，他们投资多、设备新，实践学时也多，而且实验、实训室大多是开放的。

可以这样说，高校的实验、实训室是开展科学研究的重要基地，实验、实训教学则是训练和培养学生进行科学实验和独立工作能力的重要环节。实践不仅是科学发展的原动力，而且也是当今新兴科学技术的生长点。

实践课是在教师指导下，主要由学生独立完成的一种教学活动。学生借助于仪器、实验用品及专门设备而人为地引起某种自然现象的变化，通过观察加深对知识的理解，同时培养实践技能。大学生在实践课上可以培养自己的思维和动手能力、良好的情感、意志品质。

### 1. 在知识、技能、能力方面

首先，通过实践课，大学生可以进一步掌握和巩固所学的基本理论。学生通过自己动手实践，观察现象，可获得丰富的感性知识；又通过对实践结果的分析验证理论，使感性认识进一步深化，上升为理性认识，从而达到深刻理解、熟练掌握的目的。而且，实践课的设计与模拟方法是科学研究的主要方法之一。实践课的设计是指通过人为设计来控制某些自然现象，排除一些次要因素，突出所要观察的因素，以认识事物的本质。模拟方法则是一种特殊的实践方法，它借助于相似性原理，对那些不能直接做实验的物理过程、化学过程、生物过程等进行模拟实验。通过实践的设计与模拟，更有助于学生正确掌握重要的基本理论，扩大知识领域并灵活运用这些理论。

通过实践课，还能够培养学生具有高级技术人才所必需的实验研究能力。例如，选择、设计实践方案的能力；选用测试手段的能力；正确使用仪器的能力；布局、观察和测试的能力；数据处理的能力；分析、总结和表达的能力等。

### 2. 在情感和学风方面

实践课形式多样，内容丰富，激发兴趣，引人入胜，可以培养敏锐的观察力和丰富的想象力。大学生的平均年龄在20岁左右，记忆力比较强，好奇、敏锐，通过具体实践的训练，可以培养对科学的兴趣，而兴趣是学习的直接动力，又是成才的起点。通过实验课，学生会被一步步引入科学的“大门”，去探索、创造和发明。

深厚的理论基础和坚实的实践技能，是新型工程技术人才必须具备的两个主要本领。而实践技能的获得，又来源于实践课程。通过实践，可以培养创新能力和“举一反三”的素质。科技发展史表明，许多科学家由于有较高的理论知识和丰富的实践素养，因而对“机遇”(即新现象)提供的线索十分敏感，一旦“机遇”出现，他们就能抓住不放，深入研究并取得重大成果，这是有创造力的表现。

**3. 在意识和意志方面**

实践课的教学过程对于培养学生掌握辩证唯物论的认识论有独特的作用。上好实践课，要求理论与实际、动脑和动手相结合，通过实践的过程使学生受到认识论的训练。通过实践，学生可以知道一个事物是如何产生、如何控制、如何测量和运用的，从而学到处理具体实际问题的可调、可控、可测、可算技术的初步本领。作为未来的新型工程技术人才，必须具有把从实践中学到的对自然界规律的认识方法，运用到生产实际中去的能力。

## 二、大学生实践课的要求

**1. 实践课要复习有关理论**

复习有关理论是上好实践课的保证。由于实践是在一定的理论指导下进行的，只有从理论的高度搞清楚实践课的目的和方法，才能抓住重点，在实验过程中才能观察得更仔细、分析得更深入。

**2. 实践课初期，要了解实践方案**

实践课的顺利进行要依据一定的方案。大学期间学生在老师的带领下进行的实践课，一般都由老师或者教材预设了相应的实验方案，大学生在实践课初期要了解实验方案才能有目的地进行实践。

实践课初期，要了解本课程的目的、要求和基本原理，熟悉所采用的方法、步骤，所要使用的仪器设备以及注意事项等。并要运用已学过的理论知识尽可能地分析、估计可能出现的现象和成败的关键，最后写出预习报告或预习笔记。在预习报告中，要简明扼要地写明目的、步骤，设计好数据记录表格、计算公式等。从复习理论、阅读实践课讲义到写出预习报告的过程是很好的自学培养过程，也是从中吸收知识和准备应用的过程。许多学生开始时不习惯这样做，认为太花时间，而把希望寄托在上课听老师讲解上。这种做法是不可取的。学生自学能力的培养对上好实践课程尤其重要，大学里的实践课，老师讲得很少，基本上要靠自己动手实践，如果预习不充分，自己心中无数，就掌握不了重点，操作步骤连贯不起来，只能“照方抓药”，机械地记忆，对实践过程中出现的现象、问题手足无措，更谈不上运用学过的理论给以正确的解释，这样上实践课是不会有多大收获的。

**3. 实践过程中的各项要求**

实际操作是实践课的中心环节。实际操作包括对仪器性能的检验，正确使用仪器设备，设备的组装、接线，按要求操作、调节，观察现象并记录数据。实践过程要注意以下几点：

第一，注意老师的提问和讲解。实践课上老师的讲解虽然很短，但往往是学生在预习时产生的疑难问题、容易忽视的关键问题、关键设备的使用方法及安全方面的知识等，要集中精力听讲，不要急于动手。

第二，认真观察，积极思考。观察和思考是上好实践课的最重要的一环。要有目的、有意识地培养自己的观察能力，注意从观察中了解问题的本质，同时要注意独立地应用所学的理论来分析、解决实践中出现的问题。

第三，积极动手，正确操作。按照讲义的指导和预习报告中拟定的步骤，在明确每步操作的目的和要求的基础上大胆操作。有两种倾向应当避免：一种是不敢动手，畏首畏尾，怕弄坏仪器、怕触电、怕出事故等；另一种倾向是动作粗糙，顾此失彼或盲目尝试。

如果不是一人一组做实验，每个人应轮流进行记录数据、实验操作、读数等工作，争取每位学生都有练习的机会。有的同学不爱动手，每次都做记录工作，当了旁观者，放弃了宝贵的实践机会，实在是很可惜的。

不要为了急于拿到数据，而不深入思考实践中的原理和正确的操作方法。拿到数据并非唯一的目的，必须重视每一步的操作，仔细观察，实践课的收获才会更大。

**4．实践课后期，要重视文字总结**

实践操作之后，要分析和处理结果，书写报告，学会科学地处理、分析和总结数据，这是实践课学习的重要组成部分，也是每个学生必须具备的一种能力。在书写报告时应注意以下几点：

第一，正确处理数据，获得合理的结果。将实测数据按一定规律排列，分析其合理性、平行程度等。如有明显的凌乱数据，则要更仔细地分析原因，有时需要重新操作加以验证。对数据的正确处理，是报告中最主要的内容，关系到实践课的成败，一定要充分重视。

第二，真实的记录是正确分析结果的基础。决不允许拼凑数据，更不允许为了完成报告而制造假的数据。在实践过程中，不仅要学习知识和培养能力，而且要培养自己严格、严密和严肃的作风。

第三，在正确分析和处理数据和现象的基础上，找出规律性的东西，总结实践的结果，提出自己的见解。

## 三、素质要求

高职学生的培养目标决定了高职教育的人才培养模式。现阶段高等职业院校在人才培养模式上正在进行大幅度的改革。许多高职院校采取了“2+1”或“2+0.5+0.5”的人才培养模式。也就是说，高职学生在校进行集中理论学习的时间为两年，有一年的时间要在校内外接受实验、实训、课程设计、顶岗实习等形式的实践课程。有的院校是半年的校内实验、实训、课程设计，半年的校外顶岗实习。实践教学，特别是顶岗实习，对高职学生提出了较高的素质要求。

实习是指学生在教师或技术人员的带领下，到工厂、工地等其他场所从事一定的实际观察或实际工作，以获得大量的与书本知识相联系的实践知识和实际能力，并学会运用理论知识分析和解决实际问题，培养独立的工作能力。

**1．实习的形式**

实习包括认识实习、课程实习、生产实习和顶岗实习等多种形式。

(1) 认识实习主要是离开学校到生产第一线、展览馆、博物馆、纪念馆、历史文化遗迹和现实生活中的主要事件发生地等进行参观访问。这种实习形式能够给予学生在课堂上所没有的更多的感性事实材料，有助于学生加深理解书本的理论知识，并激发学生对某门课程的热情和兴趣。

(2) 课程实习主要是一些实践性较强并兼有技能培养的课程，一般安排在校内课堂上进行。例如，计算机课要安排上机实习，电工电子课要安排实验室实习等。这种实习主要是培养学生的操作能力。一般来说，这种实习课程次数越多，越有利于学生实际技能的形成和提高。但学校受仪器、设备等物质条件的限制，其课程时数总是相对固定的。因此大学生一定要珍惜每一次的课程实习。实习前做好准备工作，实习中严格按照操作要领，认真操作每一个具体程序和步骤，提高每一次课程实习的实际效果。

(3) 大学生实习的主要形式是生产实习或顶岗实习。生产实习或顶岗实习主要是根据专业知识特点使学生深入到与该专业有关的实际场所参加一定的实际工作。例如，工科学生要到工厂去实习，财会专业学生要到金融系统或各单位的财会部门去实习等。生产实习或顶岗实习的主要特点有：一是时间相对较长，一般至少有一个月，有的可多达半年、一年。二是综合性强，不仅要使学生获取大量感性知识，加深理解书本的理论知识，同时还要锻炼和培养学生的世界观、人生观、价值观，转变学生的思想。

大学生对生产实习或顶岗实习要做到三点思想准备：一是要“谦虚一点”，在生产实习或顶岗实习过程中，始终要抱着甘当小学生的态度，虚心向实习单位的操作人员、管理人员、科技人员学习，哪怕对方年龄比自己小，只要他有实践经验，就应虚心地向他学习。常言道：“满招损，谦受益”。这样，别人才会把自己实践经验对自己心贴心地讲、手把手地教。如果不是这样，总觉得自己是大学生，理论知识比别人强，看不起别人，那将会一无所获。二是要“勤快一点”，就是要在实习期间找事做、多做事。要想向别人学到知识，就要用劳动和汗水沟通感情，如提前上班打开水、打扫卫生等，尽量减轻实习老师的体力劳动，腾出时间好让他们多传授实践经验。三是要“刻苦一点”，要刻苦学习实习老师的实践经验和专业前沿知识，写好毕业论文或做好毕业设计。毕业论文或毕业设计是自己在大学学习期间总体水平的体现，要努力把它写好，争取达到可以发表的水平。因此在顶岗实习阶段，完全要靠自己管理自己，自己约束自己，自己给自己定任务、提要求、定目标。

**2. 实习的过程**

实习过程中要注意以下几点：

(1) 做好实习前的各项准备工作。实习前的准备工作非常重要。准备工作的好坏直接影响着实习过程和结果的好坏。这种准备工作包括：一是思想准备。自己要来到一个新的、不熟悉的环境中，有可能遇到这样那样或意料不到的许多问题和困难。因此要有吃苦的思想准备。二是知识准备。实习前，要把已经学过的各种基础和专业知识再复习一遍，特别是自己相对不熟悉但实习过程中可能需要用到的知识，因为实习过程中各种事务性工作或琐事较多，没有较多的时间再翻书本中知识。三是物质准备。例如，新的工作生活环境中所需的个人必备的工具、生活用品等。

(2) 严格遵守实习单位的各项规章制度。在来到实习单位后，首先要尽快熟悉实习单位的一些基本情况，熟悉自己经常接触到的有关人员，特别是熟悉实习单位的各项规章制度。因为规章制度是任何一个生产单位正常运行的基本条件。该单位的任何人员都必须严格遵守规章制度。大学生来到实习单位，以一个普通工作人员的身份出现，也必须严格遵守这个单位的规章制度。绝对不能以不熟悉为由，我行我素。

(3) 摆正位置，虚心向实习单位的工作人员学习。在实习过程中，实习学生可能会看到许多在学校里没有看到过的实际生活中的一些落后的因素和阴暗面，可能会看到所接触的某些工作人员的缺点和不足，因此极容易产生瞧不起他人、放不下学生架子的心理倾向。这种倾向是极其有害的。实习学生应该学会用辩证唯物主义的观点，全面地认识社会生活，学会认识社会生活的本质，认识群众的本质、主流，认识实际工作人员的丰富的社会实践经验，善于发现他们身上一切闪光的思想和品质，善于发现他们身上一切长处和优点，真正放下大学生架子，拜工人为师、拜所有实际工作者为师，虚心向他请教，心甘情愿地做他们的“小学生”。这是完成实习任务的一个非常重要的基本条件，同时它本身就是实习工作的极其重要的任务之一。当然，虚心向实际工作人员学习并不是说盲从实际工作人员的一切认识和行为。对于所看到和接触到的一些错误的不健康的思想和行为也应该有一定的辨别能力，自觉抵制这些思想和行为对自己的影响，并在力所能及的情况下，同错误的思想和行为做必要的斗争。

(4) 坚持理论联系实际的总原则。实习学生在实习单位总要承担一定的具体的工作任务。作为实习学生，一定要认真完成这些工作任务。但实习学生不只是为完成任务而完成任务的，更重要的是要把在学校所学的书本理论知识应用到实际工作中来，同时观察和搜集学校里和书本上接触不到的实际生活中的各种感性事实材料。因此要求实习学生一定要坚持理论联系实际的原则，把书本知识与实际知识很好地结合起来。一方面用感性事实材料验证书本知识；另一方面用书本知识指导实际工作，培养自己的实际工作能力。同时还要善于发现书本理论知识的缺陷、不足甚至是错误的内容。为了便于实习后的总结工作，实习学生最好在实习过程中做实习笔记或日记。

(5) 认真做好实习后的总结工作。实习结束之后要做好实习总结工作。实习总结的过程，实际上是在实践中从获得的大量感性认识上升到理性认识的过程，是再认识、再提高、再学习的过程，实习学生一定要认真对待。实习总结主要做以下三方面的工作：

① 总结专业知识和专业能力方面的收获、体会和存在的问题。自己究竟在哪些专业知识方面体会和认识较为深刻；在哪些能力方面有所提高和增强；在实习中暴露出自身的知识结构和掌握程度方面究竟存在什么问题、原因是什么等。

② 总结思想方面的收获、体会和存在的问题。实习的过程是一个不断加强世界观改造和提高思想觉悟的过程。在实习总结中要结合这方面的内容，谈谈自己对社会生活的认识；自身世界观和思想觉悟方面暴露出来的问题及其原因；人生价值观和社会责任感方面有什么变化和提高等。

③ 自己今后的努力方向和对教育改革的建议。根据从实习过程中所反映出来的自身存在的各种问题制定自己在以后的学习生活中努力的方向和应采取的措施、方法等。同时，实习中在实习学生身上反映出来的问题在一定意义上也反映了学校教育和教学方面存在的问题。因此实习学生在分析自身的问题及原因时，也要从大学的教育制度、教学内容、教学方式、课程设置等方面寻找根源，提出并讨论这方面存在的问题，也可以对学校今后的教育改革提出一些建议。这样一方面可以促进学校的教育改革，另一方面也体现了现代大学生对我国教育发展的社会历史责任感。

# 第七章 国 防 教 育

## 第一节 大学生参军入伍政策

**1. 国家鼓励大学生应征入伍服义务兵役，这里的“大学生”如何界定?**

征集的大学生是指根据国家有关规定批准设立、实施高等学历教育的全日制公办普通高等学校、民办普通高等学校和独立学院，按照国家招生规定录取的全日制普通本科、专科(含高职)、研究生、第二学士学位的应(往)届毕业生、在校生和已被普通高校录取但未报到入学的学生。

征集的大学生以男性为主，女性大学生征集根据军队需要确定。

**2. 公民应征入伍需要满足哪些政治条件和基本身体条件?**

征集服现役的公民必须热爱中国共产党，热爱社会主义祖国，热爱人民军队，遵纪守法，品德优良，决心为抵抗侵略、保卫祖国、保卫人民的事业而英勇奋斗。征兵政治审查的内容包括：应征公民的年龄、户籍、职业、政治面貌、宗教信仰、文化程度、现实表现以及家庭主要成员和主要社会关系成员的政治情况等。

公民应征入伍要符合国防部颁布的《应征公民体格检查标准》和有关规定。其中，有几项基本条件：

身高：男性 160 cm 以上，女性 158 cm 以上。

体重：男性：不超过标准体重的 30%，不低于标准体重的 15%。

女性：不超过标准体重的 20%，不低于标准体重的 15%。

标准体重 = (身高 −110)kg。

视力：大学生右眼裸眼视力不低于 4.6，左眼裸眼视力不低于 4.5。屈光不正，准分子激光手术后半年以上，无并发症，视力达到相应标准的，合格。

内科：血检、尿检合格，乙型肝炎表面抗原呈阴性，等等。纹身、痔疮(环状痔)、脂肪肝、扁平足，不合格。

**3. 应征入伍服义务兵役大学生的年龄是如何规定的?**

男性：普通高等学校在校生为年满 18 至 22 周岁，高职(专科)毕业生可放宽到 23 周岁，本科及以上学历毕业生可放宽到 24 周岁。

女性：普通高等学校在校生为年满 18 到 20 周岁，应届毕业生放宽到 22 周岁。

**4. 高校毕业生应征入伍服义务兵役要经过哪些程序?**

(1) 网上报名预征。有应征意向的高校毕业生可在夏秋季征兵开始之前登录全国征兵网站(https：//www.gfbzb.gov.cn/)或者选择“福建征兵”微信公众号，在页面左下角点击“我要当兵”，即可直通全国征兵网进行报名，填写、打印《应届毕业生预征对象登记表》《高校毕业生应征入伍学费补偿国家助学贷款代偿申请表 I》(以下分别简称《登记表》《申请表 I》)，交所在高校征兵工作管理部门。

全国征兵网站兵役登记的详细步骤如下：

① 开始。打开全国征兵网站，寻找“兵役登记”并点击，在页面下方点击“进行兵役登记”。小建议：推荐点击左侧菜单“网上报名常见问题”，认真看一下，这里对各种疑问都有较为详细的解答。

② 登录系统。如果登录不了，那说明还未注册学信网账号，这个时候只需要在页面上点击“注册”，注册一个学信网账号后即可登录。注册学信网账号必须实名，一定要用真实姓名和身份证号码，兵役机关将对填报信息进行审核。进行注册时，手机号即是账号，请牢记账号、密码。填写后点击“立即注册”。注册成功后，点击“立即登录”进行兵役登记。

③ 填写信息。点击“我已阅读兵役须知”之后，开始填写信息。确保身份证信息准确，一旦注册即无法更改。填写完成后，点击下方的“提交”。点击“下载《男性公民兵役登记卡》”，可见“兵役登记报名表”内容。表的左上角为网登编号，填写“兵役登记证明”时使用。兵役机关审核登记情况后，将委托学校发放应届高中毕业生“兵役登记证”，社会青年自行前往县(市、区)人武部领取“兵役登记证”。

(2) 初审、初检。毕业生离校前，在高校参加身体初检、政治初审，符合条件者确定为预征对象，高校协助兵役机关将《登记表》《申请表 I》审核盖章后发给毕业生本人，并完成网上信息确认。初审、初检工作一般在 2 月 15 日或 7 月 25 日前完成。

(3) 实地应征。高校应届毕业生可在学校所在地应征入伍，也可在入学前户籍所在地应征入伍。

(4) 在学校所在地应征入伍的高校应届毕业生，相关部门应结合初审、初检工作同步进行体格检查和政治审查，在毕业生离校前完成预定兵公布，9 月初学校所在地县(市、区)人民政府征兵办公室为其办理批准入伍手续。政治审查以本人现实表现为主，由其就读学校所在地的县(市、区)公安部门负责，学校分管部门具体承办，原则上不再对其入学前和就读返乡期间的现实表现情况进行调查。

(5) 在入学前户籍所在地应征入伍的高校应届毕业生，应于 7 月 30 日前将户籍迁回入学前户籍地，持《登记表》《申请表 I》到当地县级兵役机关参加实地应征，经体格检查、政治审查合格的，9 月初由当地县(市、区)人民政府征兵办公室办理批准入伍手续。

**5. 大学生征集工作由哪个部门牵头负责？**

高校所在地兵役机关会同有关部门进入高校开展征集工作，高校由学生管理部门或学校武装部门牵头负责，有意向参军入伍的大学生可向所在学校学工部(处)、就业中心、资助中心、武装部咨询或上网查找有关政策。

**6. 高校毕业生应征入伍服义务兵役享受哪些优惠政策？**

(1) 入伍的主要政策：

① 享受优先报名应征、优先体检政考、优先审批定兵、优先分配去向的“四优先”政策。

② 福建省入伍的大学毕业生享受自主挑选军种去向的政策。

③ 大学毕业生入伍享受一次性奖励金发放政策。大学毕业生的一次性奖励金标准由各地结合实际确定，本科、专科毕业生分别不得低于5000元、3000元。

④ 大学毕业生入伍享受国家学费补偿政策，标准为本专科学生每人每年最高不超过8000元，研究生每人每年最高不超过12000元。

(2) 在伍的主要政策：

① 全日制本科以上毕业生入伍，符合条件的可直接提干。

② 大学毕业生入伍，在服完义务兵役转改士官时，享受套改政策。大专毕业生直接套改中士第一年，本科毕业生直接套改中士第二年，工资在相应的职级档次基础上上调2档。

③ 大学毕业生士兵退役后参加军队文职人员招聘，军队可从部队工作经历、立功受奖情况、执行军事任务等方面设定岗位条件，且同等条件下优先录用；服役满5年以上且被评为优秀士兵或获得嘉奖以上奖励的，公共科目考试成绩加5分。

(3) 退役的主要政策：

① 省公务员考录政策。A. 经福建省兵役机关批准入伍，参军前是按照国家招生规定录取的全日制普通高校毕业生，退役时身份为士兵的，服役满5年的参加省公务员“专门职位”招考时符合岗位招考条件的，不受报考次数限制；服役不满5年的在退役后两年内可报考一次。B. 建档立卡贫困户家庭高校毕业生退役军人报考公务员的，在同等条件下优先录用。C. 在公安机关人民警察招录工作中，根据国家有关规定，开展反恐、狙击、排爆等退役军人特殊招录工作。

② 企事业单位招聘政策。A. 企业事业单位在招收录用工作人员或聘用职工时，在招考资格条件上，参照国家有关政策口径，对退役军人的专业、年龄和学历等条件适当放宽，在军队服现役经历视为基层工作经历，服现役年限计算为工龄，同等条件下优先招录聘用退役军人。B. 企事业单位在招聘工作人员时，可拿出一定比例的招聘岗位面向符合招聘条件的退役士兵实行定向招聘。C. 事业单位根据岗位需要可采取直接考核方式接收符合考核聘用条件的退役大学生士兵，也可采取有限竞争招聘考试方式专门面向退役大学生士兵招考。D. 对参加事业单位公开招聘考试的退役大学生士兵按照文件规定予以笔试成绩加分，大学生退役士兵在此加分基础上额外加5分。

③ 退役升学政策。A. 普通高校应届毕业生应征入伍服义务兵役退役后3年内参加全国硕士研究生招生考试，初试总分加10分，同等条件下优先录取。B. 在部队荣立二等功及以上的退役人员，符合研究生报名条件的可免试(指初试)攻读硕士研究生。C. 入伍前为高职(专科)毕业生，退役后完成了高职学业准予毕业的，可以免试入读成人本科，也可参加普通专升本考试，实行招生单列计划，单独划线、单独录取。D. “退役大学生士兵”专项硕士研究生招生计划，专门面向退役大学生士兵招生。E. 将在校期间服兵役情况纳入推免生(推荐优秀应届本科毕业生免试攻读研究生)遴选指标体系。

④ 自主就业创业政策。A. 省级高校毕业生“三支一扶”计划，同等条件优先招募退役大学毕业生士兵。B. 在大中专毕业生创业省级资助项目评审中，符合资助条件的，同等条件优先给予3万元至10万元资金扶持。C. 退役大学生士兵创业项目可优先入驻各类创业孵化基地并延长孵化时间。D. 符合就业困难人员条件的退役军人在闽自主创业，本人及其招收的应届高校毕业生可同等享受用人单位招收就业困难人员社会保险补贴政策，属于

首次创办小微企业或从事个体经营并正常经营 6 个月以上的，还可依规申请一次性创业扶持补贴。E. 高校毕业生士兵退役后一年内，可视同当年的应届毕业生，凭用人单位录(聘)用手续，向原就读高校再次申请办理就业报到手续，户档随迁(直辖市按照有关规定执行)。F. 符合条件的退役军人及其创办的小微企业可申请创业担保贷款，并按相关规定享受贷款贴息。

大学毕业入伍各项具体政策，可关注“福建征兵”官方微信公众号，在线进行查询了解。

**7. 高校毕业生应征入伍“四个优先”政策是怎样规定的?**

高校毕业生预征对象参军入伍享受“四优先”政策：

(1) 优先报名应征。报名由县级兵役机关直接办理。夏秋季征兵开始前，县级兵役机关通知其报名时间、地点、注意事项等。确定为预征对象的高校毕业生，持《应届毕业生预征对象登记表》，可以直接到学校所在地或户籍所在地县级兵役机关报名应征。

(2) 优先体检和政审。体检由县级兵役机关直接办理。夏秋季征兵体检前，县级兵役机关通知其体检时间、地点、注意事项等。确定为预征对象的高校毕业生，未能在规定时间内在学校参加体检的，本人持《应届毕业生预征对象登记表》，可在征兵体检时间内报名直接参加体检。

(3) 优先审批定兵。审批定兵时，应当优先批准体检和政审合格的高校毕业生入伍。高职(专科)以上文化程度的合格青年未被批准入伍前，不得批准高中文化程度的青年入伍。

(4) 优先分配去向。在安排兵员去向时，根据高校毕业生的学历、专业和个人特长，优先安排到军兵种或专业技术要求高的部队服役；部队对征集入伍的高校毕业生，优先安排到适合的岗位，充分发挥其专长。

**8. 大学生应征入伍服义务兵役给予国家资助的内容是什么?**

高等学校学生应征入伍服义务兵役国家资助，是指国家对应征入伍服义务兵役的高校学生，在入伍时对其在校期间缴纳的学费实行一次性补偿或获得的国家助学贷款(国家助学贷款包括校园地国家助学贷款和生源地信用助学贷款，下同)实行代偿；应征入伍服义务兵役前正在高等学校就读的学生(含按国家招生规定录取的高等学校新生)，服役期间按国家有关规定保留学籍或入学资格、退役后自愿复学或入学的，国家实行学费减免。

**9. 高校学生应征入伍享受学费补偿、国家助学贷款代偿及学费减免的标准是多少?**

按照《关于调整完善国家助学贷款相关政策措施的通知》(财教〔2014〕180 号)、《高等学校学生应征入伍服义务兵役国家资助办法的通知》(财教〔2013〕236 号)、《关于对直接招收为士官的高等学校学生施行国家资助的通知》(财教〔2015〕462 号)文件规定：

(1) 学费补偿、国家助学贷款代偿及学费减免标准，本专科生每人每年不超过 8000 元，研究生每人每年不超过 12000 元。

(2) 学费补偿或国家助学贷款代偿金额，按学生实际缴纳的学费或获得的国家助学贷款(国家助学贷款包括本金及其全部偿还之前产生的利息，下同)两者金额较高者执行，据实补偿或者代偿。退役复学后学费减免金额，按学校实际收取学费金额执行。超出标准部分不予补偿、代偿或减免。

(3) 获学费补偿的学生在校期间获得国家助学贷款的，补偿资金必须首先用于偿还国家助学贷款。如补偿金额高于国家助学贷款金额，高出部分退还学生。

(4) 从2015年起，国家对直接招收为士官的高等学校学生施行国家资助，入伍时对其在校期间缴纳的学费实行一次性补偿或获得的国家助学贷款(包括校园地国家助学贷款和生源地信用助学贷款)实行代偿。

**10. 高校学生应征入伍服义务兵役都可以享受国家资助政策吗?**

在校期间已免除全部学费的学生，定向生、委培生和国防生，其他不属于服义务兵役到部队参军的学生，均不享受学费补偿和国家助学贷款代偿政策。

**11. 高校学生应征入伍服义务兵役享受学费补偿、国家助学贷款代偿和学费减免的年限如何计算?**

学费补偿、国家助学贷款代偿和学费减免的年限，按照国家对本科、专科(高职)、研究生和第二学士学位规定的相应修业年限据实计算。以入伍时间为准，入伍前已达到的修业规定年限，即为学费补偿或国家助学贷款代偿的年限；退役复学后应完成的国家规定的修业年限的剩余期限，即为学费减免的年限；复学后攻读更高层次学历不在减免学费范围之内。

专升本、本硕连读、中职高职连读、第二学士学位毕业生补偿学费或代偿国家助学贷款的年限，分别按照完成本科、硕士、高职和第二学士学位阶段学习任务规定的学习时间计算。

专升本、本硕连读学制在校生，在专科或本科学习阶段应征入伍的，以实际学习时间实行学费补偿或国家助学贷款代偿；在本科或硕士学习阶段应征入伍的，以本科已学习时间或硕士已学习时间计算，实行学费补偿或国家助学贷款代偿，其以前专科学习时间或本科学习时间不计入学费补偿或国家助学贷款代偿。中职高职连读学生学费补偿或国家助学贷款代偿的年限，按照高职阶段实际学习时间计算。

**12. 高校学生申请应征入伍服义务兵役国家资助的程序是什么?**

(1) 应征报名的高校学生登录全国征兵网，按要求在线填写、打印《高校毕业生应征入伍学费补偿国家助学贷款代偿申请表 I》(一式两份，以下简称《申请表 I》)并提交学校学生资助管理部门。在校期间获得国家助学贷款的学生，需同时提供《国家助学贷款借款合同》复印件和本人签字的一次性偿还贷款计划书。

(2) 学校相关部门对《申请表 I》中学生的资助资格、标准、金额(如有生源地信用助学贷款，学校应联系贷款经办银行或贷款经办地县级学生资助管理机构确认贷款金额)等相关信息审核无误后，对《申请表 I》加盖公章，一份留存，一份返还学生。

(3) 学生在征兵报名时将《申请表 I》交至入伍所在地县级人民政府征兵办公室(以下简称“县级征兵办”)。学生通过征兵体检被批准入伍后，县级征兵办对《申请表 I》加盖公章并返还学生。

(4) 学生将《申请表 I》原件和入伍通知书复印件，寄送至原就读高校学生资助管理部门。

**13. 因个人原因被部队退回，高校学生已获国家资助的经费要被收回吗?**

因本人思想原因、故意隐瞒病史或弄虚作假、违法犯罪等行为造成退兵的学生，学校取消其受助资格，并不得申请学费减免。各省(区、市)人民政府征兵办公室应在接收退兵后及时将被退回学生的姓名、就读高校、退兵原因等情况逐级上报至国防部征兵办公室，并按照学生原就读高校的隶属关系，通报同级教育行政部门。

被部队退回并被取消资助资格的学生，如学生返回其原户籍所在地，已补偿的学费或代偿的国家助学贷款资金由学生户籍所在地县级教育行政部门会同同级人民政府征兵办公室收回；如学生返回其原就读高校，已补偿的学费或代偿的国家助学贷款由学生原就读高校会同退役安置地县级人民政府征兵办公室收回。各县级教育行政部门和各高校应在收回资金后十日内，逐级汇总上缴全国学生资助管理中心。收回资金按规定作为下一年度学费补偿或国家助学贷款代偿经费。

**14. 高校毕业生入伍服义务兵役年限是多少？**

我国现行的义务兵役制度服役年限是两年。

**15. 大学生士兵退役后享受哪些就学优惠政策？**

(1) 高职(专科)学生入伍经历可作为毕业实习经历。

(2) 退役大学生士兵入学或复学后免修军事技能训练，直接获得学分。

(3) 设立“退役大学生士兵”专项硕士研究生招生计划。根据实际需求，每年安排一定数量专项计划，专门面向退役大学生士兵招生。在全国研究生招生总规模内单列下达，不得挪用。

(4) 将高校在校生(含高校新生)服兵役情况纳入推免生遴选指标体系。鼓励开展推荐优秀应届本科毕业生免试攻读研究生工作的高校在制定本校推免生遴选办法时，结合本校具体情况，将在校期间服兵役情况纳入推免生遴选指标体系。在部队荣立二等功及以上的退役人员，符合研究生报名条件的可免试(指初试)攻读硕士研究生。

(5) 将考研加分范围扩大至高校在校生(含高校新生)。退役人员在继续实行普通高校应届毕业生退役后按规定享受加分政策的基础上，允许普通高校在校生(含高校新生)应征入伍服义务兵役退役，在完成本科学业后 3 年内参加全国硕士研究生招生考试，初试总分加 10 分，同等条件下优先录取。

(6) 退役大学生士兵专升本实行招生计划单列。高职(专科)学生应征入伍服义务兵役退役，在完成高职学业后参加普通本科专升本考试，实行计划单列，录取比例在现行 30%的基础上适度扩大，具体比例由各省份根据本地实际和报名情况确定。

(7) 高校新生录取通知书中附寄应征入伍优惠政策。高校向新生寄送《录取通知书》时，附寄应征入伍宣传单，宣传单主要内容包括优惠政策概要、报名流程指南、学籍注册要求等。

(8) 放宽退役大学生士兵复学转专业限制。大学生士兵退役后复学，经学校同意并履行相关程序后，可转入本校其他专业学习。

(9) 具有高职(高专)学历的，退役后免试入读成人本科，或经过一定考核入读普通本科；荣立三等功以上奖励的，在完成高职(专科)学业后，免试入读普通本科；

(10) 应征入伍的高校毕业生在退役后报考政法干警招录培养体制改革试点招生时，教育考试笔试成绩总分加 10 分。

**16. 什么是政法干警招录培养体制改革试点考试?**

国家为培养政治业务素质高，实战能力强的应用型、复合型政法人才，加强政法机关公务员队伍建设，2008 年开始重点从部队退役士兵和普通高校毕业生中选拔优秀人才，为基层政法机关特别是中西部和其他经济欠发达地区的县(市)级以下基层政法机关提供人才保障和智力支持。

**17. 应征入伍的高校应届毕业生离校后户口档案存放在哪里，如何迁转?**

被确定为预征对象的高校应届毕业生，回入学前户籍所在地应征的，将户口迁回入学前户籍所在地，档案转到入学前户籍所在地人才交流中心存放。在学校所在地应征的，可将户籍和档案暂时保留在学校。

高校应届毕业生批准入伍后，其户口档案予以注销，档案放入新兵档案。

**18. 高校应届毕业生退役后户档迁移有何优惠政策?**

高校应届毕业生入伍服义务兵役退出现役后一年内，可视同当年的高校应届毕业生，凭用人单位录(聘)用手续，向原就读高校再次申请办理就业报到手续，户档随迁(直辖市按照有关规定执行)。

**19. 没有参加网上报名预征的大学生是否还可以应征入伍并享受有关优惠政策?**

未参加网上报名预征的大学生，在征兵期间需要补办网上预征手续，没有经过网上报名预征的大学生不享受有关优惠政策。

**20. 什么是士官?与义务兵有什么区别?**

我军现役士兵按兵役性质分为义务兵役制士兵和志愿兵役制士兵。义务兵役制士兵称为义务兵，志愿兵役制士兵称为士官。士官属于士兵军衔序列，但不同于义务兵役制士兵，是士兵中的骨干。义务兵实行供给制，发给津贴，士官实行工资制和定期增资制度。

**21. 国家资助直接招收为士官的高等学校学生如何界定?**

此类学生是指直接从非军事部门招收为部队士官的全日制普通本专科(含高职)、研究生、第二学士学位的应(往)届毕业生，以及成人高校的普通本专科(高职)应(往)届毕业生；纳入全国高等学校招生统一考试、直接招录或选拔补充为部队士官的定向生。

**22. 当兵有哪些好处?**

有人说，当兵虚度年华、浪费青春，不划算；有人说，当兵收入不高、赚钱不多，不实惠；也有人说，当兵亏了家人、苦了自己，不值得。那么，当兵的意义在哪里，到底有多少价值？联想创始人柳传志的一句话很好地回答了这个问题：“正是曾经的军营，才成就了今天的我。”其实，单是从青年个体成长发展的角度分析，当兵至少有十个方面的好处。

(1) 练就一副素质过硬的强健体魄。军营是力与美完美体现的地方。部队严格的训练，能练就敏捷的反应、矫健的身型和结实的肌肉，培养的是男子汉的阳刚之气、磨砺的是顶天立地的钢筋铁骨，是一生受益的身体本钱。

(2) 结识一批感情深厚的亲密战友。部队战友来自四面八方、五湖四海，几年来的摸爬滚打、朝夕相处、同甘共苦，培养的是同生共死的兄弟情感。朋友多了路好走，这份情感将为你的人生之旅打开方便之门。

(3) 走出一段丰厚宝贵的人生经历。“生命里有了当兵的历史，一辈子也不会后悔。”

沙场点兵、铁马冰河的壮丽人生并不是人人都能经历的。扛过枪、当过兵，必然是你一生的资本。

(4) 谱写一次社会认可的工作履历。当前，无论是地方政府还是企事业单位，都十分认可当兵的经历。退役后的就业安置有很多优惠：对于自主创业的，能得到国家在补贴、贷款、减免税等多方面的政策扶持；进入国家企事业单位工作的，军龄能够计算到工龄中；在公务员招考、村干部录用、普通高校招生和企事业单位竞聘时，同等条件下的退役军人在录取时具有明显的政策优势。

(5) 争取一次弥足珍贵的学习机会。当兵即入学，退伍就毕业。军营是所“大学校”，不仅学习军事，还能学技能、学管理、学文化，甚至能学到一些前沿科学。部队每年都要选送学兵到院校、厂家、集训队等培训单位学习驾驶、炊事、修理、卫生救护等“军地两用”技能，掌握一技之长，这为将来走向社会打下专业和实践基础。

(6) 获得一个提升能力的成长平台。“天将降大任于斯人也，必先苦其心智、劳其筋骨……”当兵最能历练吃苦耐劳能力，训练中 “冬练三九夏练三伏”，寒风咆哮中纹丝不动，炎炎烈日下挥汗如雨，能够锤炼青年人坚韧不拔的意志。有了这份吃苦的经历，踏入社会以后，碰到再苦再累的事情也能轻松面对。

(7) 抓住一次改变命运的难得机遇。“人生的路是漫长的，决定命运的却只有关键几步”。当兵之后，人生的选择将更多：可以通过当国防生、考军校、直接提干等途径成为一名军官，转业后还能成为国家公务员、企事业单位干部；可以选择当士官，成为部队建设的中坚力量；还可以通过部队几年的培养锻炼，退伍后成为乡村干部、企业老板、致富带头人。

(8) 积累一笔走向社会的创业资金。随着国家退役军人安置政策调整，国家正逐步提高退伍军人安置经费标准。这为现役士兵走向社会、创业发展提供了原始积累。随着经济社会的发展，军人的福利待遇将会进一步“水涨船高”。

(9) 换来一份全家受惠的政治荣誉。一人当兵，全家光荣。从我们戴上大红花走进军营的那一刻起，全家就获得了一份政治荣誉——“光荣军属”。以后，每年地方政府都会发放慰问金、慰问品，立功受奖，民政部门会登门报喜。如果军人家庭遇有困难、纠纷或涉法问题，部队、地方人武部和政府有关部门都会积极协调解决。

(10) 享受一段终生难忘的美好回忆。军营里有欢笑，也有泪水，有成长的烦恼，也有成功的喜悦，正是因为生命中有了当兵的历史，我们的回忆才变得美好和珍贵，正是因为生命中有了当兵的历史，一辈子都不会感到后悔。

## 第二节　新生军训

### 一、大学生参加军训的重要意义

大学生军训，是根据《中华人民共和国国防法》《中华人民共和国教育法》《中华人民共和国兵役法》《中华人民共和国国防教育法》《中共中央关于教育体制改革的决定》要求进行的，是高等院校教育改革的内容，也是学生接受国防教育的基本形式。军训的目的是通过严格的军事训练提高学生的政治觉悟，激发爱国热情，发扬革命英雄主义精神，培养艰苦奋斗，刻苦耐劳的坚强毅力和集体主义精神，增强国防观念和组织纪律性，养成良好的学风和生活作风，掌握基本军事知识和技能。军训以其特有的方式对当代学生的学习和生活发挥了促进作用，主要体现在以下方面：

**1. 学生军训是培养学生德智体全面发展的需要**

学校教育担负着传授科学文化知识、为社会主义现代化建设培养各类专门人才的重要任务。要完成这个任务，需要通过多种途径，而学生军训就是为培养合格人才而采取的一项重要措施。学生军训，除了学习初级军官和士兵必须掌握的基本知识和基本技能以外，还要进行政治教育，组织他们学习我国近代史，了解革命先驱奋斗的道路和英勇事迹，学习党的路线、方针和政策，增强同党中央在思想上和政治上保持一致的自觉性；组织他们到农村、工厂、部队搞社会调查，体验生活，了解我国的国情和社会现实。同时，由于军事本身也是一门科学，有着自己的规律和特点，并且包含了许多自然科学的内容，学习军事，也可以促进其他专业的学习。

**2. 学生军训是加速人民解放军现代化建设的需要**

随着国家经济建设的不断发展，人民解放军武器装备现代化的步伐将进一步加快。这就需要成千上万具有较高军事素质和科学文化知识的人去掌握。高等院校和高级中学的学生具有较高的文化程度，经过一段军事训练以后，挑选一部分适合服现役的学生入伍，这对人民解放军的现代化建设是有好处的。我军已从全国各地方大学选拔了一大批大学毕业生入伍服役，在部队现代化建设中发挥了很好的作用。今后，根据国家教育事业的发展和人民解放军现代化建设的需要，我军将不断从高等院校和高级中学毕业选拔军人，吸收军官。通过这样的改革，必将更好地改善人民解放军官兵的知识结构，提高官兵的素质，加强人民解放军的现代化建设。

**3. 学生军训是加强国防后备力量建设的需要**

坚持走精干的常备与强大的国防后备力量相结合的道路，这是我国国防现代化建设的必由之路。对高等院校学生和高级中学学生进行军事训练，是党中央、中央军委从加强国防后备力量建设出发做出的战略决策。我们对高等院校和高级中学的学生实施军事训练，使他们牢固树立国防观念，掌握一定的军事知识和技能，就能为我军实行战时快速动员，储备基层指挥军官、技术军官和后备兵员打下坚实的基础。如果他们都经过一定的军事训练，掌握一定的军事知识和军事技能，做到寓兵于民、寓兵于校，我国的国防后备力量将会更加强大。一旦战争发生，将会源源不断地满足兵员动员的需要，保证战争的胜利。

**4. 学生军训是加强全民国防教育的需要**

国防教育是全民教育的一项重要内容，也是当代大、中学生整个思想政治教育的重要组成部分。历史经验表明，一个国家、一个民族的强弱兴衰与国民国防意识的强弱有密切的联系。大、中学生既有较高的科学文化知识，又年轻力壮，他们是国家最有希望的一代，是国防兵员的主要来源。加强全民的国防教育，首选要加强学生的国防教育，要从娃娃抓起，提高他们的国防观念。要做到这一点，最有效的途径就是对他们进行军事训练。通过军事训练，对他们进行爱国主义、革命英雄主义和人民军队的传统教育，激发他们的爱国主义热情，增强建设祖国、保卫祖国的责任感，从而推动全民国防教育的发展，弘扬中华民族崇勇尚武的传统美德，使全体公民都树立起居安思危、常备不懈、有备无患的国防观念。

## 二、大学生军训的规定

“军事课程是普通高等学院本、专科学生的一门必修课”；“军事课(含军事理论教学和军事技能训练)列入学院的教学计划，成绩记入学生档案”。

### (一) 军训是必修课程及军训时间

军训，是新学期的第一课，是大一学生的必修课，一般规定是 3 个学分，大部分高校会安排大一新生在开学前进行军训，时间一般是十五天。

### (二) 军训时的训练用品

大一军训会配发(学生购买)全部军训训练服和用品，包括军装(含帽)、衬衣、军鞋、皮带等，一般学校都会选用迷彩服。

### (三) 军训的科目

军训的科目包括队列练习、喊口号、匍匐前进、拉歌、拉练，还有擒拿或擒敌拳等。除了正常的军事训练，有些高校还会有战地救护、轻武器射击、军事地形学、电脑兵棋推演(模拟二战的主要战例)等科目。

队列练习是军训重头戏，它包括立正、稍息、停止间转法、行进、齐步走、正步、跑步、踏步、立定、蹲下、起立、整理着装、整齐报数、敬礼、礼毕、跨立等。简单讲：军训就是“站军姿、走正步，简单动作机械地重复几百次”。在军训中最苦的科目是匍匐前进，最吸引人的科目就是打靶；最常唱的军歌是《打靶归来》《我是一个兵》《爱我中华》；最自豪的科目是“阅兵式”。从训练课到军事理论课，从集队拉歌到队列对抗，每天的一切都在有序地进行，每个动作都体现出整个团队的凝聚力。

### (四) 军训期间学生纪律要求

按通知要求准时报到，做好军训期间的各项准备工作，请假的同学必须向学生工作处递交书面申请，得到批准后方可不参加军训，否则作旷课处理。请假程序：本人书面申请—家长来校签字同意(留家长电话)—军训教官同意—辅导员签字同意—院系书记同意签章—报学生工作处研究处理。

#### 1. 住宿纪律

按学院学生社区管理条例执行，特别注意以下事项：

(1) 按时就寝、起床。

(2) 不得在宿舍玩火、用电煮食。

(3) 被子、枕头，起床后叠放整齐，统一摆放在床的非上下人的一边。

(4) 脸盆、鞋一字排开，放于床底，床下、柜顶、抽屉无杂物。

(5) 宿舍内不得乱接乱挂，晾晒衣服。

(6) 卫生工具摆放整齐，财物妥善保管，宿舍内不存放现金或贵重物品。

(7) 勤倒垃圾，地面每天早晚各拖一次，要求干爽，无脚印。

(8) 洗漱用品摆放整齐。

2．军训纪律

(1) 集队速度要快，按时到达指定地点集合。

(2) 在训练过程中，要听从教官指挥，虚心认真训练，不顶嘴，有事要报告；

(3) 国防教育要认真听讲，做好必要的笔记。

(4) 服从命令，一切行动听指挥，注意安全。

(5) 服装整齐，不佩戴饰物及贵重物品(如手机、MP3 等)。

3．用餐纪律

(1) 集队进饭堂，按指定餐台用餐，有礼谦让，不争先恐后。

(2) 不浪费粮食，不随地吐、倒菜渣、剩饭菜，不带饭菜回宿舍。

## 三、大学生军训的必备物品

1. 军训时最好随身携带的物品

(1) 准备一些防晒霜。主要在手臂、脸上涂抹防晒霜，因为平时作训都穿着迷彩，长袖长裤，带着迷彩帽子，很少部位能晒到。

(2) 大一点的水杯。军训是很苦很累的，会喝大量的水，4、5 瓶矿泉水是很正常的量，女生可以准备点红糖水。

(3) 合适的鞋子和鞋垫。鞋子一定要合脚的，否则在拉练时脚很容易会起血泡。拉练的时候记得在鞋里垫上使脚舒服的棉鞋垫。

(4) 防暑药。福建九月份的天气温度基本在 35℃左右，容易中暑，可以在身上带些风油精来降暑提神。

2. 军训期间寝室需要预备的一些东西

(1) 防蚊药品、蚊虫叮咬剂。特别是晚上都要军训的，带花露水、白花油，既驱蚊止痒，又有醒神功效。

(2) 消炎药。准备好红霉素之类的消炎药，皮肤浸过汗水很脆弱，容易破皮。

(3) 维生素 C 片、钙片及各种营养品，如红牛、营养快线等维生素功能饮料。军训期间，体能消耗相当大。

(4) 西瓜霜之类的润喉含片。军训时经常会有拉歌之类的活动，同学们就放开唱，唱就放声吼，乐就仰天笑，当然也容易造成嗓子嘶哑。

(5) 针线包。军训难免大量运动，如衣服破了、裤裆破了等是常有的事情，针线包就派上用场了。

(6) 其他药品。感冒药、创可贴之类的常备药品；止泻药，很多同学都是去外地上大学，很容易水土不服，拉肚子是常有的事。

(7) 少量食物。压缩饼干、咸菜、牛肉干等之类的食品，以备不时之需。

## 四、大学生军训的注意事项

### 1. 调整心态

大学新生参加军训首先要调整好自己的心态，懂得军训是一次身体素质提高的过程，也是大学三年开头的第一课，不要因军训的强度大而抱怨，甚至因此有抵触情绪。应该积极参与，利用军训的机会迅速结识同学，多与大家交流沟通，争取给同伴和老师留下好的印象。

### 2. 扛不住时别硬撑

大学生在中学阶段多忙碌于紧张的学习之中，缺乏必用的身体锻炼，导致绝大多数人身体素质较差。现在负责军训的教官们也清楚这一现状，比前几年的军训强度都有所降低，对待接受军训的学生也更显得人性化。所以，大学新生入学参加军训时，遇到身体实在吃不消、扛不住时别硬撑，只要你礼貌些，按规矩举手向教官说明情况，教官一般都会让你退出队列去休息。

### 3. 预防脚起泡

在参加军训时挑选一双尺码比自己平时的鞋号大一码的胶鞋，到时再在鞋底垫厚一点的绵垫，穿棉袜，以防在军训跑步时脚打泡出血。

### 4. 减少出汗

军训配发的迷彩服吸汗性差，最好预先准备一件棉背心，到时穿在里面，避免在天气炎热时，练军姿站久后汗流浃背，但又不允许用手去擦的难受。为减少出汗，学生们军训时最好留短发。

### 5. 不带硬物

军训时裤兜里别装钥匙等硬物，手表、手机也要留在宿舍里，以免操练正步走时打得自己手疼。

### 6. 补水与补盐

军训时身体内水分消耗极大，盐分也会随着汗液挥发很多。新生们一定要记得补充足量的水，最好每天能喝一两杯盐水，以保证人体机能正常的水分需要，避免因盐分失衡出现低钠血症。

### 7. 加强营养

军训期间要注意安排调整好自己每天的伙食，保证军训需要的营养要求，达到肉、蛋、奶以及水果、蔬菜等元素成分的均衡摄入量，避免在十多天的高强度军训中因营养不良拖垮身体。

### 8. 做好防晒

参加军训期间记得每天去操场时涂抹防晒霜，以免晒伤。

### 9. 讲究卫生

在军训阶段大家一定要注意个人卫生，勤洗脸洗发，衣服也要隔一两天换洗一次。因为金秋九月，气温还很高，而且多闷热天，加之高强度的训练，出汗多是在所难免的。出汗后头发，衣服隔天就会产生汗味，很难闻，自己都会觉得不舒服，何况别人呢。

### 10. 冲凉要小心

大热天军训刚完身体还在出汗时别急着去冲凉，小心引起感冒。想冲凉要等汗液排完后才能进行。

# 第八章 伴爱成长 文明新生

**有“礼”走遍天下**

“人无礼则不立，事无礼则不成，国无礼则不宁”。中国自古就是礼仪之邦，五千年的华夏文明，始终教育我们知礼、懂礼、习礼、用礼，礼仪是中华民族传统美德。“礼者，敬人也”，即用具体的外在形式表达内心的尊重之意。

21世纪充满了竞争，一个企业在激烈的竞争中能否赢得发展壮大，靠的是人才。但仅有高超的技术而没有良好的道德修养，这样的人依然不算人才；单有鼓起来的钱袋而没有文明的礼仪，这样的人仍然是有钱的穷人。所以说，礼仪已成为人们评判人才的重要条件之一，是人们与对手竞争的重要武器之一。

孔子曰：“不学礼，无以立”。大学，作为知识的殿堂，培养的人才应当是德才兼备、知书达理。对大学生进行文明礼仪和行为规范教育是青年成长成才的前提基础。一个人只有具备了基本的做人素质，才能得到长足发展。礼仪已成为现代人的基本素养，作为大学生，只有学会了待人接物，安人处事，方能鹰击长空，鱼翔浅底。

十年苦读，我们结束了基础教育的学习，进入大学校园，开始了职业教育的学习，离开了温暖的家和体贴的父母，开始独立生活，如何生活学习，如何与老师、同学相处交往，都是我们要学习的内容。没有人不欣赏绅士，没有人不爱慕淑女，要想成为一名受欢迎的大学生，就必须遵守校园的行为规范，这个行为规范就是校园礼仪。谁都想让自己气质脱俗，彬彬有礼，但如果你不学习和实践礼仪规范，又怎能拥有不凡的气质呢？礼仪需要修炼；魅力需要打造！素质从心开始，礼仪用心学习！

## 第一节 大学生个人形象礼仪

个人形象礼仪是社会个体的生活行为规范与待人处事的准则，是个人仪表、仪容、仪态、言谈举止、待人接物等方面的个体规定，是个人道德品质、文化素养、教养良知等精神内涵的外在表现。其核心是尊重他人、与人为善、表里如一、内外一致。

### 一、仪容礼仪

仪容，主要包括头发、面部、手掌和手臂，即人体不着装的部位。仪容反映一个人的精神风貌、朝气与活力，因此在人际交往中，仪容会引起他人的特别关注，并将影响到对方对自己的整体评价。

**1．男生仪容要求**

男生不留长发不蓄须，整洁干净有朝气，阳刚之美堪称好。

(1) 发型整洁大方。发型标准：“前不遮眉、侧不盖耳、后不及领”的常规发型(以平头为佳)。常洗发(2～3 次/周)，不剃光头、不留奇特发型。

(2) 面容清洁到位。常清理耳朵、眼睛和鼻孔，修鼻毛、剃胡须。

(3) 口腔清洁清新。常漱口，牙缝没有食物残留，口腔无异味。

(4) 手部保持洁净。常修剪指甲，不留长指甲；常清理指甲缝，不藏污纳垢。

(5) 表情自然得体。精神饱满、自然放松、面带微笑、友好热情、不卑不亢，注视对方、耐心倾听，不左顾右望、心不在焉。

**2．女生仪容要求**

女生在日常学习、生活中，以不化妆为宜；在社交娱乐活动中，可以化个淡妆。化妆的时候，应以自然、清淡为主，切忌人工痕迹过重，那会丧失年轻人自然的美感。

(1) 发型整洁大方。发型标准：可以留各式长短发。留长发，上课或其他庄重场合应束起或盘于脑后，不披头散发，常洗发(1～2 次/周)，不留奇特发型。

(2) 面容清洁到位。常清理耳朵、眼睛和鼻孔，庄重场合可适当化淡妆，不浓妆艳抹。

(3) 口腔清洁清新。常漱口，牙缝没有食物残留，口腔无异味，可涂润唇膏或唇彩。

(4) 手部保持洁净。常清理指甲缝，不留长指甲，不藏污纳垢，可涂透明色或浅色指甲油。

(5) 表情自然得体。精神饱满、自然放松、面带微笑、友好热情、不卑不亢，注视对方、耐心倾听，不左顾右望、心不在焉。

## 二、仪表礼仪

仪表，主要包括服装、配饰等。仪表不仅能表现一个人对学习、工作和生活的态度，更能体现出对他人的尊重与友好。大学生的服饰礼仪有着自身的特点，不仅要符合大学生的身份，显示出阳光活泼的年龄特点，更要符合内在的气质要求，以充分展现出文明大方、规范得体的青春形象。

**1. 仪表礼仪“三遵循原则”**

(1) “三应”原则：

应事：着装要求适应具体所处的场合。正式场合要传统保守，社交场合要时尚个性，休闲运动场合要舒适自然。

应人：着装要适应个人年龄、性别、体型、职业、身份等，扬长避短。

应制：着装要合乎规范，遵循约定俗成的固定搭配和穿着之法。

(2) “TPO”原则：

Time——时间原则：着装要适应春夏秋冬四季不同、年龄不同、时代不同。

Place——地点原则：着装要适应不同环境和地理位置。

Occasion——场合原则：着装要适应不同场合的气氛。

(3) “三色”原则：即身上的服装颜色，从上到下，从里到外，包括鞋袜、发饰等一般不超过三个色系。

**2. 大学生课堂着装礼仪规范**

(1) 课堂上穿戴干净整洁。男生衣着以大方稳重、潇洒而不粗野为宜；女生衣着以高雅文静、时尚而不轻浮为宜。衣着不可褶皱，不能有污渍和异味。

(2) 课堂上穿戴文雅大方。不穿拖鞋、背心、短裤进入课堂及公共场所。男生不穿沙滩裤或光膀子；女生不穿奇装异服或吊带衫裙等过分透、露、短、紧的服装。

(3) 校徽整齐地佩戴在左胸，不佩戴与学生身份不符的首饰，上课不戴口罩不戴帽。(身体不适例外。)

(4) 参加典礼等庄重场合要着正装出席，不能邋遢、随便着装，要注意着装的规范性以此来表达尊重。

## 三、正装礼仪

正装是指出席正式场合应穿着的服装，国际上社交场合比较正式的、比较通行的正装是西装，又称为西服。一套得体的西装，可以使男生显得潇洒、自信、风度翩翩；使女生优雅、稳重，落落大方。大学时代，大学生难免要参加各种典礼，上台参加各种比赛，需要着正装出场，倘若不了解西装的穿着礼仪就会贻笑大方。

女生正装款式多样，但裙装均以一步裙为宜，裙长及膝或膝盖以上 5 cm 为宜，超过膝盖以上 10 cm 就太短了。

**1. 西装的穿法**

尺寸合适，拆除商标，熨烫平整，扣好纽扣，不卷不挽，慎穿毛衫，巧配内衣，少装东西。

**2. 穿西装的标准**

领子：低于衬衫 1 cm 左右。

袖口：伸手时短于衬衫 1.5 cm 左右。

肩宽：比自身肩宽多 1.5 cm 左右。

胸围：以能穿一件单衣和薄羊毛衫还需稍宽为准。

衣长：能盖住 4/5 的臀部。

扣子：单排扣，若是一粒扣，可扣可不扣；若是两粒扣，则扣上不扣下；若是三粒或四粒扣，最下面一粒不扣。而双排扣，必需扣上所有的扣子。坐下用餐时，可以把西装扣子全解开，方便活动，用餐完毕起立时，按规定扣好扣子。

裤长：能盖住 1/3 的鞋面，裤腰扣上后可插入一手掌。

衬衫：以方领白色、浅色为主，以领子第一扣子在扣上后能插进 1～2 个手指为宜。打领带时第一扣子扣上，不打领带时第一扣子解开。袖口扣子扣全，下摆掖进裤腰里。

领带：长度在扣式皮带扣上下边沿内，及皮带扣中间处为佳。

鞋袜：黑色可擦亮皮鞋，深色棉毛袜，长度在脚踝以上。

## 四、仪态礼仪

仪态主要包括站姿、坐姿、走姿、蹲姿、手势等肢体语言。仪态作为一种无声语言，能够反映一个人心理、生理的许多内涵，还能决定一个人精心选择的服装的穿着效果。

### 1. 站姿礼仪

1) 男生站姿

男生直立标准：头正肩平，挺胸收腹，目视前方，精神饱满，双臂自然下垂，手指并拢或虚握，垂放于两侧裤缝处，双腿并拢直立，脚尖分开呈“V”字形，身体重心落在两脚中间。

男生跨立标准：头正肩平，挺胸收腹，目视前方，精神饱满，两脚分开与肩同宽，右手握左手手腕置于肚脐处或左手握右手腕后背于皮带处，右手手指并拢并自然弯曲，手心向后。

2) 女生站姿

女生腰际式站姿：头正肩平，下颌微收，面带微笑，挺胸收腹提臀，双腿并拢挺直，重心落在双脚间，呈“丁”字步或呈“V”字步。双手虎口相交，叠放在肚脐处，手指伸直但不要外翘，双肘稍往前送。这种站姿多用于迎宾或颁奖等重大场合中。

女生前腹式站姿：头正肩平，下颌微收，面带微笑，挺胸收腹提臀，双腿并拢挺直，重心落在双脚间，呈“丁”字步或呈“V”字步。双臂自然下垂，双手虎口相交，叠放于肚脐下三指处，手指伸直但不要外翘。这种站姿多用于工作及社交场合中。

女生交流式站姿：头正肩平，下颌微收，面带微笑，挺胸收腹提臀，双腿并拢挺直，重心落在双脚间，呈“丁”字步或呈“V”字步。双臂自然下垂，双手轻握放在腰际，手指可自然弯曲。这种站姿在多用于与人交流中。

### 2. 坐姿礼仪

1) 男生坐姿标准

集体就座时，请从椅子左边入座，从右边离座，避免冲撞。入座时轻坐椅子的2/3；整理前衣襟，上体自然挺直，面带微笑；双手掌心向下，自然放在双腿上或扶手上；双腿自然弯曲，双脚分开与肩同宽，或呈前伸式、交叉式、重叠式。

2) 女生坐姿标准

集体就座请从椅子左边轻稳入座，从右边离座，避免冲撞。

女生入座七步法：

(1) 向椅子走去，双脚并拢，站在椅子正前方。

(2) 右脚后退半步。

(3) 双手向后捋裙摆。

(4) 轻坐椅子的2/3。

(5) 右脚回收，与左脚靠拢，呈垂直式、侧点式、交叉式或重叠式。

(6) 整理前衣襟，上体自然挺直。

(7) 右手搭左手上，掌心向下，叠放在裙摆中部或叠放在一条腿的中前部。

3. 走姿礼仪

1) 男生走姿标准

头正肩平，挺胸收腹，步位直，步伐坚定，步幅适当，步速平稳，双臂自然摆动，两人成行、三人成列，精神饱满。行走稳健、大方。

2) 女生走姿标准

头正肩平，挺胸收腹，目视前方；腿部伸直，腰部放松；双臂自然下垂，双手掌心向内；手臂与身体呈 10°～15° 的夹角，前后自然协调摆动；两脚间距一只脚至一只半脚，均匀迈步。行走轻巧、自如，一般以“一”字步走姿为宜。

4. 蹲姿礼仪

1) 男士蹲姿标准

上身保持站立姿势；双膝下沉，呈高低式下蹲；双手自然放在双膝上，或一手放在膝盖上，另一手捡东西。

2) 女士蹲姿标准

上身保持站立姿势；双膝下沉，双手向后捋好裙摆；双脚呈高低式或呈交叉式下蹲；一手放在膝盖上或捂住胸口，另一手捡东西。

5. 手势礼仪

手势是仪态的重要组成部分，手势也是人们交往时不可缺少的动作，是最有表现力的一种“体态语言”，手的魅力并不亚于眼睛，甚至可以说手就是人的第二双眼睛。得体的手势反映出人的良好的礼仪修养。

### 五、引领礼仪

在校园中，引领带路，指示方向，请人就座，难免需要运用手势，得体的引领手势会给你的形象加分。

(1) 四指并拢，拇指分开。
(2) 掌心向内向上 45°。
(3) 手腕与小臂成一直线。
(4) 大小臂夹角为 120° 左右。
(5) 大臂与身体夹角为 30°～45°，另一手五指并拢自然下垂或置于肚脐处。
(6) 身体稍向前倾。
(7) 面带微笑，目光亲切，以 45° 角斜对客人。

## 第二节　大学生人际交往礼仪

现代社会是一个信息社会、开放的社会，充满朝气、志向远大的青年大学生是不愿意自我封闭的，他们既要学好专业知识，也要了解社会，参加社交活动。遵从人际交往的基本礼仪规则，是大学生在校期间健康成长、毕业后顺利步入社会，谋求职业与发展的基本素养。对于涉世不深的青年大学生而言，从校园人际交往入手，了解人际交往的基本礼仪，运用礼仪知识处理好校园人际关系，为将来在社交活动中如鱼得水、得心应手地处理人际关系积累经验，对成功进行社交活动具有重要的意义。

## 一、表情礼仪

表情是人的思想感情和内在情绪的外露。脸部则是人体中最能传情达意的部位，可以表现出如喜、怒、哀、乐、忧、思等各种复杂的思想感情。在人际交往活动中，表情特别受人们的注意。在人的千变万化的表情中，微笑和眼神最具礼仪功能和表现力。

### 1. 微笑礼仪

微笑表示真诚礼貌、热情欢迎、自信坚定、乐业敬业、宽容友善，微笑是美好内心情感的写照，也是人际交往的润滑剂，还是表达友好善意的世界通用语。

经常保持微笑：面带三分笑，礼数已先到。

不宜微笑场合：悲伤、严肃、他人尴尬时。

### 2. 视线礼仪

人际交往时，应讲究视线礼仪。在公务场合时，应注视对方上三角，即两只眼睛与额头之间的部位；在社交场合，应注视对方中三角，即两只眼睛与嘴唇之间的部位；在亲密场合，可注视下三角，即两只眼睛与上半身之间的部位。与人交往，提倡视线注视对方的上三角。

### 3. 目光礼仪

目光向上：表现服从；目光水平：表现客观、理智；目光向下：表现权威、优越、轻慢；目光斜视：表示不屑、轻蔑、质疑、偷窥。平视表示平等，斜视表示失礼，俯视表示轻视别人。与人交往，提倡目光水平注视。

## 二、见面礼仪

见面礼仪是日常人际交往中最常见也是最基础的礼仪。常见的见面礼仪有称呼、问候、握手、鞠躬、介绍等，在人际交往中，见面时行一个标准的见面礼，会给对方留下深刻而又美好的印象，直接体现出施礼者良好的修养。

### 1. 称呼礼仪

人们见面后，首先要礼貌地称呼对方。恰当地使用称呼礼仪，会给对方留下良好的印象，能够帮助我们更加顺利地赢得对方的好感和尊重，是良好人际交往的开端。

(1) 一般称呼。它最简单且最普遍，特别是面对陌生公众时最常用的称呼方式，如“小姐”“先生”“同志”“师傅”等。

(2) 职务称呼。例如，“王书记”“刘主任”“吴院长”“蔡处长”等。

(3) 职业称呼。例如，“老师”“医生”“律师”等。

(4) 身份称呼。例如，“领导”“老师”“同学”“学长”“学姐”。

(5) 姓名称呼。一般来说，使用单纯的姓名称呼是在年龄、职务等相仿的时候，或者是好朋友之间，否则，就要将姓名、职务或职业等并称才合适。例如，“张先生”“李小姐”“王刚老师”“李强处长”等。

(6) 亲属称呼。例如，“乔叔叔”“赵阿姨”“何爷爷”等。

### 2. 问候礼仪

问候礼仪既可以让两个陌生人渐渐熟悉，也可以帮助羞涩的你变得落落大方起来。向领导、老师、父母、长辈问候致意是一个人起码的礼仪修养。学会问候，一定能使你更好地融入环境。

称呼得当：禁用“喂”“嗨”。

问候得体：

见了长辈——尊重、亲切问好；

见了领导——尊重、简洁问好；

见了平辈——友好、随意问好；

见了客人——热情、客气问好；

见了晚辈——和蔼、关切问好。

问候用语：例如，“您好！”“老师好！”“同学早！”等。

形式多样：例如，微笑、点头、握手、招手、欠身、鞠躬等。

### 3. 介绍礼仪

介绍是人们在社交场合中相互认识的基本方式。介绍，在素不相识的人与人之间起桥梁和沟通作用。大学生进入一个新的集体，免不了要自我介绍或介绍他人。

自我介绍礼仪：

仪态大方，声音洪亮，语速适中，口齿清晰，

用词准确，内容简洁，姓名单位，一定介绍，

籍贯经历，爱好特长，视时长短，酌情介绍，

讲究分寸，夸夸其谈，过分谦虚，视为禁忌。

为他人做介绍，应遵循“尊者拥有优先知情权”的原则。

介绍他人礼仪顺序：

先向女性介绍男性；

先向位尊者介绍位卑者；

先向年长者介绍年幼者；

先向主人介绍客人；

先向早到者介绍晚到者；

先向团队介绍个体。

### 4. 鞠躬礼仪

鞠躬礼源于中国的先秦时代，现在已成为一种比较常见的见面礼仪。大学生经常上台讲演等，为了表达尊重，经常需要行鞠躬礼，所以，很有必要了解和掌握规范的鞠躬礼仪。

姿势：身体成标准站姿，女生双手叠放在腹前，男生双手贴放于两侧裤缝处。

角度：头与上半身保持一个平面，以髋关节为轴，向下倾斜 15°、30°或 45°角。

表情：自然，符合场景。

眼睛：看对方的眼睛，看地面，再回看对方的眼睛。

语言：例如，"谢谢！""您好！""欢迎光临！"等。

**5. 握手礼仪**

握手是人类长期交往中逐渐形成的一种重要礼节。古时候，我国士大夫见面时行拱手礼，民国时期，西方的握手礼传入我国，如今，握手已成为最普遍的人际交往礼仪。

**握手标准：**

一步左右，面带微笑；
身体前倾，伸出右手；
四指并拢，拇指张开；
掌心相向，虎口相对；
目视对方，热情问好；
六七分力，三五秒长。

握手应遵循"尊者有优先决定权"的原则。如果尊者无握手之意，只需微笑点头问候或鞠躬问候即可。但有人伸手时，不要轻易拒绝给人难堪。

**握手顺序：**

女士优先，女士先伸手男士再接握；
长辈优先，长辈先伸手晚辈再接握；
职位优先，上级先伸手下级再接握。
迎宾时：主人优先，主人先伸手表示欢迎。
送客时：客人优先，客人先伸手表示感谢。

**握手的禁忌：**

不讲顺序，抢先出手；东张西望，漫不经心；
不脱手套，自视高傲；左手相握，不合礼仪；
交叉相握，有悖习俗；拒绝握手，缺乏礼貌；
掌心向下，目中无人；用力不当，敷衍鲁莽；
时间太长，令人尴尬；不洁之手，不利健康。

## 三、行进礼仪

行进是指举步或借助交通工具行走。对于一个正常人来说，行进是每天必不可少的一项基本活动。有人不禁会问，这不就是走路，谁不会？不要小看它，能走路并不等于会走路，会走路并不等于懂走路，走路是有规则的，在不同的走路条件下还有各自不同的礼仪规范。

**1. 走路礼仪**

常规走路：
注意形象，靠右通行，

两人成行，三人成列，
不吃东西，不抽香烟，
不玩手机，不占通道。
陪同引导走路：
引导员，左前方，
主陪人，客右方，
副主陪，客左方，
单人行，尊在前，
并排行，尊居右，
三人行，尊居中，
多人行，尊居前。

**2. 走廊礼仪**

放轻脚步，保持安静，
靠右通行，减少停留，
遇见同学，点头微笑，
遇见师长，主动问好，
遇见来宾，放慢脚步，
微笑问候，躬身侧让。

**3. 楼梯礼仪**

靠右通行，减少停留，
礼让同学，礼遇师长，
微笑问候，躬身侧让，
上楼梯时，尊者在前，
下楼梯时，尊者在后。

**4. 电梯礼仪**

自乘厢式电梯：
站在两侧，让出厢门，
先出后进，请勿抢先，
礼遇尊者，微笑问候，
侧身礼让，帮摁楼层。
自乘扶式滚动电梯：靠右站立，左侧急行。
陪同尊者：
提前按键叫电梯，
先进摁住开门键，
笑请尊者进电梯，
侧身礼貌来交谈，
摁住开门键后出，
文明礼貌你最赞。

### 5. 进出房门礼仪

拜访他人，欲进房门，
无论开闭，轻敲三下，
得到允许，方可进门，
礼遇尊者，为其开门，
内推房门，先进压门，
侧身请进，侧身请出，
外拉房门，拉住房门，
侧身请进，侧身请出。

### 6. 乘车礼仪

主人开车时，副驾座为上，
司机开车时，后排右为上，
与师同乘车，为其开车门，
乘坐大巴时，礼让讲文明，
前排座为上，先让尊者坐，
同排右为上，再让女生坐。

大巴车座次是以前为上，以右为上；火车动车则以行进方向一致的座位为上，以内侧座位为上。

## 四、做客、待客礼仪

在校园里，我们会因为工作、生活、学习等原因到他人办公室或寝室拜访、做客，在人际交往中，我们要讲究主有主礼，客有客礼，如果不懂礼仪或不讲究礼仪，不但会让人觉得你修养差，而且可能引起他人的不快，影响彼此的交往。

### 1. 做客礼仪

选择时间：不影响主人工作、休息、用餐。
有约在先：不当不速之客，令人措手不及。
约定时间：多种方案，供人选择，两相情愿。
约定人员：非经主人同意，不随意带他人去做客。
如约而至：不迟到不早到，若需推迟取消，要提前告知。
适度修饰：讲究卫生，修饰仪容，注重仪表。
文明礼貌：问候得体，多用敬语，诚恳交谈。
举止文雅：不翻人东西，不探人隐私，不喧宾夺主。

### 2. 待客礼仪

微笑问好，起身接待，
热情让座，奉上茶水，
问清事由，妥善处理，

迎送礼让，热情周到。

3. 奉茶礼仪

杯具需洁净，手不碰杯口，
双手奉茶水，一手托杯底，
微笑右边递，先尊依次送，
稳拿且轻放，杯柄朝向右，
方便客人拿，恭敬请喝茶。

## 五、尊师礼仪

上课前：提前进教室，主动帮老师擦黑板、清洁讲台、倒水。

上课时：认真听讲，积极思考，尊重老师的劳动成果。

下课后：教师离开后学生才能离开，主动帮老师关好多媒体设备、空调、风扇、电灯开关和门窗。

在路上：遇见老师，微笑问好，狭窄空间，躬身侧让。

## 六、同学礼仪

一般交往：以诚相待，与人为善，互帮互助，理解宽容，不随便粗俗，不开过分的玩笑，不占小便宜。

异性交往：举止得体，落落大方，讲究分寸，不在公共场合秀恩爱。

# 第三节 大学生校园公共礼仪

大学依靠文化育人，大学校园礼仪文化在培养优秀大学生的过程中日益显现出其重要性和不可或缺性，大学生在教室、宿舍、食堂、图书馆等校园公共场所，以及集会、仪式、活动等场合的言行举止都能一一反映应出大学生个人的道德修养和文明素质程度，了解和掌握校园公共礼仪规范，有利于大学生克服不良习惯，加强自身修养。

## 一、环境礼仪

大学校园是大学生们赖以学习、生活、工作的空间，校园环境是大学生素质教育的重要环节，校园环境体现出一个学校大学生群体行为习惯和风气，反映了一个学校大学生的整体形象和素质。所以，校园环境需要全体大学生共同维护。

校园环境礼仪“八不”：

不随地吐痰，不乱扔垃圾，
不攀折花木，不践踏花草，
不乱涂乱画，不随意粘贴，
不损坏设施，不随处吸烟。

## 二、课堂礼仪(含实验室)

课堂是教师对学生传授知识和技能的主要场所，它应该是一个严肃庄重的场所。讲究课堂礼仪规范，对于促进教师和学生的沟通，提高教学质量极为重要，全体大学生都应该严格遵守课堂礼仪规范。

(1) 不迟到，不早退。

(2) 不吃东西，不睡觉。

(3) 不接听电话，不玩手机。

(4) 迟到喊报告。

(5) 发言要举手。

(6) 离席、缺席要请假。

(7) 仪器用后要归位。

礼遇领导来宾：

来宾莅临，起立问候；

面带微笑，目视对方；

谦恭聆听，礼貌交谈。

## 三、宿舍礼仪

宿舍是大学生一个基本的生活单位，也是学生课余休息的重要场所，同学们大半时间在宿舍度过，宿舍是大学生的“第一社会”“第二家庭”“第三课堂”，所以每一位大学生都应讲究宿舍礼仪，共同把“第一社会”风气搞好，把“第二家庭”生活过好，上好“第三课堂”。

保持宿舍卫生，维护宿舍安全，

爱护公共财物，遵守作息制度，

确保他人休息，尊重他人隐私，

注意语言文明，团结礼让舍友。

礼遇领导来宾：

来宾莅临，起立问候，

衣冠整齐，面带微笑，

热情让座，奉上茶水，

目视对方，礼貌交谈。

## 四、食堂礼仪

大学生食堂的特点是就餐人数多，就餐时间集中，工作人员往往比较繁忙。所以，遵守食堂礼仪规范，营造良好舒适食堂就餐环境，显得尤为重要。

衣冠整洁，自觉排队，礼让座位，

文明进餐，保持清洁，光盘行动。

礼遇领导来宾：
来宾莅临，走到身旁；
放下碗筷，停止用餐；
面带微笑，起立问候；
目视对方，礼貌交谈。

## 五、图书馆礼仪(含阅览室、自习室)

图书馆不仅是人类智慧的宝库，也是大学生学习知识、获取信息的重要场所，是文明高雅的场所。图书馆礼仪规范是大学生应当学习和掌握的知识。

(1) 保持安静：起座、走路、翻书要轻，手机调至静音，接打手机应轻轻走出图书馆，轻声说话，不影响他人学习。

(2) 爱护公物：不在书刊上涂画，不开天窗。

(3) 文明礼貌：不抢占座位，不吃东西，不睡觉，不谈恋爱。

礼遇领导来宾：
来宾莅临，走到身旁。
面带微笑，起立问候，
目视对方，礼貌交谈。

## 六、观赛礼仪(含文体表演)

观赏文艺、体育比赛或表演是项惬意而又高雅的活动，作为观众应讲究观赛礼仪，仪态举止应当与其氛围相协调，当一名有素质的文明观众。

衣冠整齐，提前入场；对号入座，坐满前排；
不慎迟到，悄然入席；文明观看，热情鼓掌；
积极互动，善始善终；起哄尖叫，影响赛演；
乱扔垃圾，破坏环境；中途退场，缺乏尊重。

## 七、集会礼仪

在大学校园里，经常举行各种大型的会议、活动、仪式、典礼，集会是大学生必不可少的活动，如何在大庭广众下展示良好的个人素质和集体形象，学习和掌握集会礼仪显得尤为重要。

(1) 衣冠整齐，不戴口罩，不戴帽。

(2) 不迟到，不早退。

(3) 保持安静，不非议。

(4) 适时回应，热情鼓掌。

升旗仪式礼仪：
升国旗、奏国歌时，
要驻足肃立，队列整齐，
面向国旗，行注目礼，

直至升旗完毕。

## 第四节　大学生人际沟通礼仪

人际沟通是人与人之间进行的信息交流的必要手段，每个社会人都离不开人际沟通。沟通是一门学问、一门艺术。良好的沟通能让人与人之间产生很好的共鸣，增进双方的了解，让彼此在心情舒畅中达成共识；可以满足人的心理需求，解除内心紧张，发泄心中不满，表达自己思想感情与态度，寻求同情和友谊；可以改善人际关系，鼓舞士气，有助于营造和睦相处的良好氛围；可以转变人的态度，从而改变其行为。因此，学习如何得体有效地通过各种途径进行人际沟通，是大学阶段的人生必修课。学习各种沟通礼仪有助于促成人际沟通。

### 一、交谈礼仪

交谈是人际交往沟通的重要方式，在绝大多数情况下，人们都是通过说话来传递信息、表达感情。“良言一句三冬暖，恶语伤人六月寒。”善于交谈，常能如愿以偿，交谈不当，则可能碰钉子。所以，大学生应重视交谈礼仪，掌握交谈技巧。

**1．交谈礼仪与技巧**

对面站立，目视对方，表情专注，目光友好；
交谈距离，保持适度，陌生交谈，相距1.5米；
熟人交谈，相距1米，亲密交谈，相距0.5米；
相距太远，给人冷落，靠得太近，给人压抑；
指手画脚，令人不快，信口开河，自毁形象；
把玩手机，心不在焉，摆弄衣发，有失稳重；
坦诚相见，谦恭礼让，真诚赞美，交谈成功。

**2．交谈禁忌**

忌滔滔不绝“一言堂”；忌一言不发“闷葫芦”；忌随意打断乱插话；忌抱怨不断牢骚多；忌口头禅多；忌质疑话强；忌批评话硬；忌攻击话重。

**3．文明礼仪十字用语**

“您好”“请”“谢谢”“对不起”“再见”。

**4．日常生活中的常用雅语**

初次见面说“久仰”；长期未见说“久违”；请人原谅说“包涵”；
无法满足说“抱歉”；求人帮忙说“劳驾”；请人协助说“费心”；
麻烦别人说“打扰”；求人办事说“拜托”；希望照顾说“关照”；
请人作答说“请教”；向人询问说“请问”；求人指点说“赐教”；
归还物品说“奉还”；送礼给人说“笑纳”；送人照片说“惠存”；
请人赴约说“赏光”；未及迎接说“失迎”；请人勿送说“留步”；

等候别人说"恭候"；宾客来到说"光临"；陪伴朋友说"奉陪"；
中途先走说"失陪"；问人姓氏说"贵姓"；问人住址说"府上"；
自己住家说"寒舍"；尊称老师为"恩师"；称人学生为"高足"；
赞人见解为"高见"；受人夸奖说"过奖"；老人年龄说"高寿"；
女士年龄称"芳龄"；平辈年龄问"贵庚"；接受教育说"领教"；
谢人爱意说"错爱"；称人夫妇为"伉俪"；对方来信说"惠书"；
请改文章说"斧正"；问候教师说"教祺"；致意编辑说"编安"。

## 二、电话礼仪

电话是现代人际交往中不可或缺的沟通形式。接打电话看似简单，但通话时的表现却能反映一个人的内在修养，会给他人留下深刻的印象，它是你给对方的第一张"声音名片"。如果不讲究电话礼仪，可能会导致电话沟通失败。

接打电话礼仪要求：
时间适宜，避免打扰，
铃响三声，左手接听，
面带微笑，自报家门，
姿态端正，声音柔和，
内容简明，长话短说，
专心听讲，适时回应，
重要内容，复述记录，
真诚致谢，不忘道别，
挂断电话，尊者优先。

## 三、短信礼仪

短信是随着手机的出现而出现的一个新生事物。随着手机的普及，收发短信也成为日常人际交往沟通中的一部分。既然是人际交往的一部分，就应该讲究礼仪。根据有关调查显示，大学生是最喜欢发短信的群体之一。短信虽然是小事，但要知道礼仪是体现在细节上，细节又反映一个人的修养，细节也可能决定成败。因此，了解一些基本的短信礼仪常识，对每个大学生来说都是很有必要的。

工作短信，言简意赅，
表达清楚，逻辑有序，
汇报工作，不宜应用，
拜年短信，个性编辑，
群发拜年，缺乏真诚，
尊者拜年，电话登门，
群发短信，注意内容，
不良信息，慎重转发，
短信提醒，委婉得体，

注意时间，不忘场合，
紧急处理，勿用短信，
多用敬语，署上姓名，
确认无误，方可发送，
回复及时，迟复致歉。

## 四、网络礼仪(含电子邮件)

随着信息技术的发展以及电脑、智能手机的广泛普及应用，网络世界应运而生，人们在学习、工作、生活、娱乐时越来越多地使用互联网，网络给人们带来许多便利，网络交往也成为人际交往的重要方式，讲究网络礼仪，有利于保障网络世界的正常秩序。

网络世界，虽有虚拟，人却存在；
人际交往，网上网下，礼仪一致；
遵纪守法，遵守规则，道德规范；
分享资源，注意甄别，切忌滥发；
网络聊天，真诚文明，不欺不诈；
邮件往来，格式规范，逻辑有序；
内容简明，主题突出，表达准确；
敬语雅语，恰当运用，谦恭有礼；
检查斟酌，确认无误，方可发送；
短信提醒，注意查收，不误交流；
收到邮件，及时回复，迟复致歉。

# 第九章　我的社团我做主

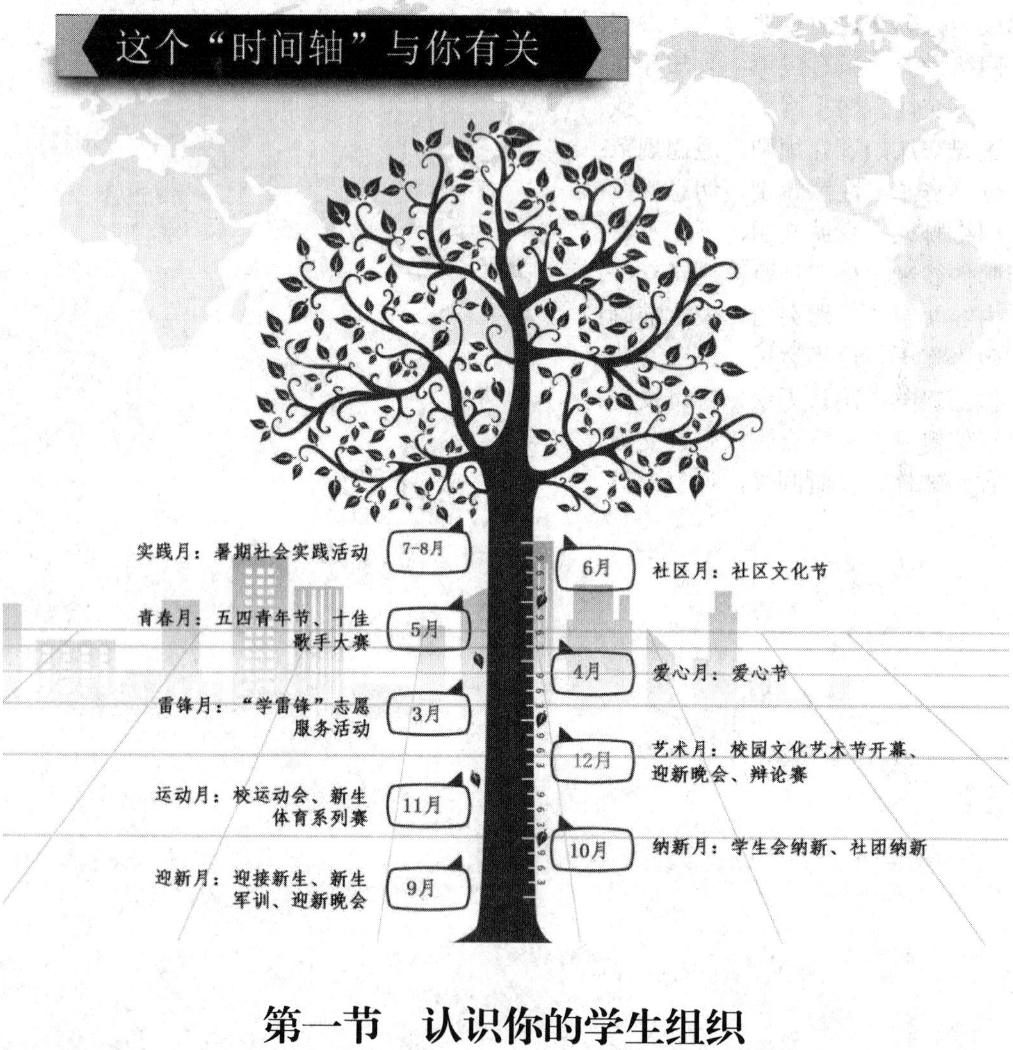


## 第一节　认识你的学生组织

### 一、院团委学生会

院学生会是在学院党委领导、团委具体指导下，由学生组成的青年群众性组织，是联系学院与学生的桥梁和纽带。学生会秉承“团结，开拓，服务学生”的宗旨，引导广大学生开拓创新、勇于实践，促进广大学生综合素质的提高，实现学生的自我教育、自我管理、自我服务。院团委下设组织部、宣传部。学生会由主席团负责日常事务，下设 6 个职能部门:办公室、文体部、学习部、实践部、自律委员会、社团联合会。

### 1. 院团委下设组织

1) 组织部

组织部在院团委和党工部共同指导下，主要负责团员管理、数字化团建等工作；定期协助党工部开展党课教育，进行入党积极分子的培训工作。

2) 宣传部

宣传部在院团委指导下，负责校园宣传布置工作；发布学生活动信息，更新团委网页，定期编发团刊、院报等；配合学院有关部门在学生中开展活动与宣传工作。

### 2. 院学生会下设组织

1) 办公室

办公室是院学生会的日常办事机构。其主要职责是：安排团委办公室值班人员；负责组织、安排学生会的各种会议并编辑会议记录；负责文件的收发与档案的管理；协助主席团发布工作信息等。

2) 文体部

文体部负责筹备和组织艺术节、体育节的活动；协调学院、各系开展各种健康活泼、丰富多彩的文体项目的比赛活动；协助学院有关部门开展相关活动。

3) 学习部

学习部主要负责组织开展演讲比赛、辩论赛、写作等校园文化活动及组织各类主题学习活动；定期反馈教学问题以及评估教学质量。

4) 实践部

实践部的工作宗旨是促进广大学生投身社会实践，培养学生的奉献精神和开创精神，使其在社会实践中不断充实、完善。实践部的主要职责是开展对外联络，开展各种社会实践、志愿服务实践和创新创业实践活动。

5) 自律委员会

自律委员会负责学院晚自习考勤纪律督导检查、各系部及食堂卫生检查与监督；在学院的各项活动中负责安排和维护现场秩序，确保活动顺利进行。

6) 社团联合会

社团联合会负责管理学院社团相关事务，协调各系学生社团工作，为社团提供必要服务，建立并维护学生社团与院团委之间的联系，组织全校性社团活动等。

## 二、社团联合会

社团联合会(简称“社联”)是引导全院学生社团开展自我教育、自我管理和自我服务的学生组织。社联本着“服务社团、管理社团、建设社团、创出品牌、办出特色”的宗旨，服务、监督、管理学院所有学生社团，维护校园文化导向，维护社团的正当利益，反映学生社团的合理要求并积极提供各种帮助，同时承办学院各大型社团活动。社联主要是管理学生社团，负责各社团的活动审批、跟踪记录，年度优秀社团评选与评审。传播社团文化，打造社团形象，是团委与各社团的重点。

1. 学生社团统计表

湄洲湾职业技术学院学生社团统计表

| 序号 | 社团编号 | 社团名称 | 社团类型 |
|---|---|---|---|
| 1 | MZST2004001 | 追逐英语社 | 学习实践类 |
| 2 | MZST2004002 | 墨染文学社 | 文化体育类 |
| 3 | MZST2018001 | 军绿社 | 志愿服务类 |
| 4 | MZST2009002 | 街舞社 | 文化体育类 |
| 5 | MZST2005003 | 爱心社 | 志愿服务类 |
| 6 | MZST2005004 | 青木音乐社 | 文化体育类 |
| 7 | MZST2006001 | 创客研习 | 创新创业类 |
| 8 | MZST2016001 | 演讲朗诵协会 | 文化体育类 |
| 9 | MZST2006003 | 青年志愿者协会 | 志愿服务类 |
| 10 | MZST2007002 | 大学生体育社 | 文化体育类 |
| 11 | MZST2017008 | 马克思主义理论读书社 | 学习实践类 |
| 12 | MZST2007003 | 创艺协会 | 创新创业类 |
| 13 | MZST2008001 | 心理健康协会 | 志愿服务类 |
| 14 | MZST2009001 | 湄园艺术交流协会 | 专业特长类 |
| 15 | MZST2009002 | 韵品协会 | 文化体育类 |
| 16 | MZST2011001 | 妈祖社 | 学习实践类 |
| 17 | MZST2011002 | 初樱动漫社 | 文化体育类 |
| 18 | MZST2019003 | 专业实践社 | 创新创业类 |

2. 学生社团活动流程

大学是培养和发展兴趣爱好的良好的发源地，而社团正是培养兴趣爱好的最佳载体。学院众多的社团里，总会有你喜欢的。学院的社团覆盖面广泛，从文化艺术、体育竞技、社会实践到科技类，基本上覆盖了大学生生活的方方面面，在这里你能找到生活兴趣所在，加入你喜欢的社团吧，让大学生活变得更加充实、精彩、有趣！

在这些社团中，如果没有你喜欢的，我们还有机会让你自己动手组建属于你的精彩，在这里有着极限的可能，你的小宇宙还不能得到爆发吗？

如果你觉得学院现有的社团还不能满足你的特长需求，你还可以自己组建社团。那么，怎么来组建社团呢？首先，社团筹备小组(至少 10 人)向学生社团联合会提出书面申请并具备以下条件：

(1) 具备明确的章程规定。章程中包括社团的名称、性质、宗旨、任务、组织机构、活动范围以及成员的权利和任务等内容。

(2) 必须具备一定的群众基础，并拥有一定数量的成员。

(3) 必须拥有至少 3 人组成的领导机构，其中社长(会长)1 人，副社长(副会长)至少 2 人，财务负责 1 人，均应由在籍学生担任，并具备一定的工作能力、组织能力和业务能力。

(4) 必须至少聘请 1 名本校教师为顾问指导。

(5) 与学院现有的社团在性质和活动内容上没有相同或相似的情况。

社团成立流程(简要步骤，详细的流程可以向社联办公室咨询)如下：

(1) 首先向社团联合会办公室递交申请材料，社联开展必要的调查研究工作后，对社团申报材料和社团成立可行性进行审核并给出审核意见

↓

(2) 审核通过后，申请社团在获批的3个月内处于考核阶段，以“湄洲湾职业技术学院某某社团筹备小组”的名称举办活动，享有社团部分权利

↓

(3) 社团筹备小组在考核期间举办活动，由社联督导部对活动进行督导和评分

↓

(4) 经过社联的考核，认为社团筹备小组已经具备成立社团资格的，由社联向团委报批。经过审核，新成立的社团以“湄洲湾职业技术学院某某社团/协会”之名在湄洲湾职业技术学院团委正式注册

↓

(5) 未经批准成立的学生社团，不得以学生社团名义收取会费和在校内外以社团名义开展活动

社团组建好后，接下来就要认真经营自己的“一亩三分地”了。湄洲湾职业技术学院建校至今，各类社团层出不穷。经营不善的社团逐渐没落，好的社团逐渐发展壮大；当然，新的社团也在不断涌现。如果有机会创建社团，每位同学会怎样做呢？心动不如行动，好好规划每个人自己的社团生活，从今天开始。

### 3. 活动审批简要流程

学生社团活动审批流程(简要步骤，详细的流程向社联办公室咨询)如下：

(1) 在社联群文件里下载《活动申请表》并填写，一式两份；撰写《活动方案》。《活动方案》包括但不限于以下内容：活动主题、时间、地点、对象、内容、应急措施、经费预算等

↓

(2) 《活动申请表》《活动方案》撰写完毕后，由社团联合会初审

↓

(3) 由院团委复审

↓

(4) 采购物料，按照活动方案开展活动

↓

(5) 提交活动总结、新闻报道、图片等材料，并落实报销工作

## 三、青年传媒中心

青年传媒中心是在院团委领导下从事新媒体运营的青年学生组织，是院团委开展思想工作的重要依托机构。该中心以关注校园生活、传播校园文化、弘扬校园精神为理念，以贴近实际、贴近生活、贴近青年为要求，负责我院工作新闻报道、资讯采集和成果展示；负责团委微博、微信、直播等新媒体平台建设、维护和管理更新。

## 四、广播电台

广播电台是由院团委直接领导、学生自我管理、独立运行的校园媒体，包括办公室、播音部、编辑部、导播部和记者部等 5 个部门。广播电台主要配合学院教育教学工作，开展宣传活动，不断宣传新风尚，促进良好校风形成，优化校园育人环境。播出时间为每天(周一至周五)中午 11:55 至 12:30，下午 17:25 至 18:30。栏目包含体育、文化、综艺、娱乐等，时政性、趣味性强，这是同学们了解实事、校园讯息最主要、最直接的部门。节目内容全部由广播电台编辑制作，播音员现场播音。

# 第二节　多彩湄园

## 一、迎新晚会

每年的迎新晚会都是学院的重头戏，拉开了新学期的序幕。

2019 年 9 月 26 日晚，湄洲湾职业技术学院庆祝新中国成立 70 周年文艺晚会在 400 米操场隆重举行。学院党委书记林建华、院长许冬红、副院长陈金毓及 3000 余名师生代表一同观看演出。

文艺晚会在气势恢宏的开场舞龙舞狮、武术《中国功夫》中拉开序幕。舞蹈《舞动中国》以丰富的肢体语言，呈现了共和国 70 年披荆斩棘、风雨兼程的艰辛历程和中国人民自力更生、艰苦奋斗的恢宏画卷。期间，还举行了 2018—2019 年获得各级荣誉称号教师表彰会。20 多位新任教师集体宣誓，重温师德规范，坚定奉献教育事业、立志教书育人的信心和决心。

最后，千名师生挥动着国旗，齐声合唱《我爱你，中国》，表达了同学们热爱祖国、青春筑梦新时代的坚定决心，全场沸腾，将晚会气氛推向高潮。

## 二、社团纳新

新学期的开始，社团会进行一年一次的纳新活动。旨在让更多的同学发展自己的兴趣爱好，丰富课余生活；社团吸纳一批有兴趣能力的同学，为社团注入新鲜的血液，增强发展动力。

2019 年 9 月 24 日下午，学院学生社团齐聚一堂，开展学生社团纳新游园活动。各社团一字排开，招兵买马，各显神通。新生们流连于社团之间，对社团特色做详细的了解。据统计，参与到纳新游园活动的同学多达 2500 人次，活动场面甚是热闹。社团纳新活动为我院各个社团提供了展现社团风采的机会，更为社团注入了新鲜血液。期待新生们在社团中尽展才华、成长成才。

## 三、新生体育节

每一年的新生体育节都异彩纷呈，新生体育节由学生会文体部承办，设有拔河、乒乓球、足球、羽毛球、跳绳、篮球等多个赛项，600 多名新生运动员报名参赛。

2019 年 9 月 29 日下午，新生体育系列赛之跳绳决赛在 400 米操场正式开始。

比赛场上，萧瑟的秋风没能抑制住同学们破竹的锐气，随着哨声响起，选手们迅速进入比赛状态。慢慢抡圆的绳子、灵活的双臂、翻飞的花绳、弯着的身子、高频率抖动着的双腿将比赛的气氛推向高潮，选手们连贯的动作赢得了观众们的呐喊与欢呼，略带紧张的氛围很快就被化解。一根根细小的跳绳带动起无限的热潮，参赛人员涨红的脸颊上绽放着最青春的光彩！

每一场胜利都离不开那些拼尽全力的运动员，离不开那些加油助威的拉拉队们，离不开那些维持比赛秩序、保证公平公正的裁判们，辛勤的付出终会得到回报。相信未来的湄园学子会越来越强大，以更优秀的姿态阔步远行！

## 四、爱心节活动

农历三月二十三日是妈祖的诞辰，学院把这一天作为学院的“爱心日”，启动爱心节活动。通过系列爱心活动，倡导爱的实践，汇聚师生爱心，打造爱心校园。

2019 年 4 月 25 日下午，我院第六届爱心节启动仪式在图书馆广场举行。许冬红院长，任清华副院长，学工处陈凯处长，福建壹家扶贫慈善服务中心张建方理事长，各院系党总支书记、分团委负责人以及各院系学生代表共同参加本次爱心节启动仪式。

活动伊始，湄园堂、爱心社的开场秀让雨后的现场逐渐“升温”。湄园学子为湄宝(志愿服务对象)庆生，现场的同学们伴随音乐声热情洋溢地为湄宝唱生日歌，同时献上花环。许院长指出，学院的校训是“学为成人”,“成人”应以“德”为先，应心怀善念，拥有爱心。“弘扬妈祖大爱精神，倡导校园爱心文化”项目获省高校校园文化优秀成果一等奖；学院被评为省第一届文明学校，被市委、市政府授予一类平安单位。2018 年学院开展各类志愿者活动 100 多场，志愿时长累计 17 万小时，献血总量达到 128800 毫升，献血人数达到 622 人次，创历史新高。

对于学院爱心文化建设，许冬红院长提出了三点希望。一是希望大家凝聚爱心文化共识，创新工作方法，搭建多样爱心实践平台，为师生爱心行动铺路架桥；二是希望各院(系)紧紧围绕爱心文化主题，结合专业，开展特色爱心文化活动；三是希望全院师生共同参与，滋养爱心，践行妈祖“立德、行善、大爱”精神，成为有大德、大爱、大情怀的人。

## 五、“学雷锋”志愿服务活动

每年的 3 月是“学雷锋”志愿服务活动月，开展文明创建、社区服务、敬老助残、环境保护、垃圾分类、服务大型节会等志愿服务活动。

2019 年 3 月 16 日上午，我院爱心社与院青年志愿者协会开展“关爱老人，奉献爱心”为主题的志愿服务活动。志愿者们早早就在机械广场汇合，经过半小时左右的步行，抵达兰友敬老院。

走进兰友敬老院，平日里冷清的敬老院因为志愿者的到来，变得十分热闹。志愿者们分别与敬老院的老人聊家常、搓麻将、一同看报；帮助老人打扫卫生，整理日常用品。打扫卫生的志愿者也是轻手轻脚，不打扰到那些还在睡觉或看报纸的老人。

与老人相处的时间虽然短暂，却把温暖传递给了他们，与敬老院建立了深厚的情谊。本次志愿服务活动号召人们可以常回家看看，使老人们不再孤独。

## 六、校园文化艺术节

校园文化艺术节开展辩论赛、微电影、健身操、电子竞技、才艺大赛、十佳歌手、艺术作品展等十几个项目。活动贯穿整个学年，面向全体学生，贴近校园生活，形式力求多样化，项目丰富而精彩，学生积极参与，精彩纷呈。

### 校园文化艺术节——新生辩论赛

2019 年 11 月 27 日晚，艺术节活动之新生辩论赛经过近一个月的激烈角逐，进入最激烈的决赛阶段。由正方工商管理学院对阵反方软件学院，双方围绕着“大学应该是宽进严出，还是严进宽出”这一辩题进行辩论。

正方认为大学宽进严出既增加了高等教育的受教育人数，又迎合高等教育培养具有创新、实践能力的高素质人才目的，实现了自身的全面发展，提高了高等教育的输出人才质量，这才是真正提高就业率的正确决策。教育部要求全面整顿好高等教育教学秩序，严格过程管理。告别“严进宽出”，让大学合理“增负”，所以正方认为大学应该宽进严出。

反方则认为大学应该严进宽出，严进保证生源质量，提高教育资源利用率。在中国教育资源不足的状况下，严进成为必然选择；宽出让学生的个性自由发展，但不是一味纵容，而是在大学生心智成长的阶段予以适当的自由，从而让学生有更多的时间和精力去发展自己的特长等。严进选质量，宽出选个性，大学严进宽出才能培养出更多高素质人才，所以反方认为大学应该严进宽出。

**校园文化艺术节——纪念“一二·九”运动合唱比赛**

2019 年 12 月 8 日下午，学院第十六届校园文化艺术节暨纪念“一二·九”运动合唱比赛在 17#201 小礼堂隆重举行。本次比赛共有 15 支队伍参加，每支队伍分别准备两首歌曲。

各系的一曲曲激奋人心的经典红歌，展现湄园学子们对祖国、对人民最美好的祝愿和无限忠诚。长达 3 个小时的红歌比赛，现场高潮迭起、气氛热烈，始终洋溢着浓郁的团结、奋斗气息。

本次爱国主义合唱比赛圆满落幕，十五支参赛队伍带来了精彩的表现，唱响了拼搏奋进的时代主旋律，展现了湄园学子热爱祖国、朝气蓬勃、团结向上、奋发进取的精神风貌。

## 七、闽台文化交流活动

学院与台湾 5 所高校共同举办海峡两岸大学生妈祖文化研习夏令营，活动旨在弘扬妈祖文化，促进两岸高职院校间合作，加强两岸青年学子沟通交流，增进两岸师生情谊。

海峡两岸，一衣带水，浅浅的海峡，隔不住浓浓的情谊。以“中华妈祖情，两岸一家亲”为主题的第十一届海峡论坛。妈祖文化活动周于2019年6月9日至13日在福建省莆田市举办。本届活动周由莆田市人民政府主办，湄洲湾职业技术学院承办子项目——“中华情·妈祖缘”2019年海峡两岸青年创新创业暨妈祖文化研习夏令营。来自海峡两岸的近百位青年相聚莆田，共同开启创新创业、妈祖文化体验之旅，感受妈祖故乡的文化底蕴，加强两岸青年的交往交流，助力两岸文化的互通互融。

5天的行程，两岸青年朝夕相处，他们从相识到无话不谈，从共进晚餐到成为形影不离的挚友。两岸青年参访福建骠骑网络有限公司，探讨网络创新科技与未来发展趋势；参观仙游国家级台湾农民创业园，了解创业园中台商的生活工作状况和企业的经营现状，共同见证台湾高校学生农业教学实践基地签约仪式；参加湄洲湾职业技术学院“互联网+”大学生创新创业大赛，增加两岸青年在创新创业方面经验互动与交流，加强两岸高校文创合作与交流。在师生座谈会上，两岸青年畅谈青春梦想、文化习俗，纷纷点赞莆田市委市政府为促进莆台经济文化交流合作所推出的政策措施；在湄洲妈祖祖庙，两岸青年一同拜谒妈祖，共沐妈祖灵光，传承妈祖文化“立德、行善、大爱”的精神内涵。

短短5天的行程，一百多个小时的朝夕相处，时间很短暂，留下的回忆却很长，分离不代表缘散，青年们把彼此留在心里，共同许下最美好的憧憬和祝愿，一起期待下一次的相聚。

# 第十章　我的社区我的家

## 一、学生社区管理服务中心简介

学生社区管理服务中心在学院领导的亲切关怀和学生工作处领导的指导与帮助下，于2014年9月1日正式启用。学生社区管理服务中心坚持全心全意服务学生成才成长，以方便学生办事、解决学生困难、维护学生权益为目标，以发挥学生自我教育、自我管理和自我服务为重点，通过规范管理和创新服务，开展卓有成效的学生宿舍管理服务工作，为广大学生营造安全、整洁、卫生、舒适的宿舍环境和育人氛围，促进学生全面成人成才。

学生社区管理服务中心秉承“信息化支撑、精细化管理、人性化服务”的工作理念，着力完善学生管理工作，为广大学生提供高效、便捷的服务；坚持在服务中实现管理，在服务中体现教育，从服务层面构建融教育、管理、服务于一体的学生宿舍管理工作新平台；主要负责学生宿舍的消防安全检查、卫生检查、晚归排查及社区文化建设等。同时选拔学生组成宿舍管理委员会，落实日常具体工作，形成以社区中心为指导，宿管会为基础的创新管理模式，实现学生的自我管理、自我约束、自我服务。此外，社区中心还定期举行各项文体活动，如趣味运动会、拔河比赛、中秋活动、冬至活动等，丰富学生的课余生活，营造温馨友爱的社区氛围。

新校区规划的宿舍区分为六个楼群，分别以梅苑、兰苑、竹苑、菊苑、松苑、楷苑命名。“梅、兰、竹、菊、松、楷”在中国传统文化中都被赋予了独特的品格，代表君子之风。以“梅、兰、竹、菊、松、楷”命名，体现了学院对学生的期望和教育目标。

服务时间：8:00—22:30。

联系电话：0594-7687703。

## 二、学生社区办事服务流程图

### 1. 移动宣传栏、LED申请流程图

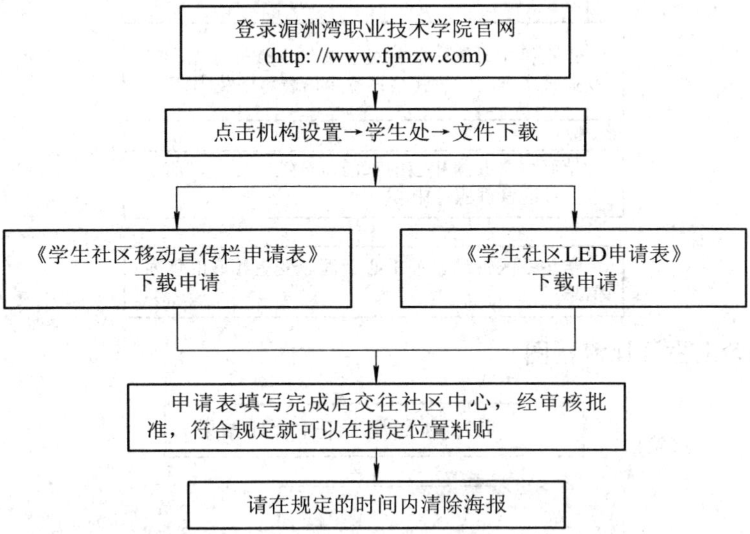


### 2. 学生宿舍钥匙借用流程图

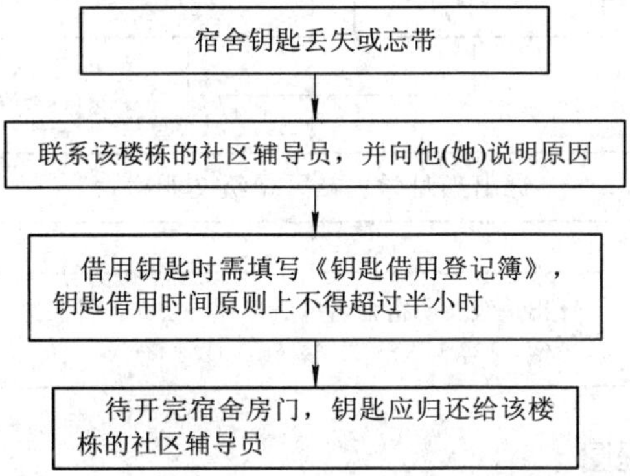


### 3. 学生宿舍电费缴纳流程图

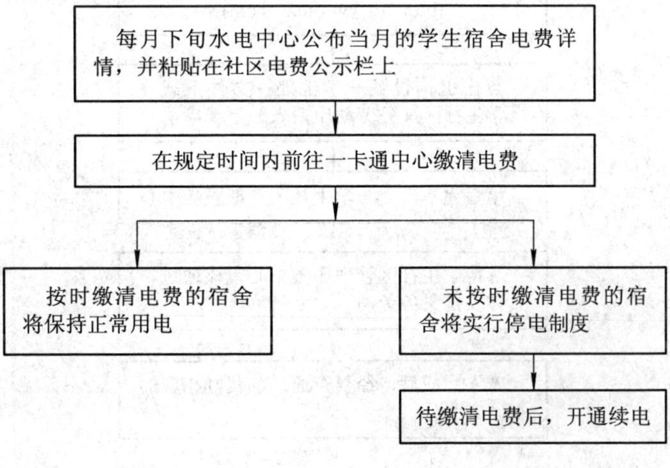

## 4. 学生住宿调整流程图

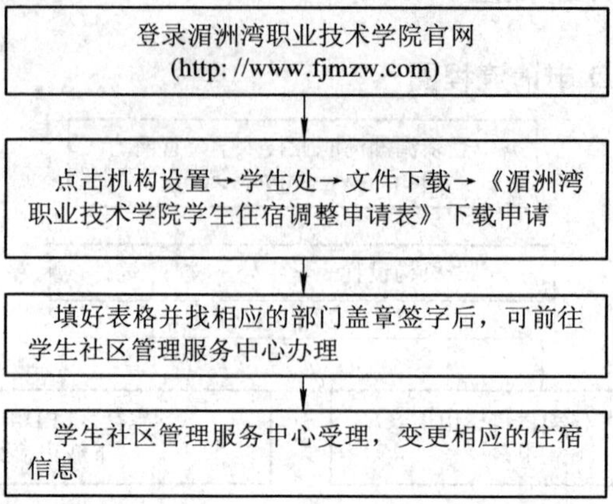


## 5. 学生宿舍卫生评比流程图

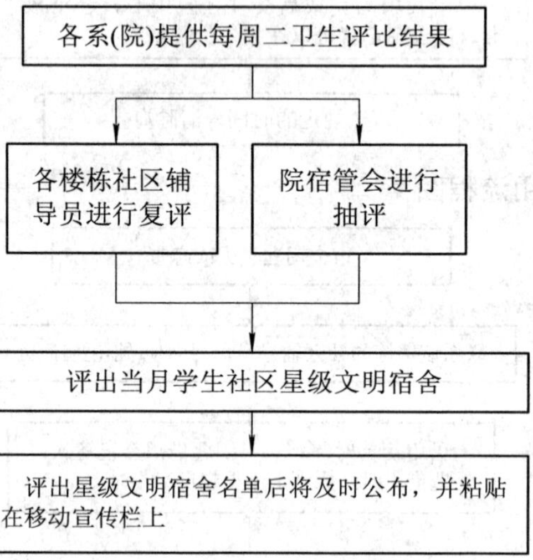


## 6. 申请义务劳动流程图

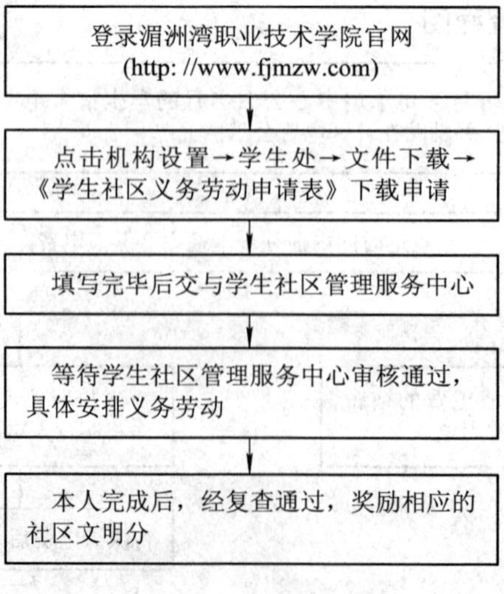

## 7. 学生社区突发事件处置流程图

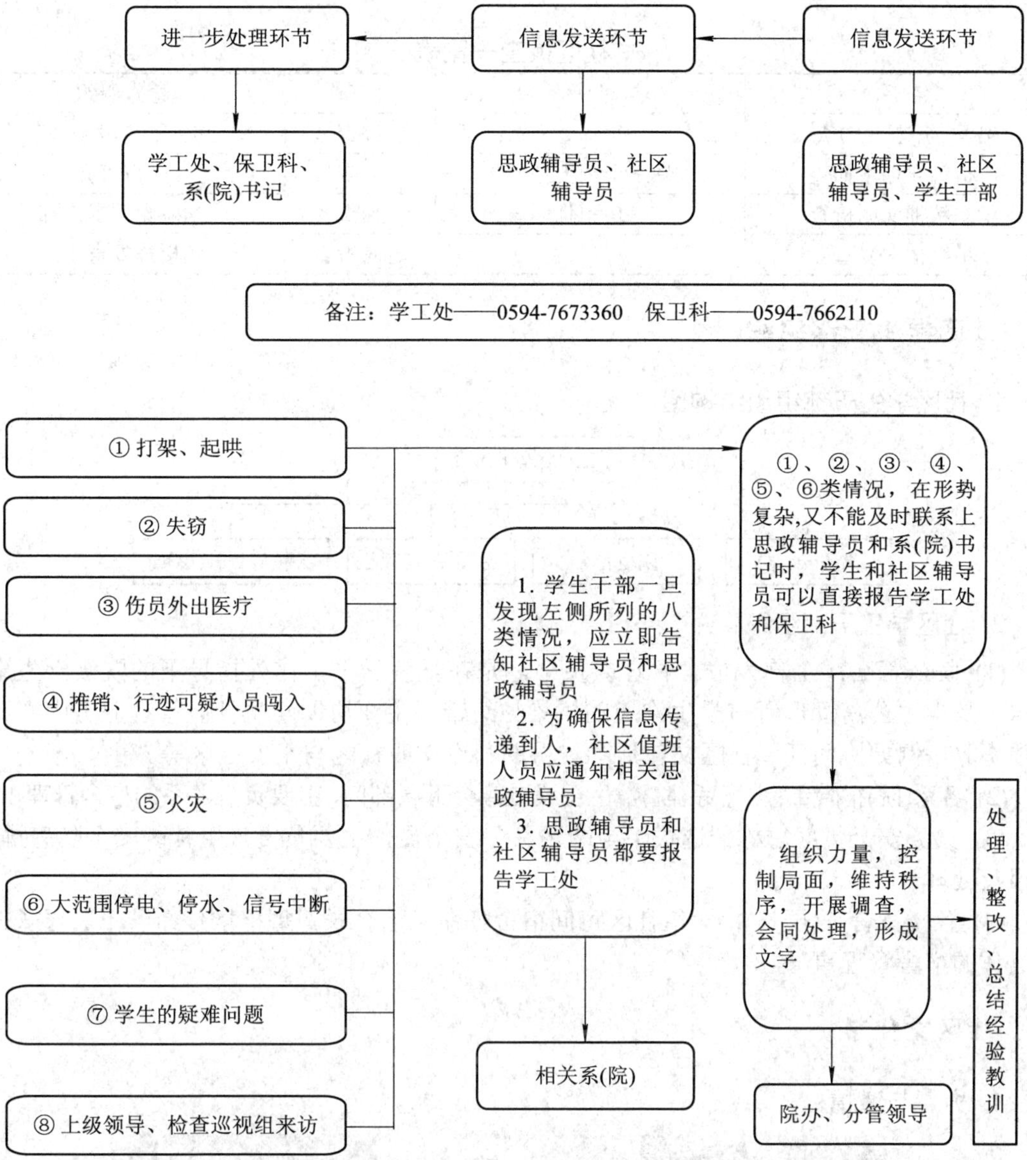


·社区辅导员必须掌握思政辅导员的联络电话和保卫科的值班电话。
·社区辅导员必须第一时间报告，迅速联系到相应的思政辅导员。
·思政辅导员赶赴现场，多方联络，调动一切积极因素控制事态。
·思政辅导员和社区辅导员都应掌握“110、119、120”等常用电话的拔打方法，掌握灭火(防火)、捉贼(防盗)、急救和接待等知识。
·①、②、④、⑤、⑥与保卫科密切相关。
·③与系(院)思政辅导员密切相关。
·⑥与后勤处(0594-7651836)、网络中心(0594-7689193)密切相关

## 三、社区检查一览表

社区检查一览表

| 名 称 | 时 间 | 性质 | 检查组织 |
|---|---|---|---|
| 各系(院)卫生检查 | 每周二 | 普查 | 各系(院)宿管部 |
| 院宿管会卫生抽查 | 每周三至周五任一天 | 抽查 | 院宿管会 |
| 学院精神文明检查 | 每月月底 | 抽查 | 学院党委工作部 |
| 星级宿舍复查 | 每月月初 | 定向检查 | 各楼栋复查小队 |

## 四、社区学生干部组织

1. 社区学生干部组织结构图

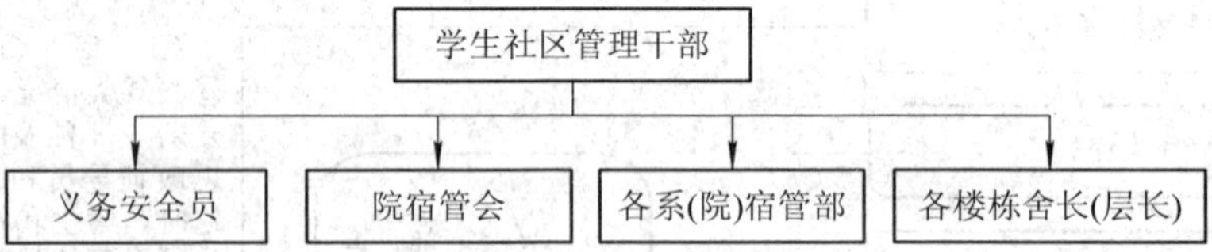


2. 社区学生干部组织简介

(1) 院宿管会：全称为宿舍管理委员会，是在学院学生工作处指导下的院级学生干部组织，是学生公寓管理者与学生沟通的桥梁与纽带，主要协助学生社区管理服务中心开展各项事务，例如协助开展社区文化活动、协助建设文明社区与平安社区等。

(2) 各系(院)宿管部：是各系(院)学生会或自律会下属部门，主要负责各系的宿舍管理工作。

(3) 义务安全员：每栋楼选拔 1 至 2 名义务安全员，主要负责学生社区安全隐患排查、上报及处理。

(4) 各楼栋舍长(层长)：学生社区每间宿舍任命 1 名舍长，每栋楼任命若干名层长，负责具体的宿舍管理事务。

## 五、社区文化节

1. 力量与激情

2. 吉尼斯挑战赛

3. 寝室比拼

4. 快乐齐上阵

# 第十一章　奖学金资助全攻略

## 第一节　奖学金攻略

### 一、国家奖学金

（一）国家奖学金项目简介

国家奖学金是指为了激励普通本科高校、高等职业学校和高等专科学校学生勤奋学习、努力进取，在德、智、体、美、劳等方面全面发展，由中央政府出资设立的奖励特别优秀学生的奖学金。全国高校在校生大概有2500多万人，每年只能有5万人荣获国家奖学金，获奖比例约占0.2%。获奖学生每人每年奖励8000元。作为大学生，能获得国家奖学金是一项莫大的荣誉。特别优秀的学生，从二年级起可申请获得国家奖学金，并颁发国家统一印制的荣誉证书，记入学生的学籍档案。

（二）申请国家奖学金的基本条件

必须满足以下四个条件，才有资格申请国家奖学金：

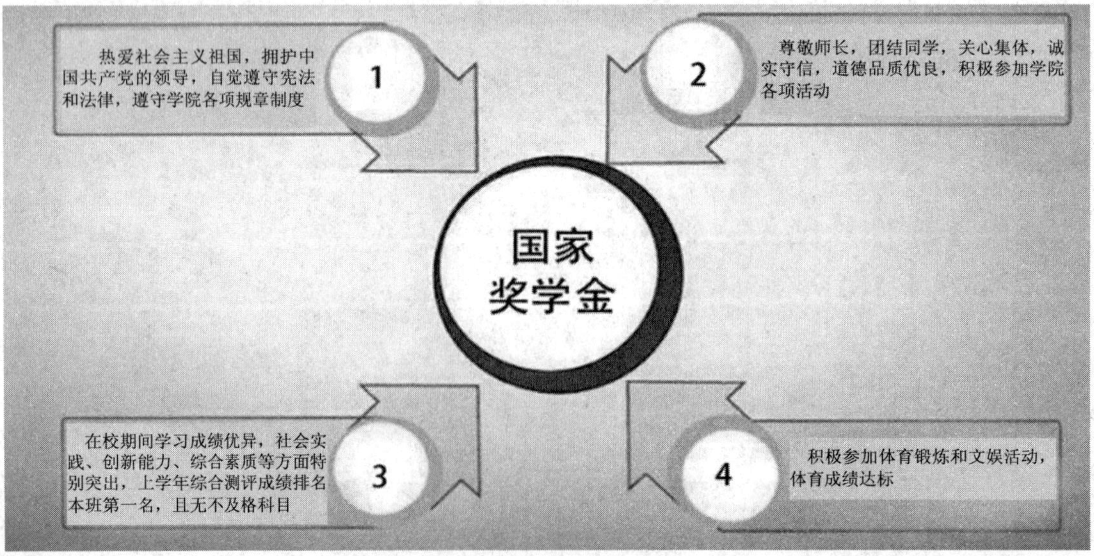

### （三）申请注意事项

出现以下情形之一者，无法申请国家奖学金：

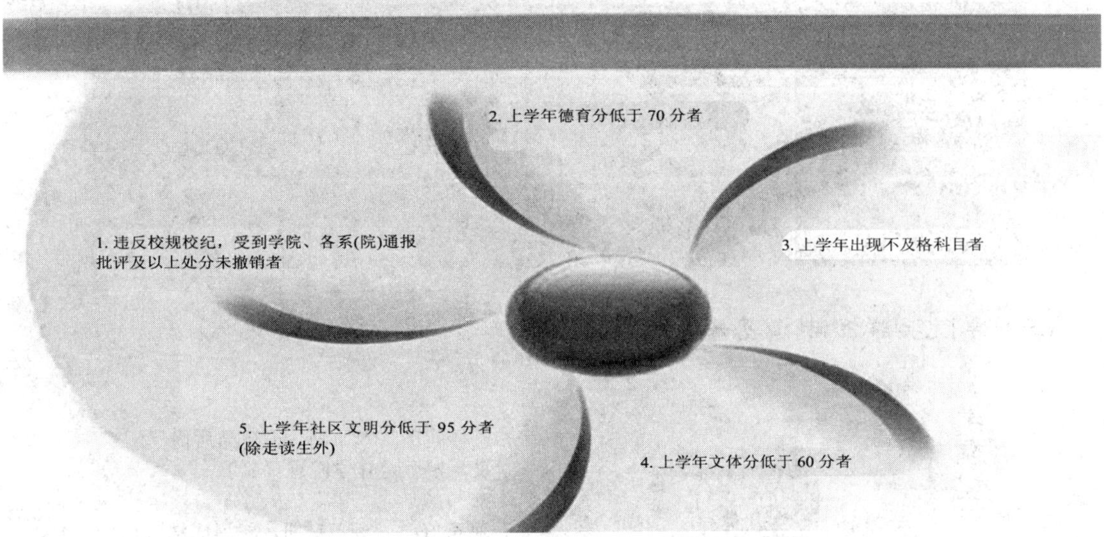


### （四）学长经验分享

【学长简介】：林财彬，男，中共党员，工商管理系电子商务 141 班学生。曾任工商管理系分团委副书记、辅导员助理、电子商务 141 班班长。曾获 2014 学年度“精神文明建设先进个人”、2015 学年度“文明志愿者先进个人”、2014—2015 学年度学院“优秀学生干部”、2015—2016 学年度“三好学生”等荣誉称号；2015—2016 学年度“学院一等奖学金”、2015—2016 学年度“国家奖学金”。

【秘诀分享】：国家奖学金对学生学习成绩和综合素质都有很高的要求，是大学里学霸们的终极目标，因此从进入大学校园就要有明晰的职业生涯规划。要善于合理分配时间，自觉夯实专业基础，积极同系部老师沟通交流，学习成绩在班级里要名列前茅。诗经有云：“靡不有初，鲜克有终。”同样要实现学霸梦想，就要在各类技能竞赛和创新创业比赛中始终保持那么一股韧劲、一股闯劲、一股干劲。作为高职院校学生要始终把技能和创新创业作为培养和锻炼自己实践能力重要载体，在各类竞赛和比赛中做到刻苦钻研、精益求精，注重团队协作，自身的综合素养自然而然就会提高。在平时的生活中还要尽可能参加院系组织的各类活动，主动服务院系，积极向党组织靠拢。这样，自己的人生价值就会得到充分体现，并得到系部师生的充分认可。

## 二、学院奖学金

### （一）学院奖学金简介

为了全面贯彻党和国家的教育方针，更好地激励我院学生为实现社会主义现代化而勤奋学习，促进德、智、体、美、劳全面发展，使之成为社会主义现代化事业的建设者和接班人，学院根据上级各类文件精神，结合本单位实际情况，专门设立学院奖学金。

（二）学院奖学金的等级、金额以及比例

| 等级 | 一等奖 | 二等奖 | 三等奖 |
|---|---|---|---|
| 金额（元/人·学年） | 2000 | 1500 | 800 |
| 比例 | 2% | 8% | 15% |

（三）学院奖学金申请基本条件

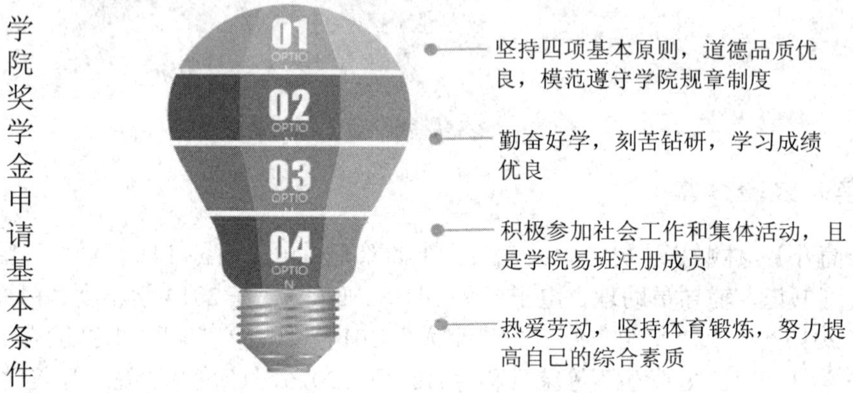


（四）学院奖学金申请具体条件

（五）学院奖学金限定条件

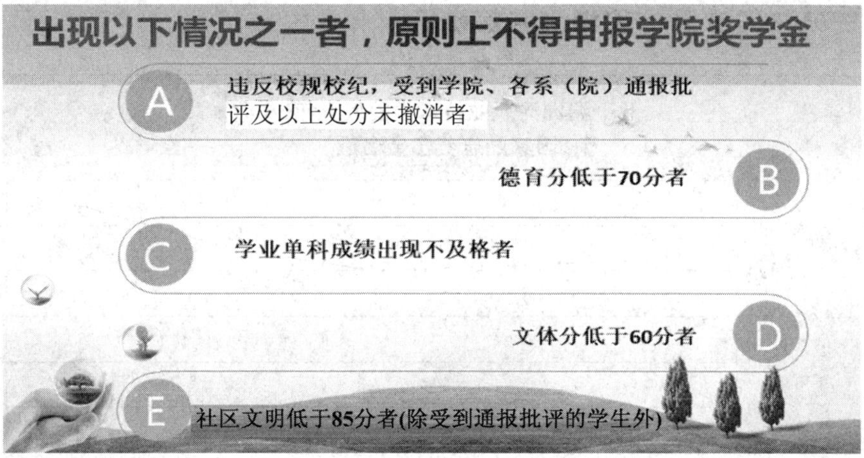


（六）学长经验分享

【学长简介】甘陈聪，男，汉族，中共党员，2014 年 9 月考入湄洲湾职业技术学院信息工程系物联网应用技术专业。在大学期间，曾获 2015—2016 学年度“国家励志奖学金”，多次获“学院一等奖学金”，并获“三好学生”“优秀共青团干部”“优秀学生干部”等荣誉称号。

【秘诀分享】学院奖学金并不纯粹是金钱的奖励，它最重要的本质是一种肯定、一份激励、一种鞭策、一种希望。透过这个奖项，看到的是学院领导和老师的期望，得到的是学院鼓励。这种肯定会使学生更有信心地向着自己的梦想一步步地走下去。微博上有这样一句话：“一个人没有追求与理想，便会碌碌无为；没有信念，就会缺少人生航标，便会迷失方向，难以到达理想的彼岸，更不会完全发出自己的光和热。”我们在校的学习、工作、生活同样需要驰而不息的追求、切合实际的理想以及执着的人生信念。驰而不息的追求就是要认真对待各专业课程学习，勤学、勤思、勤练。只有静得下心、坐得下位、学得进脑，才能实现学习成效的最大化。切合实际的理想就是要制定科学、合理的校园人生规划，周密安排时间，注意点点滴滴收获的积累，努力实现自己综合素养的提升。执着的人生信念就是要明白作为一名大学生，自己身上担负的社会责任和历史使命，用自己的实际行动为中国梦添砖加瓦。

## 第二节　励 志 攻 略

### 一、国家励志奖学金简介

国家励志奖学金是由中央和地方政府共同出资设立的，为激励普通本科高校、高等职业学校和高等专科学校的家庭经济困难学生勤奋学习、努力进取，在德、智、体、美、劳等方面全面发展，用于奖励和资助高校全日制本专科(含高职，第二学士学位)品学兼优的家庭经济困难学生的奖学金；资助金额为每人每年 5000 元，资助覆盖面将达到全国高校在校生的 3%。

## 二、学院近五年国家励志奖学金名额情况

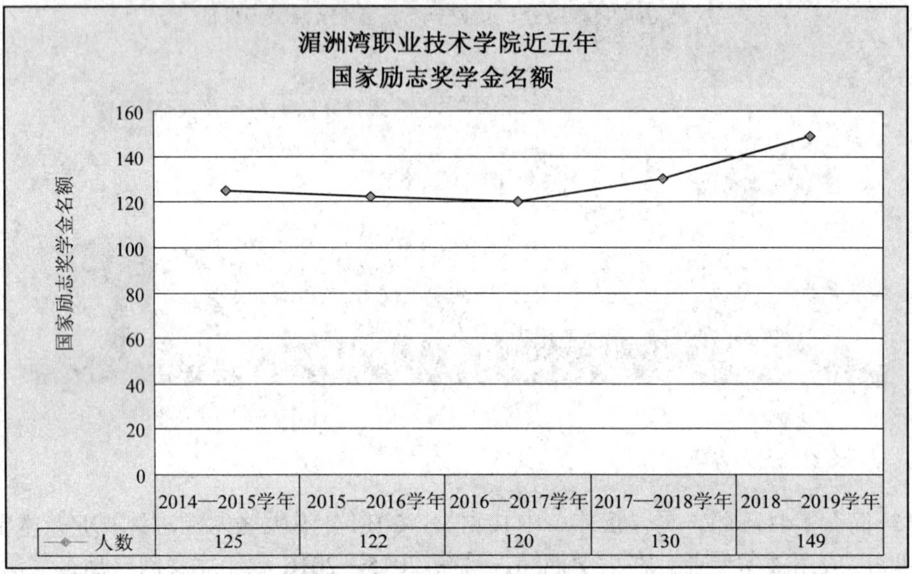


### （一）国家励志奖学金申请条件

符合以下条件者，可申请国家励志奖学金：

1. 热爱社会主义祖国，拥护中国共产党的领导，遵守宪法和纪律，遵守学院规章制度
2. 尊敬师长，团结同学，关心集体，诚实守信，道德品质优良，积极参加学院各项活动
3. 家庭经济困难，生活俭朴，经认定为我院上学年家庭经济困难者
4. 在校期间学习成绩优异，社会实践、创新能力、综合素质等方面突出，上学年综合测评成绩在班级前30%，且必修课无不及格科目
5. 积极参加体育锻炼和文娱活动，体育成绩达标

### （二）国家励志奖学金限定条件

出现以下情况之一者，不得申请国家励志奖学金：

01 违反校规校纪，受到学院、各系（院）通报批评及以上处分未撤消者；

02 上学年德育分低于70分者；

03 上学年出现必修课不及格科目者；

04 上学年文体分低于60分者；

05 上学年社区文明分低于90分者（除走读生外）

（三）学长经验分享

【学长简介】郭珠蓉，女，1995年2月出生，中共党员，工艺美术学院建筑室内设计144班学生，曾任艺缘书画社社长、墨染文学社编辑部部长。曾获2014—2015学年度“国家励志奖学金”“学院二等奖学金”，2015—2016学年度“国家励志奖学金”“学院二等奖学金”，2015—2016学年度“三好学生”荣誉称号、“优秀社团干部”荣誉称号。

【秘诀分享】大学三年我收获很多，最让我激动的是能够两次获得国家励志奖学金。励志奖学金的“励志”顾名思义就是要求我们在学校学习、生活中能够正视所面临的困难和挫折，用勤奋铸就成功，用汗水浇灌理想，在奋斗的路上不断披荆斩棘，从而到达理想的彼岸。作为高职院校一名普通学生，更应该知道学习的重要性，虽然我们的高考经历不尽如人意，但行行出状元。要掌握人生命运的主动权就要把学习作为自己的第一要务，向专业课老师学习专业知识，向实验室学习技能，向社会学习实践。在平时学习中，我能够做到专心致志地听好每一节课，遇到不懂问题主动向专业课老师请教，积极参加系院各项技能竞赛活动和文体活动。经过自己的不懈努力，学习成绩在班级中也名列前茅，各方面业绩也得到老师和同学的认可。毕淑敏曾经说过：“生命从我们出生那天开始，它就像箭一样地射向远方，我们能够在自己手里把持住的就是我们的此时此刻，这无比宝贵的生命。”是的，唯有感恩、自强、奋斗，才能收获人生最美的太阳。

# 第三节　荣 誉 阶 梯

## 一、项目简介

为了贯彻党和国家的教育方针，努力培养广大学生的集体主义精神和团队意识，培育学生创新创业精神，鼓励广大学生更好地参与学院的民主管理和社会工作，促进广大学生德、智、体等方面全面发展。结合学院实际，在学生学年综合素质测评和学生参与学院社区管理情况的基础上开展评先评优工作，每学年按照比例分别评选学院优秀班集体、学院三好学生、学院优秀学生干部、学院优秀社区管理干部。

## 二、项目奖励金额

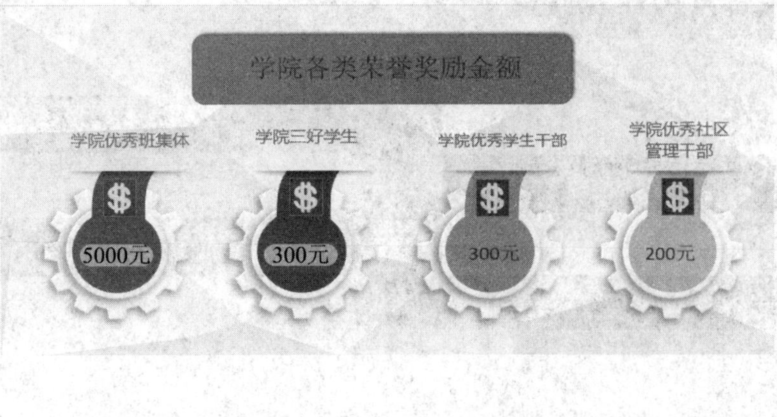

## 三、学院各类荣誉评选比例

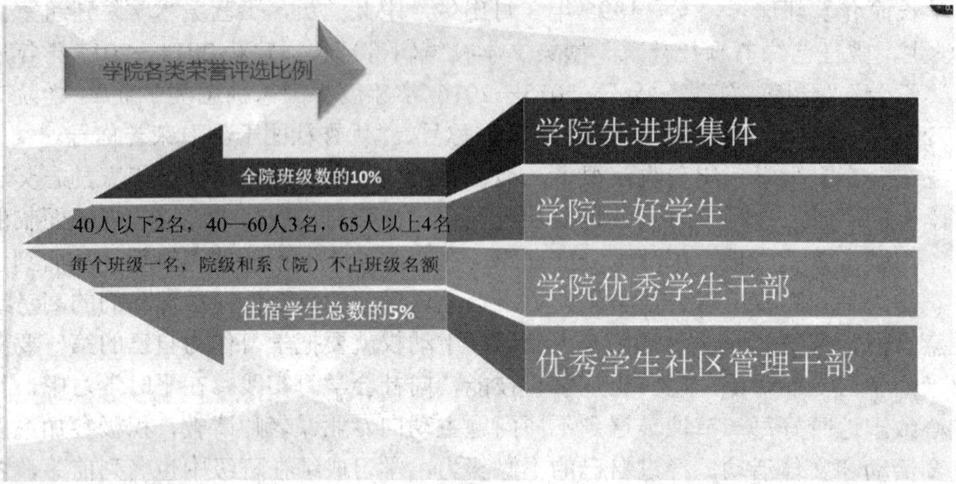


## 四、学院先进班集体评选

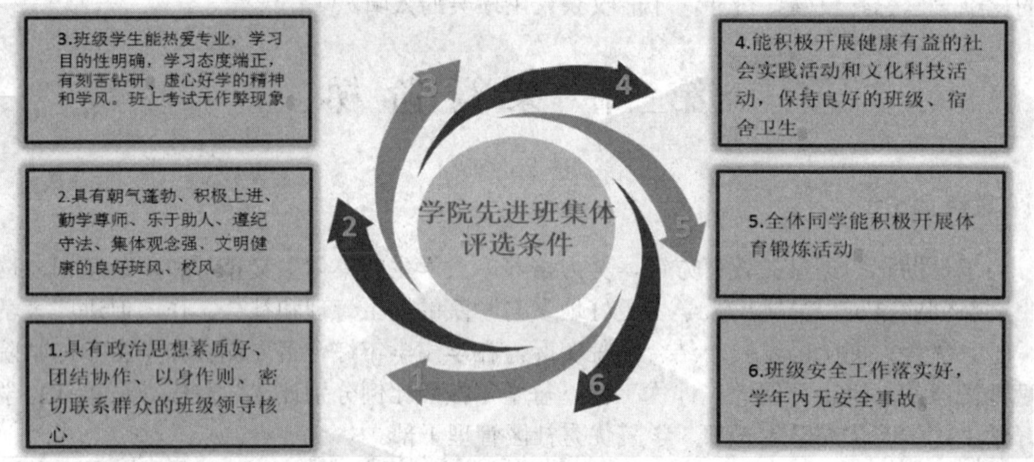


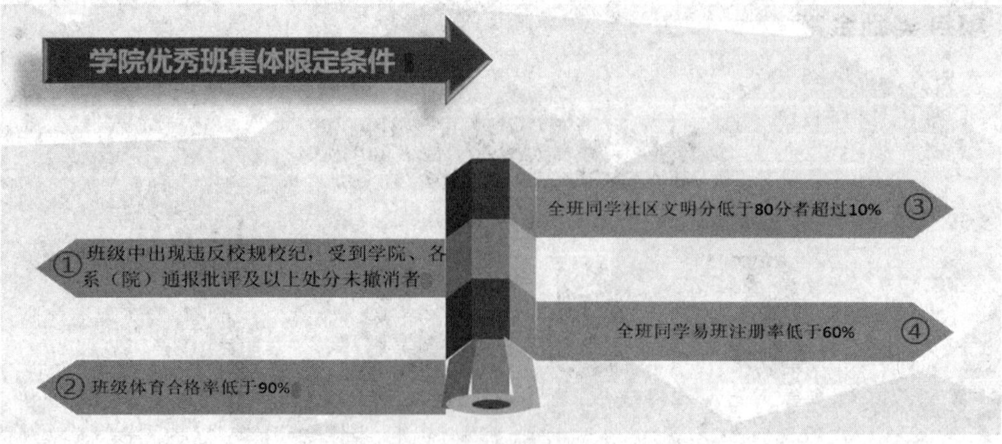

※学院先进班级经验分享

【班级简介】会计 152 班隶属我院工商管理系，班级共有 58 名同学，分别来自八闽大地各个地方。所有成员能够始终秉承“学为成人”的校训理念，在院系领导和老师的殷切关怀和悉心指导下，本着奋发拼搏、积极进取的精神，团结一致、学比赶超，全力打造学习型、创新型、和谐型班级。58 张意气风发的笑脸、58 颗热血澎湃的心汇集在这里为了梦想共同奋斗，用自己的理想模板描绘着对未来的美好蓝图，坚定不移地向着学院优秀班集体的目标前进。

【秘诀分享】班级是我们进入大学学习、生活、成长的一个家，如何让家更加和谐、温馨、更有生机活力是值得每一位同学思考的。首先，先进班集体需要打造一支能力强、热情高、执行力强、认真负责的班委团队。这支团队要以服务同学为宗旨，在学习和生活各个方面都能起模范带头作用。其次，先进班集体要致力优良学风建设。要在班级中积极营造浓厚的学习氛围，主动引导班级同学认真钻研专业知识，踊跃参加各类社会实践，努力增强自身各方面素质的向上向善精神。再次，先进班集体的创建需要注重利用社会主义核心价值体系引领班级团员青年树立正确的世界观、人生观、价值观。通过开展形式丰富的主题教育活动，不断营造良好的班级班风。总之，学院优秀班集体的创建不是一两个同学的努力或一两天时间就能够实现的，需要班级全体同学用自己的实际行动共同努力。

## 五、学院三好学生评选

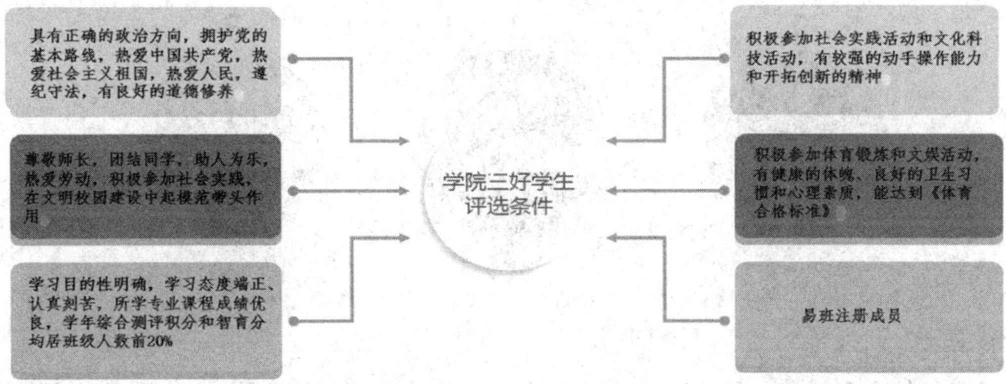


※学长经验分享

【学长简介】吴小兰，女，福建宁德人，湄洲湾职业技术学院工艺美术学院艺术设计 141 班学生，曾获 2015—2016 学年度“国家励志奖学金”，喜欢漆艺。她的作品《苍台》在 2016 年首届“海峡艺雕杯”红木工艺品、家具创新设计大赛中荣获红木工艺品设计银奖；作品《四季的印象》在 2017 年首届福建省大学生文化创新创意设计大赛中获非遗工艺类银奖；作品《树的意象》在 2017 年第九届福建省工艺美术精品“争艳杯”大赛中获漆艺类铜奖。

【秘诀分享】“三好学生”是学院授予学生个人的院级最高荣誉称号，要求学生在政治、思想、品德、学业、工作能力、社会活动等方面表现特别突出，堪称楷模。其获得者具备很高的思想政治觉悟和道德修养，在日常学习、工作和生活中，发挥着模范带头作用。刚入大学时难免有些踌躇，经过及时的调整，我很快就适应了大学生活，并根据自己的具体情况，规划了自己的大学生活。在过去的三年时间里，通过自己的努力以及老师、同学的帮助，我取得了一定的成绩和进步。希望能够通过“三好学生标兵”这个平台来与大家交流学习，分享自己的成长历程，与大家共同进步。

## 六、学院优秀学生干部评选

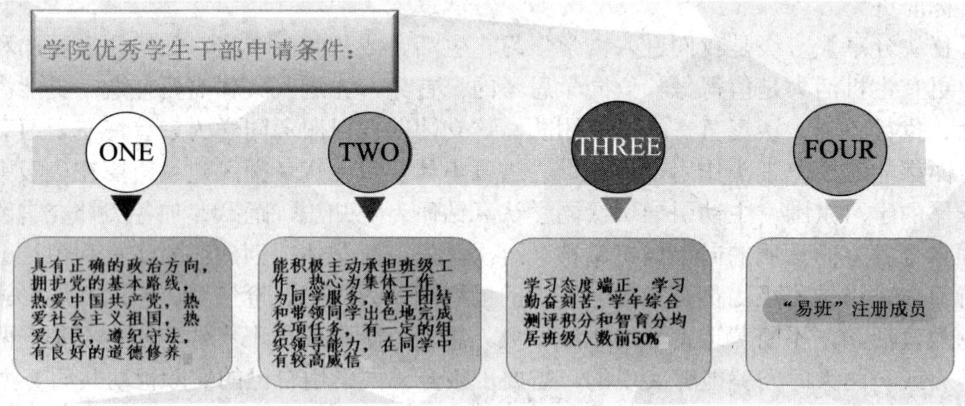


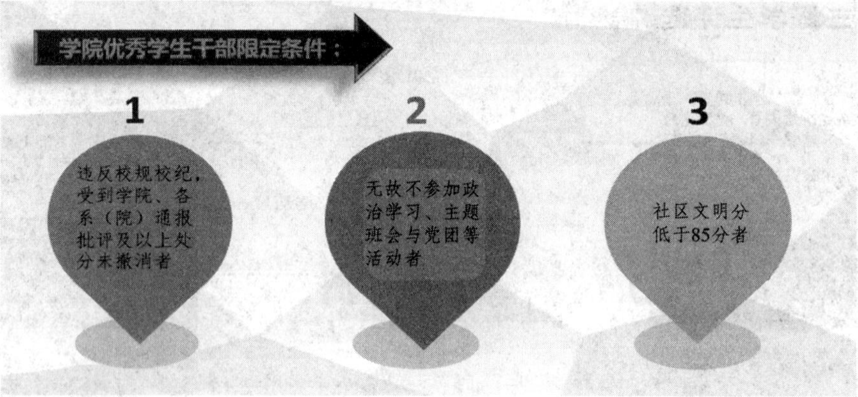


※学长经验分享

【学长简介】徐方，男，汉族，1995 年 11 月出生，中共党员，湄洲湾职业技术学院工艺美术学院宝玉石鉴定与加工专业 2014 级学生。曾获“国家奖学金”“国家励志奖学金”，两次“学院一等奖学金”，以及学院首饰设计与制作竞赛一等奖，学院首饰设计与制作竞赛二等奖；获两次院“优秀学生干部”，两次院“精神文明先进个人”，一次院“优秀共青团干部”，一次院“优秀共青团团员”等荣誉称号。

【秘诀分享】大学的学生干部，不同于以往的学生干部，老师不会手把手地教你，也不会开展什么活动都给你设计好、安排好，一切均由学生干部自己设计、安排、组织，负责老师在必要时只起宏观的协调作用。大学里的学生活动，有的规模盛大，甚至是省市活动，要涉及社会的方方面面，绝大多数工作都要学生来做。需要学生有相当的能力与素质，在开展这些活动中，也锻炼着学生的办事能力。担任学生干部，要从事各种各样的工作、开展各种活动、与各种人打交道。办好各种具体事务，开始时可能不顺利，经过较长时间，甚至是反复来做，时间长了，办起事来，就顺畅了，也积累了办事的经验与方法，办事效率得到提高，办事的成本得到降低，办事的成功率得到提高。

## 七、学院优秀学生社区管理干部评选

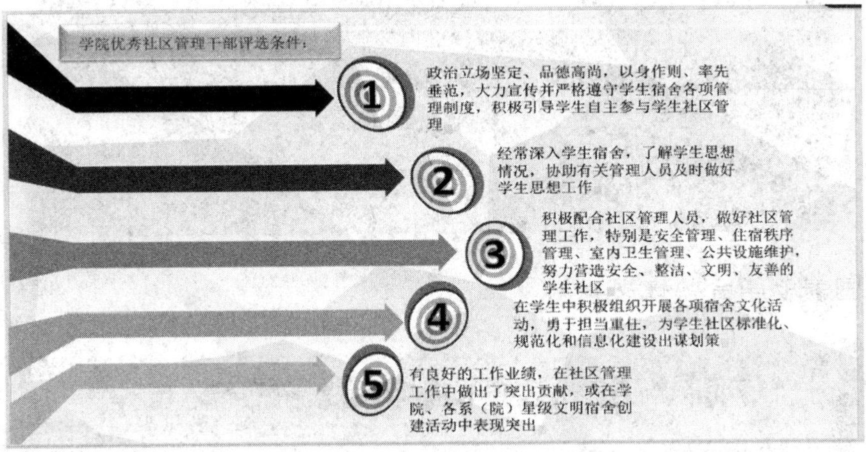


※学长经验分享

【学长简介】卢艳钰，女，汉族，1995 年 12 月出生，中共党员，湄洲湾职业技术学院工艺美术学院建筑室内设计专业 2014 级学生。曾获两次“国家励志奖学金”，一次“学院一等奖学金”，一次“学院二等奖学金”；学院包装设计项目技能竞赛一等奖，学院居住区环境设计项目技能竞赛一等奖；一次院“优秀学生干部”，一次院“三好学生”，两次院“精神文明先进个人”，一次院“优秀共青团干部”，一次院“优秀共青团团员”等荣誉称号。

【秘诀分享】作为一名社区管理干部，我感觉是很光荣的。学院宿舍就是我们在学院的“家”，在这个大家庭里你可以认识到很多朋友。要成为优秀社区管理干部，自己要有一颗认真服务同学的心，要努力熟悉社区管理工作，管理好宿舍楼和宿舍的各项业务，积极发挥桥梁和纽带作用，增强同学和社区之间的交流和联系。优秀的社区管理干部要言行一致，在学习、工作、生活中处处起模范带头作用，为宿舍同学树立榜样。子曰：“其身正，不令而行；其身不正，虽令不从。”说的就是这个道理。总之，学院社区是一个很能锻炼人的平台，在这个温馨的地方，你可以找到属于自己的一方天地的。

# 第四节　资 助 指 南

## 一、国家助学金

### （一）国家助学金简介

国家助学金由中央和地方政府共同出资设立。主要资助家庭经济困难的全日制普通高校本专科(含高职、第二学士学位)在校学生的生活费用开支。国家助学金资助面平均约占全国全日制普通高校本专科(含高职、第二学士学位)在校生总数的 20%。

（二）国家助学金比例和金额

| 学院国家助学金比例和名额（每学年） | | | |
|---|---|---|---|
| 项目 | 特别贫困 | 一般贫困 | 备注 |
| 比例 | 5% | 15% | |
| 金额 | 4500 | 2800 | |

（三）国家助学金需提交材料

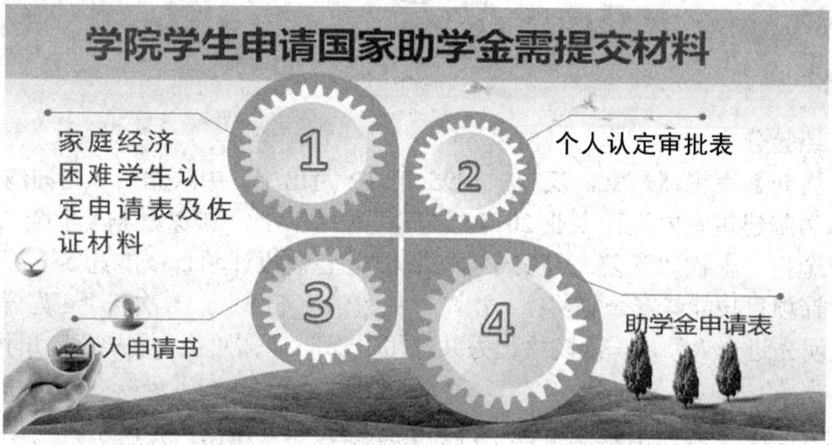


（四）国家助学金申请基本条件

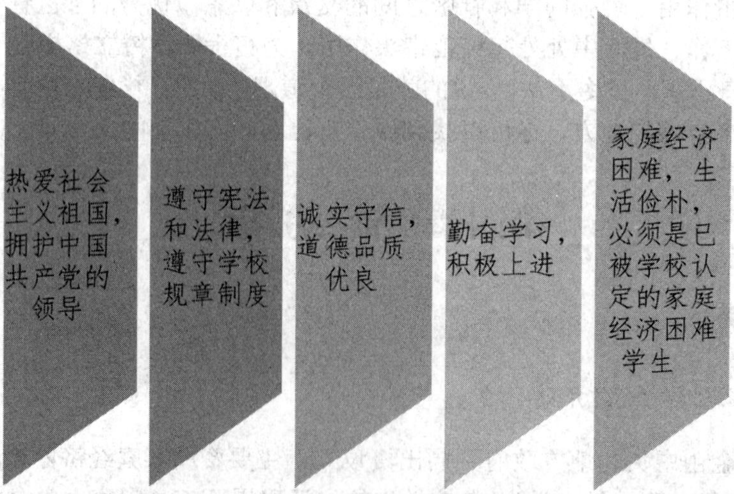

（五）学院家庭经济困难学生认定程序

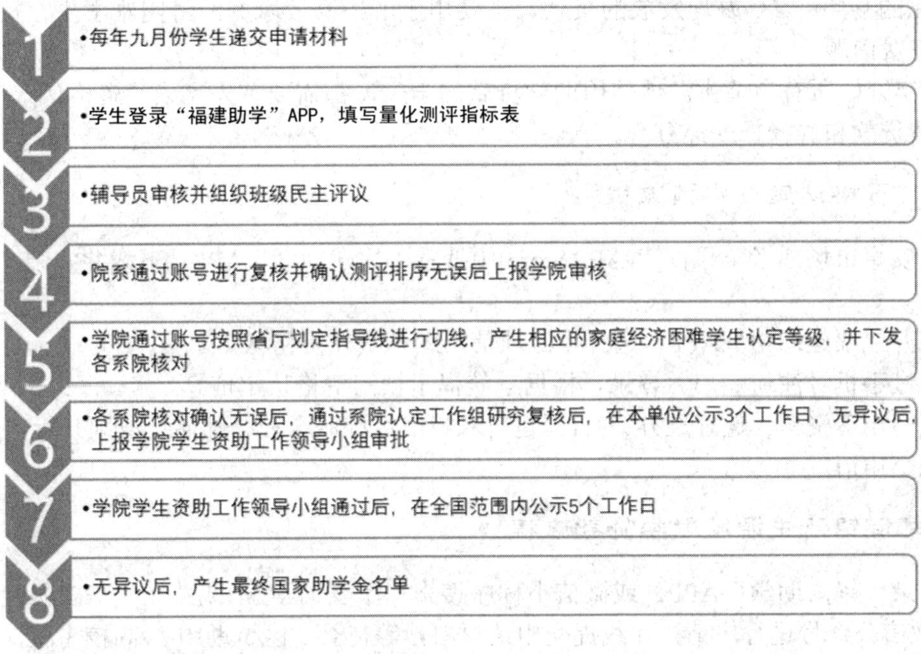


（六）学院国家助学金限定条件

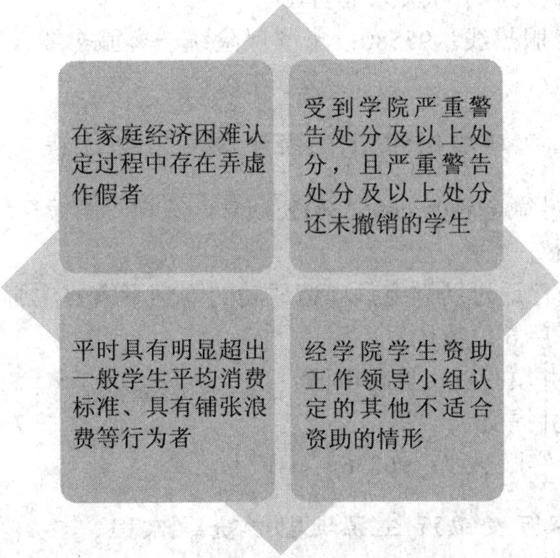


## 二、生源地助学贷款

生源地信用助学贷款是党中央、国务院在社会主义市场经济条件下，利用金融手段完善我国普通高校资助政策体系，加大对普通高校贫困家庭学生资助力度所采取的一项重大措施，是国家助学贷款的重要组成部分。生源地信用助学贷款，主要由生源所在地的农村信用合作联社、邮政储蓄银行或国家开发银行这些金融机构，向符合条件的借款学生，在其户籍所在的县(市、区)办理发放的贷款，主要用于解决高校家庭经济困难学生在校期间学费和住宿费问题。

2019 年开始所有申请生源地信用助学贷款的学生，都需要首先完成“资格认定”，然后再去申请贷款和选择贷款经办行。

### (一) “资格认定”申请流程

(1) 在安卓市场或者苹果商店(APP Store)中搜索“福建助学”APP，下载并安装“福建助学”APP。

(2) 打开“福建助学”APP，选择生源地信用助学贷款资格认定。

(3) 通过手机号注册账户并登录，根据系统提示填写资格认定信息。

(4) 填写申请资料，选择经办银行(福建省农村信用社联合社、邮储行或国开行)。

(5) 提交申请。

### (二) 邮储银行生源地助学贷款流程

(1) 登录“华安助学”APP，或微信小程序搜索“华安助学”，或关注“华安保险福建分公司”微信公众号进行申请，在线提交申请材料，等待县、区资助中心/高校审核，得到高校报到信息确认，最后，邮储银行审核放款。

(2) 贷款申请资料：① 身份证；② 录取通知书/学生证；③ 邮储银行借记卡；④ 未满 18 周岁的需提供监护人声明和关系证明。

提示：邮储银行客服热线：95580；华安保险统一客服热线：95556，0591-87613838/87331025。

### (三) 福建农信社(福建农商银行)生源地助学贷款流程

(1) 关注福建农信社微金融(fjrcb96336)公众号，选择“微银行”→“助学贷款”，或者登录“zxdk.fjnx.com.cn”。

(2) 注册用户账号(已通过助学宝预申请成功的同学不需要注册，登录账号为身份证号码、初始密码为身份证后 6 位数)。

(3) 选择贷款申请并填写首次贷款申请。

(4) 填写申请信息并提交。

提示：福建农信社客服热线：96336。

### (四) 国开行(国家开发银行)生源地助学贷款流程

(1) 贷款资格认定。下载“福建助学”APP 并填报个人信息，贷款银行选择“国家开发银行”。

(2) 提交贷款申请。在“国开行学生在线服务系统”(www.csls.cdb.com.cnp)完成注册，并提出贷款申请。

(3) 现场审查及合同签订。每年 7 月至 9 月，与共同借款人(学生父母或其他亲属)一起前往县资助中心，签订借款合同，需携带双方身份证原件、录取通知书或学生证原件、户口本原件。

(4) 高校报到。持“受理证明”前往高校报到，并请高校老师于当年 10 月 10 日前录入电子回执。

提示：国开行全国统一服务热线：95593；国开行生源地贷款支付宝咨询电话：95188。

## 三、勤工助学

勤工助学是指学生在学有余力的前提下，可以利用课余时间参加高校组织的勤工助学活动，通过劳动取得合法报酬，改善学习和生活条件等。

2019—2020 学年学院各单位勤工助学用人情况

| 序号 | 用人单位 | 岗位数 |
|---|---|---|
| 1 | 医学院 | 37 |
| 2 | 信息工程系 | 29 |
| 3 | 工商管理系 | 28 |
| 4 | 自动化工程系 | 17 |
| 5 | 工艺美术学院 | 16 |
| 6 | 机械工程系 | 17 |
| 7 | 建筑工程系 | 15 |
| 8 | 化学工程系 | 8 |
| 9 | 学前教育系 | 8 |
| 10 | 保卫科 | 31 |
| 11 | 后勤管理处 | 14 |
| 12 | 财务科 | 3 |
| 13 | 学生工作处 | 36 |
| 14 | 现代教育中心 | 6 |
| 15 | 图书馆 | 13 |
| 16 | 成人教育部 | 5 |
| 17 | 院团委 | 8 |
| 18 | 教务处 | 2 |
| 19 | 思政部 | 2 |

### (一) 学院勤工助学津贴标准表

学院勤工助学津贴标准表

| 项目名称 | 津贴标准 |
|---|---|
| 固定岗位 | 300元/月 |
| 临时性岗位 | 12元/小时 |

（二）学院勤工助学岗位管理图

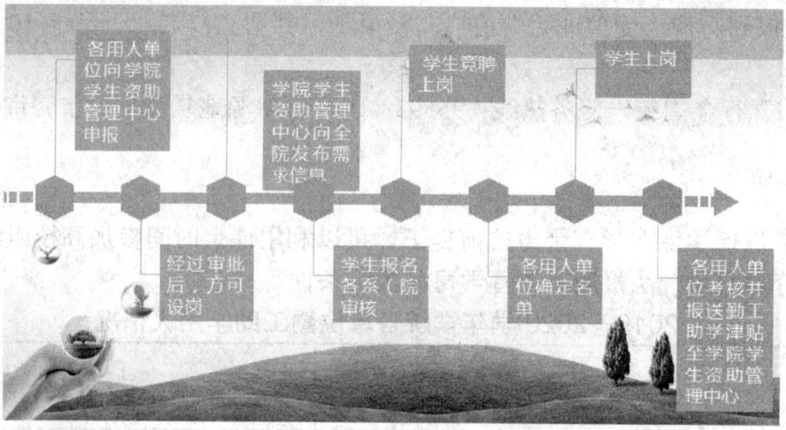


## 四、学院绿色通道

家庭经济特别困难的新生如暂时筹集不齐学费和住宿费，可在开学报到期间，通过高校开设的“绿色通道”先办理入学手续。入学后，学院资助部门根据学生具体情况开展困难认定，采取不同措施给予资助。

学院“绿色通道”流程图如下：

**其他资助政策与措施**

1. 学费减免

公办高校中家庭经济特别困难、无法缴纳学费的学生，特别是孤残学生、少数民族学生及烈士子女、优抚家庭子女等，可获得减免学费资助。具体办法由高校制订

2. 辅助措施

各高校利用自有资金、社会组织和个人捐赠资金等，设立奖学金、助学金；对发生临时困难的学生发放特殊困难补助等

福建省家庭经济困难学生认定流程图如下：

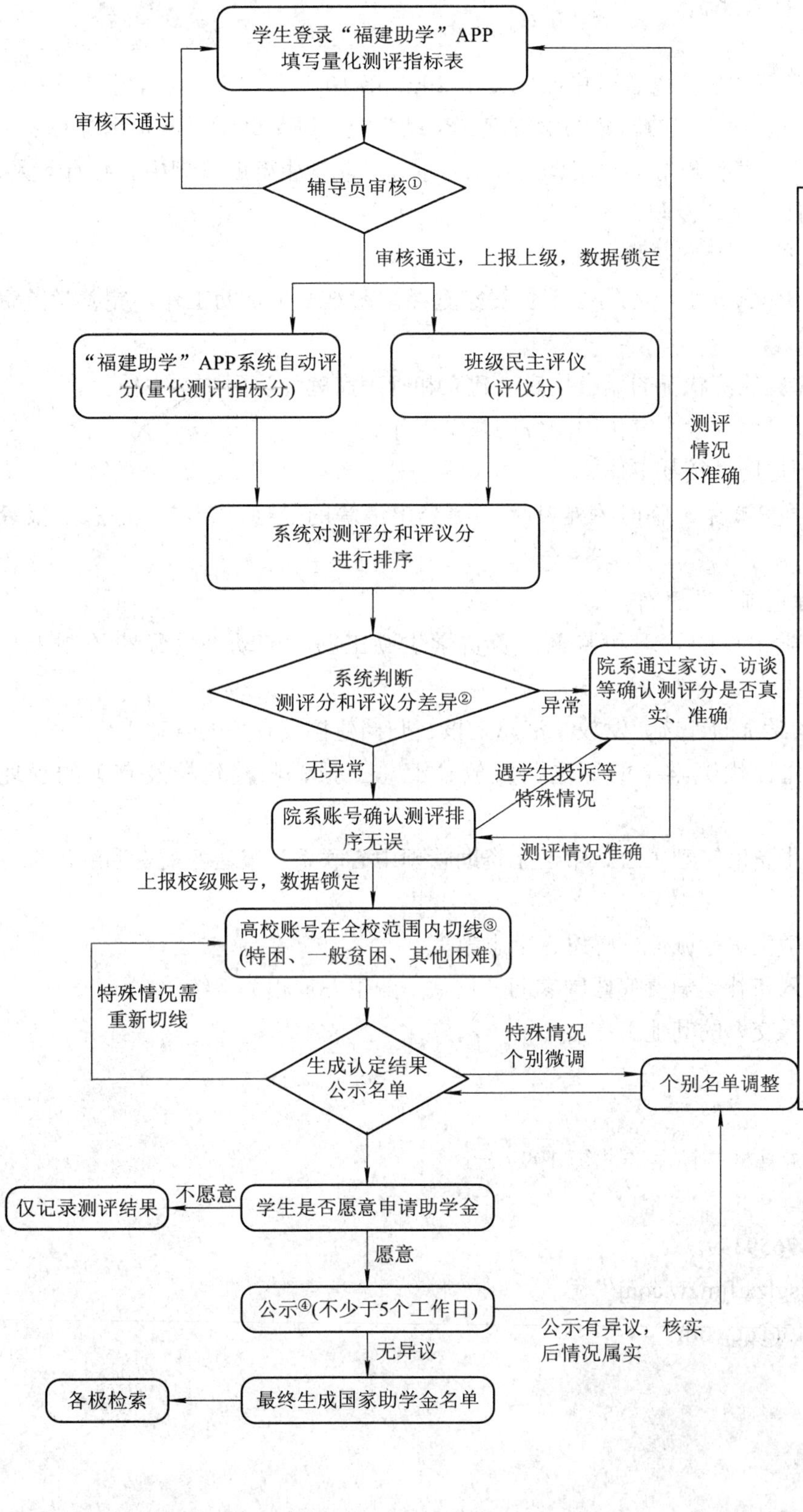


① 辅导员审核学生填写的个人信息和学籍信息是否完整、准确，审核学生上传的证明资料是否真实、齐全；

② 测评分排序与评议分排序超过学校设置的阈值的，视为异常；

③ 切线：特困学生约占全校在校生的5%，一般贫困学生约占全校在校生的15%，以上困难类型可享受国家助学金；其他困难学生可由各高校根据当年家庭经济困难学生实际人数情况自行设定，最高可占全校在校生25%，以上困难类型可申请享受国家励志奖学金及其他学生资助；三种类型的家庭经济困难学生生成贫困生数据库最高可占全校在校生数的45%。各校可结合往年家庭经济困难学生人数情况进行切线；

④ 公示：公示名单生成后，校级账号和院系账号都可以发布公示名单。管理权限范围内学生可见

## 五、学生资助管理中心简介

湄洲湾职业技术学院学生资助管理中心成立于 2007 年 10 月，挂靠学院学生工作处。主要职责是：统一归口管理全院的国家助学贷款、奖助学金、勤工助学、特殊困难补助、学费减免、服兵役学费补偿代偿等学生资助工作。目前，学院学生资助管理中心共有 4 人，其中主任 1 人，副主任 1 人，专职人员 2 人。

具体的工作职能如下：

(1) 在学院资助工作领导小组的指导下负责家庭经济困难学生资助工作，完善学院资助体系。

(2) 负责对学生家庭经济状况的调查摸底，建立和管理家庭经济困难学生档案。

(3) 负责向家庭经济困难学生宣传国家资助政策工作。

(4) 负责在校生源地助学贷款工作。

(5) 负责特困生学费减免、临时困难补助、缓交申请等的受理、审核、汇总上报等工作。

(6) 负责新生“绿色通道”工作。

(7) 负责勤工助学工作的管理和监督，负责学生勤工助学劳动补助经费的制表和发放。

(8) 负责国家奖助学金的评选、发放、汇总上报、归档建档及有关的管理工作。

(9) 负责校内评先评优奖学金的评选、发放、汇总上报、归档建档及有关的管理工作。

(10) 负责与省学生资助管理中心、市学生资助管理中心联系，报送各类资助统计报表及材料。

(11) 对受资助的学生进行诚信、感恩、励志教育。

(12) 为申请应征入伍补偿学费代偿国家助学贷款毕业生办理相关手续。

(13) 完成上级领导交办的其他工作。

联系方式：

地址：莆田市仙游县枫亭镇蔡襄北街 1999 号。

邮政编码：351254。

联系电话：0594-7659339。

网址：“http: //xsjsglzx.fjmzw.com/”。

邮箱：1049652513@qq.com。

## 六、学院学生资助各类流程图

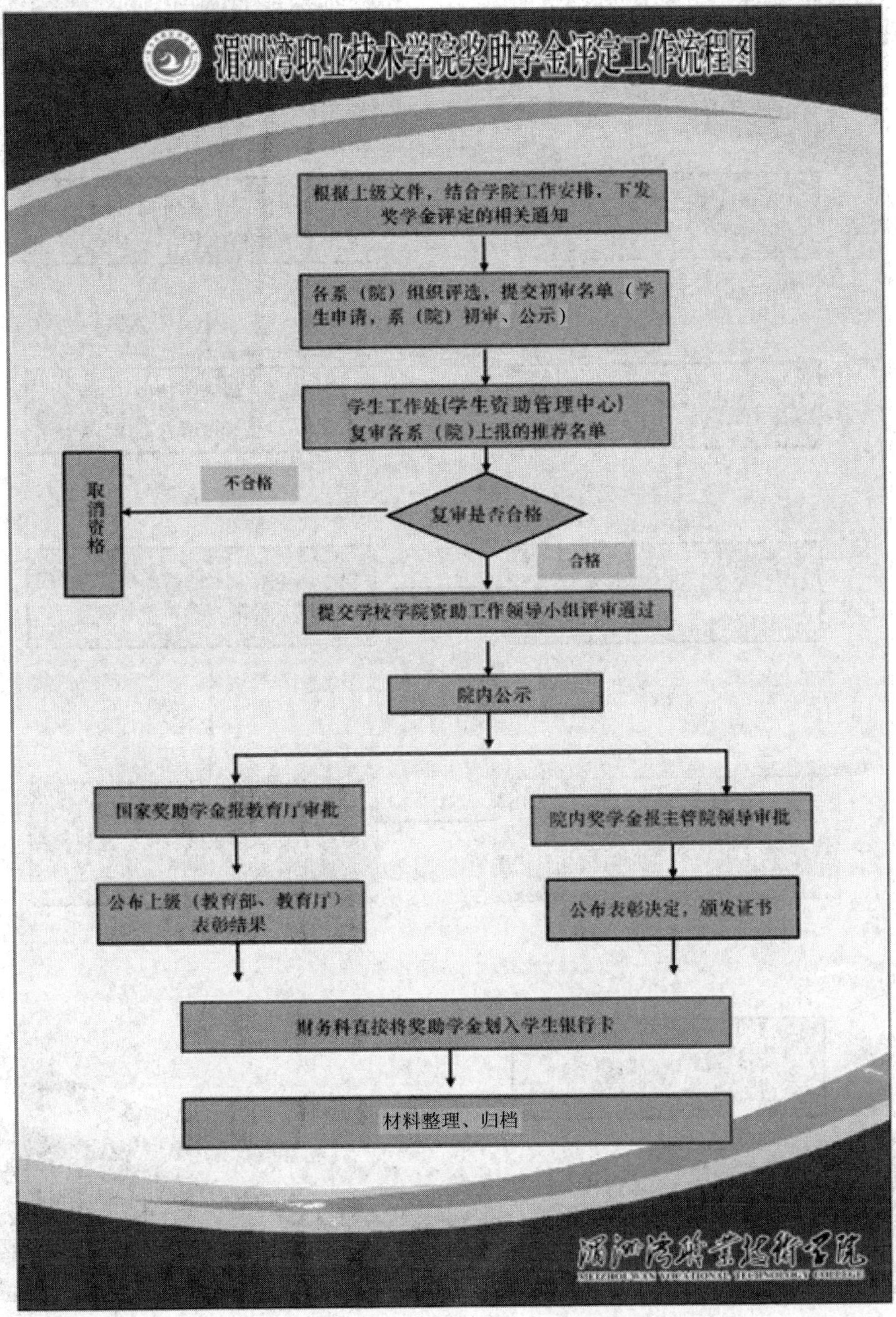

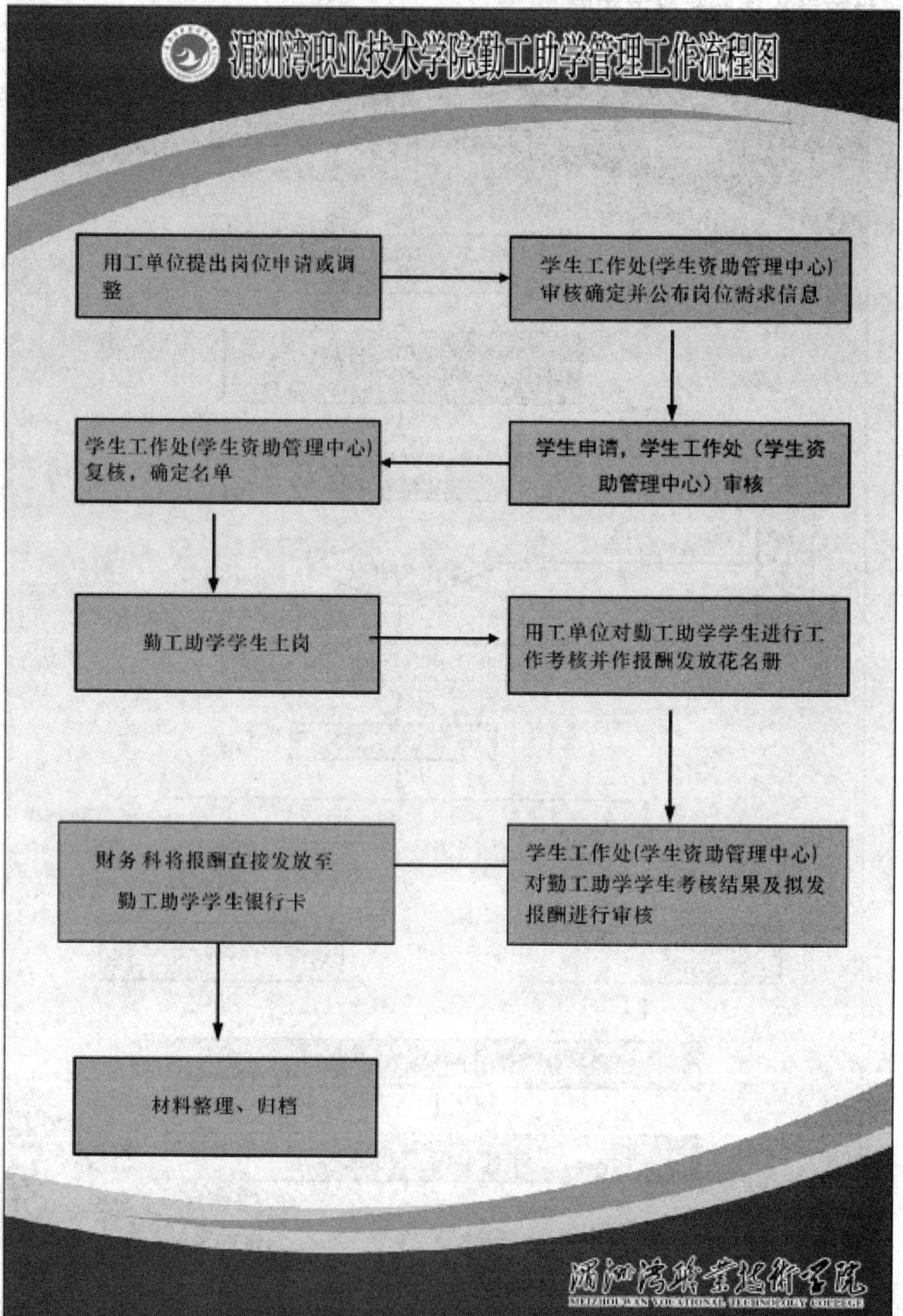
湄洲湾职业技术学院勤工助学管理工作流程图
用工单位提出岗位申请或调整
学生工作处(学生资助管理中心)审核确定并公布岗位需求信息
学生申请，学生工作处（学生资助管理中心）审核
学生工作处(学生资助管理中心)复核，确定名单
勤工助学学生上岗
用工单位对勤工助学学生进行工作考核并作报酬发放花名册
学生工作处(学生资助管理中心)对勤工助学学生考核结果及拟发报酬进行审核
财务科将报酬直接发放至勤工助学学生银行卡
材料整理、归档
湄洲湾职业技术学院

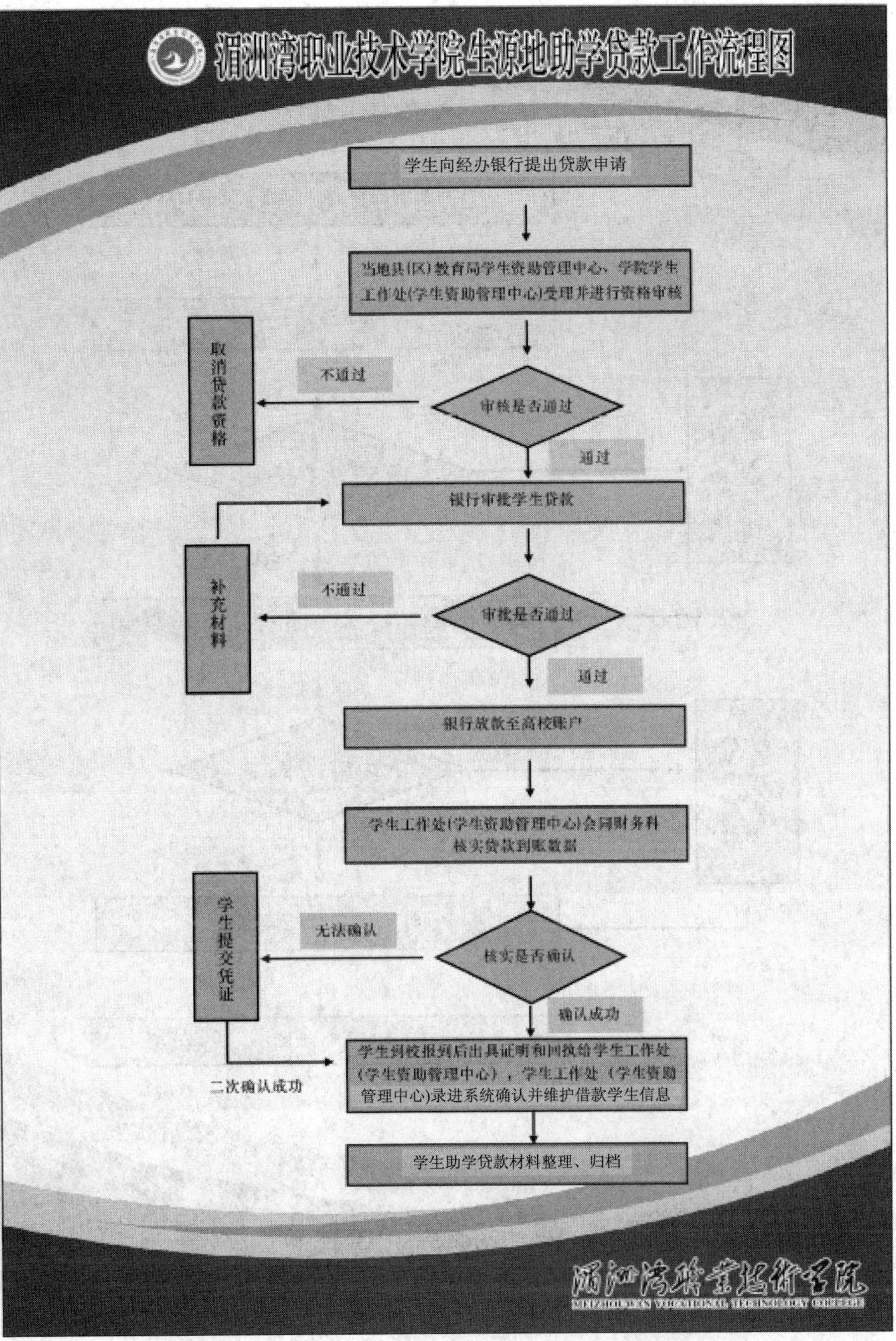
湄洲湾职业技术学院生源地助学贷款工作流程图
学生向经办银行提出贷款申请
当地县(区)教育局学生资助管理中心、学院学生工作处(学生资助管理中心)受理并进行资格审核
不通过
取消贷款资格
审核是否通过
通过
银行审批学生贷款
不通过
补充材料
审批是否通过
通过
银行放款至高校账户
学生工作处(学生资助管理中心)会同财务科核实贷款到账数据
学生提交凭证
无法确认
核实是否确认
确认成功
学生到校报到后出具证明和回执给学生工作处(学生资助管理中心)，学生工作处（学生资助管理中心)录进系统确认并维护借款学生信息
二次确认成功
学生助学贷款材料整理、归档
湄洲湾职业技术学院
MEIZHOUWAN VOCATIONAL TECHNOLOGY COLLEGE

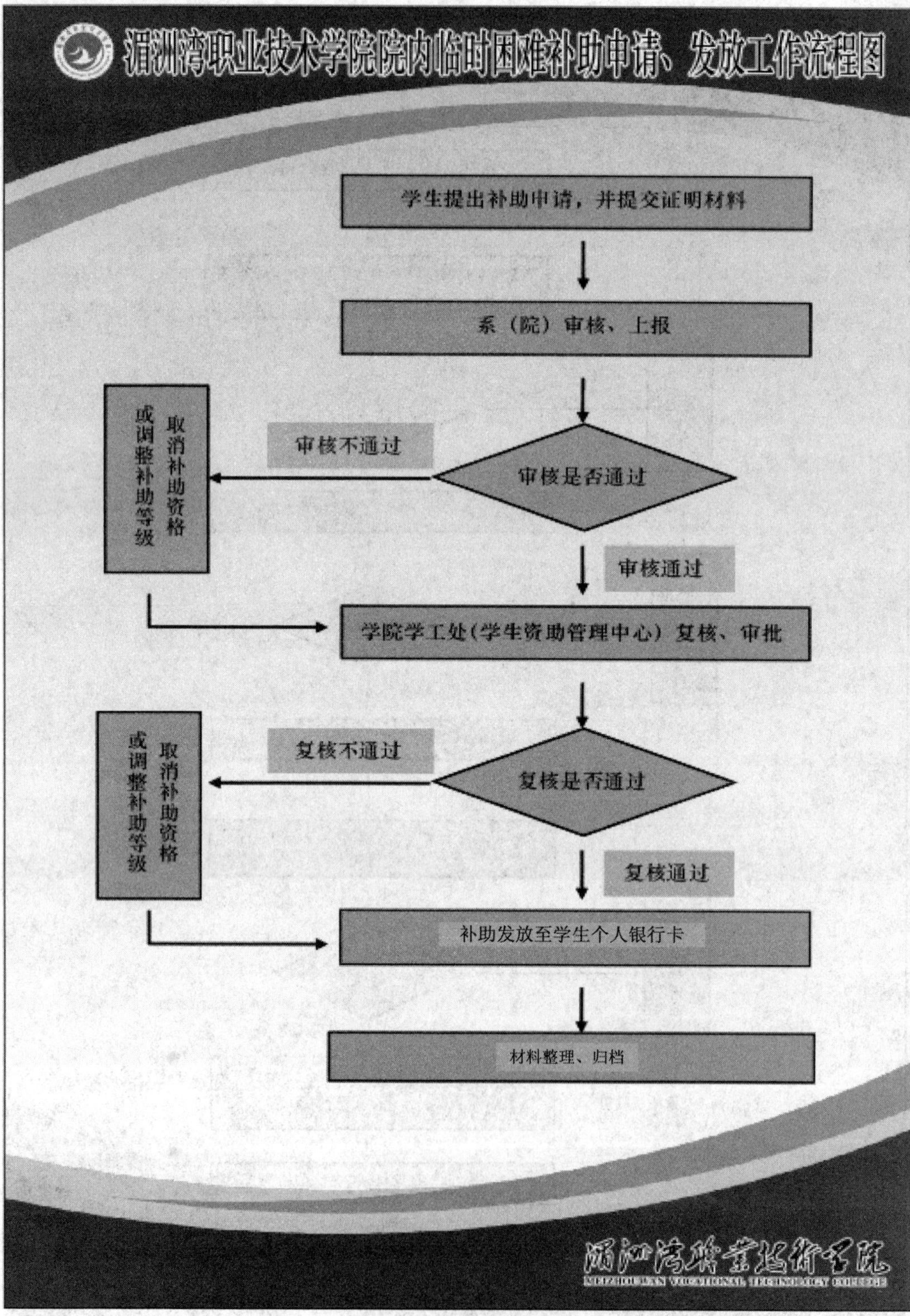
湄洲湾职业技术学院院内临时困难补助申请、发放工作流程图
学生提出补助申请，并提交证明材料
系（院）审核、上报
审核是否通过
审核不通过
取消补助资格或调整补助等级
审核通过
学院学工处（学生资助管理中心）复核、审批
复核是否通过
复核不通过
取消补助资格或调整补助等级
复核通过
补助发放至学生个人银行卡
材料整理、归档
湄洲湾职业技术学院

# 第十二章　安全健康常相伴

安全是社会发展的前提，是人类生存和发展的保障。大学生作为国家的未来和民族的希望，安全问题不仅是大学生在校学习、生活中经常遇到的问题，也是毕业后走向社会必然要遇到的问题。希望同学们认真学习本章中的安全知识，增强安全意识，提高自防自救能力，练就“火眼金睛”，识别在生活、学习中潜藏的安全隐患，成功化险为夷，让安全健康常相伴！

## 第一节　大学新生入学安全须知

### 一、大学新生入校前安全注意事项

(1) 遵纪守法，杜绝违法犯罪行为。

(2) 养成良好的饮食习惯，防止因暴饮暴食而伤害身体。

(3) 在外出旅行时，要遵纪守法，注意安全，防止发生人身意外伤害事故和财物损失事故。

(4) 合理安排休息时间，不要沉迷于网络世界。

(5) 严格要求自己，坚决抵制黄赌毒。

(6) 注意游泳安全，防止意外事故发生。

(7) 自觉做好家庭防火工作，防止火灾事故发生。

(8) 自觉做好防盗、防骗工作，防止财物被盗、被骗。

(9) 不要轻信陌生电话、短信、邮件，防止上当受骗。

(10) 不要向院校规定以外的任何单位和个人缴纳款项。

### 二、大学新生赴校报到过程中安全注意事项

(1) 在赴校途中，要注意交通安全，不要随意搭乘车，防止发生交通事故。

(2) 要注意饮食卫生，不要吃陌生人的食物和饮料。防止发生食物中毒事件。

(3) 在赴校途中，尽量不要与陌生人搭话，提防骗子利用大学新生涉世不深、社会经验不足、人地生疏的特点，在车站、码头等地方设下陷阱实施诈骗。

(4) 不要随身携带大量现金，建议使用银行卡，不要向任何人透露银行卡密码，应该把银行卡与身份证分开存放。

(5) 保管好随身携带的物品，防止丢失或被盗。

(6) 不要携带易燃、易爆等危险物品和管制刀具。

(7) 在赴校途中，需要住宿的，要谨慎选择所住宿的宾馆，不要投宿到治安环境差的小旅社。

(8) 在车站码头，要确认是学院派出的专车后，才能上车。不要轻信来历不明的接站人员，更不要随便搭乘未经学院服务人员指引的接站车，以免上当受骗。

(9) 在报到过程中，会有高年级学生引路去报到。这些高年级学生都持有工作标牌，要予以确认后才能跟他(她)们去报到。

(10) 在报到过程中，不要轻易把现金、银行卡交给陌生人，以免上当受骗。

(11) 对于到寝室推销商品的行为，要坚决抵制，以防买到伪劣产品。

(12) 尽量到学院食堂就餐，不要到路边不卫生的小摊吃饭，以防食物中毒。校内禁止外卖。

(13) 在报到过程中，要注意保管好自己的手机、电脑等贵重物品。

(14) 不要向学院规定以外的任何单位和个人缴纳款项。

(15) 若遇有陌生人诉苦借钱，借用手机、电脑等情况，不能轻易相信，当自己无法处理、判断时，应及时拨打电话报警，以防上当受骗。

(16) 最后一个离开寝室，一定要关好门窗，关闭水电气阀门。

(17) 以各种名义到寝室发展会员或称自己是学院某部门负责人来收取费用等行为，都不要相信，谨防上当受骗。

(18) 不要让陌生人进入宿舍。

(19) 在不熟悉学院周边环境的情况下，尽量不要单独外出。夜间应提前返校，不要在校外住宿过夜。

(20) 护送学生的家长不得在学生公寓留宿。

(21) 需要购买卧具的，请到正规店铺购买，谨防“黑心棉”。

(22) 警惕陌生人以老乡的名义借钱、请客等。

(23) 注意出行安全，注意来往车辆，避免交通事故。

(24) 注意宿舍防火，禁止私接电源线路，禁止使用电炉等违规电器和劣质电器，不得在宿舍动用明火，不得乱扔烟头。

(25) 若遇紧急危险情况，请拨打报警电话 110 或者拨打学院提供的紧急救助电话。

## 第二节　国家安全知识

《中华人民共和国国家安全法》第十四条规定：每年 4 月 15 日为全民国家安全教育日。

### 一、国家安全

国家安全就是指国家政权、主权、统一和领土完整以及人民生命、财产不被外来势力威胁和侵犯；国家政治制度、经济制度不被颠覆；经济发展、民族和睦、社会安定不受威胁；国家秘密不被窃取；国家工作人员不被策反；国家机关不被渗透等。国家安全包括政治安全、军事安全、社会安全、经济安全、金融安全、能源安全、粮食安全、生态安全、文化安全、科技安全和信息安全等。

## 二、危害国家安全的行为

《中华人民共和国国家安全法》及《中华人民共和国国家安全法实施细则》所称危害国家安全的行为，是指境外机构、组织、个人实施或者指使、资助他人实施的，或者境内组织、个人与境外机构、组织、个人相勾结实施的危害中华人民共和国国家安全的行为：

(1) 阴谋颠覆政府、分裂国家、推翻社会主义制度的。

(2) 参加间谍组织或者接受间谍组织及其代理人的任务。

(3) 窃取、刺探、收买、非法提供国家秘密的。

(4) 策划、勾引、收买国家工作人员叛变的。

(5) 进行危害国家安全的其他破坏活动的。

(6) 组织、策划或者实施危害国家安全的恐怖活动的。

(7) 捏造、歪曲事实，发表、散布文字或者言论，或者制作、 传播音像制品，危害国家安全的。

(8) 利用设立社会团体或者企业、事业组织，进行危害国家安全活动的。

(9) 利用宗教进行危害国家安全活动的。

(10) 制造民族纠纷，煽动民族分裂，危害国家安全的。

(11) 境外个人违反有关规定，不听劝阻，擅自会见境内有危害国家安全行为或者有危害国家安全行为重大嫌疑的人员的。

## 三、大学生危害国家安全行为的原因分析

(1) 国家安全意识淡薄：长期的和平稳定环境，是一部分大学生思想麻痹，产生“高枕无忧”思想，淡化了国家安全意识。

(2) 人生观与价值观扭曲：不能抵制物质利益的诱惑，为了个人私利，不惜损害国家安全和利益。

(3) 好奇心强，寻求刺激：思想单纯，社会阅历浅，心理压力大，为寻求刺激，走向违法深渊。

(4) 缺乏保密意识：有条件解除科研秘密，但缺乏保密意识。

(5) 交友不慎，近墨者黑：缺乏应有的防范意识，轻率交上一些情投意合、歪门邪道的朋友。

(6) 存在侥幸心理：“若要人不知，除非己莫为”。

## 四、大学生如何维护国家安全

(1) 要始终树立国家利益高于一切的观念。

(2) 要努力熟悉有关国家安全的活动、法规。

(3) 要善于识别各种伪装。例如，有的谍报人员常以你能接受的面孔出现，用交朋友、做学术研究、出国经济担保、旅游观光、新闻采访等五花八门的手段，套取国家秘密、科技政治情报和内部情况，如果丧失警惕，就可能上当受骗，甚至违法犯罪。因此，在对外

交往中，既要热情友好，又要内外有别，不卑不亢；既要珍惜个人友谊，又要牢记国家利益；既要争取各种帮助、资助，又要不失国格、人格。识别伪装既难又易，关键在于淡泊名利。对发现的别有用心者，要依法及时举报，进行斗争，决不准其恣意妄为。

(4) 要克服妄自菲薄、崇洋媚外等不正确思想。作为中国人要挺直腰板，自立自强，绝不丧失骨气、悲观失望。

(5) 要积极配合国家安全机关的工作。当国家安全机关需要配合工作的时候，每个同学都应当按照《中华人民共和国国家安全法》赋予的七条义务要求，认真履行职责，尽力提供便利条件或其他协助，如实提供情况和证据，做到不推、不拒，更不以暴力、威胁方法阻碍执行公务。

(6) 收到各种反动宣传品，不要传看，要及时交到学院保卫部门。

(7) 要严守党和国家秘密，自觉地同泄密行为和窃密行径作斗争。

## 五、【扫一扫】《中华人民共和国国家安全法》《中华人民共和国反间谍法》《中华人民共和国反恐怖主义法》

《中华人民共和国国家安全法》　《中华人民共和国反间谍法》　《中华人民共和国反恐怖主义法》

【案例】2012 年，广东某校专科生徐某考入该省一重点大学，因家境不宽裕在 QQ 群里发了“寻求学费资助 2000 元”求助帖。一网名为“Miss Q”的人回帖，在询问其姓名、手机号、就读院校和专业后表示愿意提供帮助。徐某喜出望外，把银行卡号告诉对方，第二天，徐某就收到 2000 元汇款。徐某当时知道“Miss Q”是“一家境外投资咨询公司的研究员”，需要为客户“搜集解放军部队装备采购方面的期刊资料”，希望徐某协助搜集，作为资助学费的回报。徐某痛快地答应了，但没能在校图书馆找到相关资料，而“Miss Q”也未强求。同年 5 月，徐某主动联系“Miss Q”，对方向他提供了一份“田野调研员”的兼职，月薪 2000 元。徐某所在的广东某大城市有一个军港码头和一家历史悠久的造船厂，他的“调研”工作就是到军港拍摄军事设施和军舰，到船厂观察、记录在造在修船舰的情况，并将有船舰方位标识的电子地图做成文档，提供给“Miss Q”。双方约定的传送方法是：通过手机短信约好时间，由徐某把加密文档上传至网络硬盘，“Miss Q”立即从境外登录下载。2013 年 5 月，徐某被国家安全机关依法审查。

点评：个别大学生安全意识不强、社会经验不够丰富，有的还需要寻找一些经济来源以支持学业。境外间谍便用做兼职、发调查问卷之类的名目去吸引学生，以高额的酬金诱惑；刚开始提的要求一般都比较简单，比如先让学生去图书馆查查资料，或者搞调研，并无论任务完成情况如何都照样支付丰厚的酬金，慢慢让其产生依赖，然后再安排搜集、窃取情报的任务。实际上，这时候学生已经有把柄握在间谍手里，如果想退出，对方就会采取威胁讹诈等手段逼迫学生继续为他们效力。

## 第三节　财产安全知识

### 一、防盗防抢知识

#### 1. 学生宿舍常见的盗窃方式

(1) 顺手牵羊：即趁室主人不注意时，顺手盗窃财物。

(2) 乘虚而入：即室内无人，房门未锁，窃贼入室。

(3) 钓“鱼”L 即夏秋季节，窃贼趁夜深学生熟睡之时，用树枝、竹竿等钩走一楼学生的衣物。

(4) 撬门扭锁：此类案犯胆大手狠，现场翻动较大，作案目标以现金和价值高、便于携带的物品为主。

(5) 翻窗入室：此类案犯与撬门扭锁者的作案目标相近。

此外还有偷配钥匙预谋行窃，也有借找人、卖东西等名义混入宿舍，伺机行窃等方式。

#### 2. 学生宿舍防盗知识

(1) 养成随手关灯、关窗、锁门的习惯，以防盗窃人员乘隙而入。

(2) 不要留宿外来人员。

(3) 电脑、手机、钱包等贵重物品不要随意丢放。

(4) 发现形迹可疑的人应提高警惕并及时报案。

(5) 注意保管好自己的钥匙，包括教室、宿舍、箱包、抽屉等处的各种钥匙，不能随便借给他人或乱丢乱放，以防“不速之客”复制或伺机行窃。

#### 3. 公共场所防盗知识

(1) 在公共场所学习或活动时，最好不要随身携带现金和贵重物品。

(2) 在公共场所如果必须携带现金和贵重物品的，一定要将所带物品和包件妥善保管，切不可随便乱扔乱放。

(3) 购物时，不要把现金放在外边口袋里，外边口袋可只放少许零用钱。点钱时注意观察，谨防被扒手盯上。

#### 4. 特殊物品的保管

(1) 现金最好的保管办法是将其存入银行。尤其是数额较大时，更应及时存入银行并加密码。密码应选择容易记忆且又不易解密的数字，千万不要选用自己的出生日期作为密码，并且要注意保密。发现存折、信用卡丢失后，应立即到银行挂失。

(2) 目前，学院已广泛使用各种有价证卡，如饭卡等。这些有价证卡应妥善保管，最好是放在自己贴身的衣袋内，所用密码一定要注意保密。在参加体育锻炼或沐浴时，应将各类有价证卡锁在自己的箱子里，并保管好自己的钥匙。

(3) 手机的保管，大学生应防范手机丢失后的信息泄露，如QQ、微信被冒充，手机内的私密信息泄露，支付宝遭窃等。

**防范提示**：为手机设置开机密码；安装手机安全软件；及时通知家里人及朋友手机丢失事实，防止被骗；取消单独绑定手机的账户和密码。

**5. 防抢五招**

(1) 在言谈举止和衣着打扮上，不要过分显富、露富。

(2) 在存取款时，留意身边是否有可疑人员，在取大额钱款时，最好两人以上同行。

(3) 在停车存取款时，一旦发现汽车轮胎被扎等意外情况，应做到钱物不离身，防止犯罪分子乘机实施抢夺。

(4) 夜晚出行最好不带包，尤其是女性不要挎单肩包。

(5) 若遇犯罪分子抢劫、抢夺，一定要注意犯罪分子体貌特征、所驾乘交通工具的牌照和品牌以及逃跑方向，及时报警。

## 二、防诈骗知识

**1. 常见诈骗手法**

现在社会上诈骗的案例层出不穷，诈骗方式种类繁多、防不胜防。常见的诈骗手法包括：

(1) 发布网上兼职，刷信誉度，实施诈骗。

(2) 假借法院、公安机关的名义，谎称银行账户涉嫌犯罪，骗事主将钱存入“安全账户”。

(3) 冒充领导、老师、同学、亲戚朋友，以借款名义诈骗。(当你接通对方来电并询问是何人时，对方先让你猜猜他是谁，如果你猜想是某某人时，对方便顺势称你猜中，之后以各种理由借款。)

(4) 通知受害人有包裹邮件，并谎称包裹内有毒品或其他违禁品，被公安机关查获。

(5) 截获事主QQ视频，诈骗QQ好友钱财。

(6) 冒充税务等国家工作人员，虚拟返还税费或其他款项诈骗。

(7) 通过发布虚假廉价商品短信(包括机票)进行网上购物诈骗或冒充客服重新支付等。

(8) 打电话谎称受害人的亲人朋友被绑架需支付赎金，或在外出事故、突发急病需住院押金。

(9) 发送“你好！请把钱汇到XX银行，账号XX，谢谢！”等假冒汇款或催还借款名义诈骗。

(10) 谎称受害人银行卡在某商场出现消费等，进行银联卡消费诈骗。

(11) 冒充电信、公安或银联的工作人员，谎称电话欠款，实施诈骗。

(12) 委托炒股、炒期货保证盈利，诱骗受害人成为会员进行诈骗。

(13) 冒充黑社会对受害人进行恐吓，想消灾要汇钱到其指定账户。

(14) 谎称受害人中奖获得巨款，诱骗受害人支付个人所得税等。

**2. 如何防止受骗**

1) 防诈骗做到三“不”一“懂”

(1) 不要向别人透露自己及家人的个人信息、存款、银行卡号等情况。

(2) 不要轻易相信陌生人传来的消息。从已发案件来看，绝大多数来源不明的电话、短信、网页链接都是有害消息。

(3) 情况不明千万不要将钱汇出(特别要警惕网银转账)。

(4) 遇到问题要懂得迅速向公安机关报警或拨打 110 电话。

2) 防诈骗请牢记“三个凡是”

(1) 凡是自称行政、执法部门(如公安局、检察院、法院、社保局、财政局、税务局、邮电局等)来电要求转账、汇款的都涉嫌诈骗(如邮包涉毒、银行卡涉案、卡透支等)。

(2) 凡是未经认证的网站发布购物、购票信息的都涉嫌诈骗(如廉价机票、赠送游戏币、购物中奖返现等)。

(3) 凡是通过电话、网络等方式要求转账、汇款至陌生人银行账号的都涉嫌诈骗(如小孩被绑架、家人出车祸、网络兼职、找工作，以及冒充领导、老师、亲朋好友借钱等)。

**【案例一】假助学金骗走真学费**

8 月 19 日，山东一名考入南京邮电大学的女生，报到前接到一通陌生电话，对方称有一笔助学金要发放给她。于是，她按照电话内容，将 9900 元学费打入了骗子指定的账户，结果被全部骗走。报警后回家的路上，她突然心脏骤停，抢救无效离世。

惨剧接连发生，山东临沂市临沭县的某大二学生遭遇电信诈骗后，于 8 月 23 日心脏骤停，不幸离世。

安全提示：面对任何资助，请拒绝 ATM 取款机或网络双向操作。教育部网站发布公告，提醒学生尤其是准大学生，无论是哪个单位或者个人提供资助，都不应要求学生到 ATM 取款机或网上进行双向互动操作。对大学而言，其有完善的学生资助体系，如助学贷款、奖助学金、困难补助等，都不需要进行双向操作。若有要求汇交学费的，请先向老师和当地教育部门咨询，不要擅自按照对方要求操作转账，以免受骗。

**【案例二】假网站骗走车票钱**

洛阳准大学生小姜，今年考上了厦门的大学，一收到录取通知书，小姜就按报到时间，在网上购买了洛阳到厦门的火车票。

由于没有上网购票经验，网页搜索后，小姜在众多网站中，随便点进了火车票订票网站，填写订单并付款后，小姜却没有收到购票通知，网页不停提示他支付失败。收到扣款短信的小姜才意识到，可能遇到了假网站，车票钱被骗了。

安全提示：网络购票认准 12306 官网。第一次购票一定要注意鉴别，认准 12306 官网，很多“伪 12306”网站的域名和官网极其相似，在购票时要注意与官网网址进行对比，以免误入虚假网站。

**【案例三】假学长学姐骗走行李**

在南昌某高校，新生小王独自报到，两个挂着“新生接待人员”胸牌的男孩和女孩，自称是学长、学姐，帮他提行李。毫无防备的小王将行李交给学长，当他办完入学手续，发现“学长”“学姐”和行李都不见了。

安全提示：交钱认准正规缴费窗口。入学报到时，切勿轻信所谓的热心人。缴纳费用时，一定要按照规定到指定地点亲自办理；由信任或者熟识的人保管行李，贵重物品不要离身，以免受骗。

**【案例四】乘黑车遭讹高价车费**

河南财经政法大学大二学生小梁告诉记者，刚入校的第一个周末，她和舍友想去市区逛逛。“新校区有点远，那会儿还没通地铁，公交车有点难等。”梁小虹说，等车时，有个私家车主称一人10元，可以送到CBD的丹尼斯。快要下车时，司机索要车费100元，并称是一人50元。小梁表示，幸亏下车地点人多，路边有交警，当时她和舍友称要喊警察，黑车司机才没能得逞。

安全提示：拒绝黑车，乘坐网约车应使用正规约车平台。大学城附近，通常有不少黑车司机钻空拉客。准大学生们一定要拒绝黑车，乘坐正规交通工具；在乘坐网约车时，要使用正规约车平台，上车前核对车牌号。

## 三、防传销知识

### 1. 传销的特征

(1) 经营者通过发展人员、组织网络，从事无店铺经营活动，参加者通过上线从下线的营销业绩中提取报酬。

(2) 参加者通过交纳入门费或认购商品等变相缴纳入门费的方式，取得加入、介绍或发展他人加入的资格，并以此获取回报。

(3) 先参加者从发展的下线成员所缴纳的费用中获得收益，且收益数额由其加入的先后顺序所决定。

(4) 组织者的收益主要来自参加者缴纳的入门费，或以认购商品等方式变相缴纳的费用，而并非真正的以营销商品的方式获取的利润。

(5) 组织者利用后参加者所缴纳的部分费用支付先参加者的报酬，维持运作。

(6) 组织者承诺在一定时间内返还参加者高于其所交费用数倍的回报。

### 2. 传销的预防

(1) 树立正确的人生观、价值观和择业观，加强科学理论知识的学习，戒除急功近利、投机暴富的心态，立足个人实际，诚信做人，诚实劳动，勤劳致富，自觉抵御传销歪理邪说的诱惑。

(2) 认真学习国务院《禁止传销条例》等有关法律法规和国家的方针政策，增强对传销本质、形式和欺骗性、危害性、违法性的认识和了解，不断提高识别能力，增强防范意识，防止不学法、不懂法而误入传销陷阱。

(3) 加强同学间的交流与沟通，在择业、就业过程中相互提醒，相互关心，携手抵制传销。对亲朋好友和同学游说外地“有份高薪工作”应保持高度警觉，以免上当受骗。一旦发现周围同学误入歧途，应想方设法劝导，使其尽快解脱。

(4) 发现传销违法犯罪活动的迹象和嫌疑，应向学院或当地公安(举报电话110)、工商部门(举报电话12315)举报，防止其继续危害社会。

## 四、校园网络借贷

### 1. 校园网络借贷的类型

(1) 专门针对大学生的分期购物消费平台(如趣分期、趣白条、任分期、优分期、分期乐等)。

(2) 用于大学生助学和创业的 P2P 贷款平台(如投投贷、名校贷、爱学贷、爱上贷、我来贷、借贷宝等)。

(3) 阿里、京东、淘宝等传统电商平台提供的嵌套在购物消费中的校园信贷服务(如花呗、白条类)。

**2. 校园不良网贷存在的风险**

(1) 高利贷、诱导贷款、提高授信额度易导致学生陷入“连环贷”陷阱。

(2) 部分校园借贷平台利用少数学生金融知识匮乏，钻金融监管空子，诱导学生过度消费。

(3) 校园不良网贷平台存在信息盗用风险，被冒用身份者可能会面对信用记录被抹黑及追债等问题。

(4) 校园不良网贷平台的“校园代理”“层层分包提成”等发展模式破坏正常校园秩序，暴力追债现象威胁学生人身安全。

**3. 大学生应对校园网络借贷的方法**

(1) 自觉树立正确消费观，抵制过度消费或超前消费；加强金融信贷法律知识学习，提高个人金融风险防范能力。

(2) 参与或使用校园贷极易引发高利贷、过度借贷、诈骗贷、套路贷等严重危害，建议不要轻易参与或使用校园借贷平台进行贷款。

(3) 确定需要通过校园贷平台进行贷款时，要详细了解利率、还款期限等信息，制定合理的还款计划，并与网贷平台签订正规合同，切忌使用虚假宣传、诱导消费、恶意贷款等不良校园网贷平台。

(4) 增强自我安全保护意识，谨慎使用个人信息(如身份证号、银行卡号等)，不随意或泄露个人信息，提防个人信息被他人冒用或从事其他不法借贷行为，谨防上当受骗。

(5) 不参与不明“校园贷兼职”，避免部分借贷平台不法分子以冒充“熟人”“同学”等进行说服而加入校园贷推广或代理行列，当遇到此类情况时，一定要保持理性并提高警惕，切忌为了短期利益而耽误学业甚至触犯法律。

(6) 若有临时性资金需求，可通过补助、勤工俭学等正规渠道合理解决，不轻易相信短信、小广告等发送或发布的贷款信息，防止陷入借贷风险。

(7) 一旦遇到还款压力或遭遇暴力催债等借贷问题时，应及时向学院、家人寻求帮助，必要时向保卫科或警方进行报警，切勿采取冒险或极端解决方法。

同时，我们应杜绝线下贷——民间放贷机构和放贷人这类主体(俗称高利贷)。

## 第四节　交通安全知识

“交通法规，生命之友”，只要人人遵守交通法规，就能有效地预防交通事故，保障你和你的家庭幸福。

## 一、步行安全知识

(1) 行人要走人行道，没有人行道的靠路边行走。

(2) 过马路要看清来往车辆，从人行道、天桥或地下通道通过。

(3) 在通过有红绿灯的路口时，做到红灯停、绿灯行。

(4) 不要图一时方便而走“捷径”，乱穿马路。

(5) 不要在公路上追车、强行拦车或抛物击车。

(6) 不要在车前、车后急穿公路。

(7) 不要钻越、跨越人行护栏或道路隔离设施。

(8) 不要进入高架道路、高速公路以及其他禁止行人进入的道路。

(9) 不要擅自进入交通管制区域。

## 二、乘、骑车安全知识

### 1. 乘车安全知识

(1) 乘车应在指定地点依次候车，待车停稳后，先下后上。

(2) 不要在车行道上招呼出租车。

(3) 在车行道上，不要从车辆左侧车门上、下车。

(4) 机动车行驶中，不要将身体任何部分伸出车外，更不能跳车。

(5) 做到文明乘车，不要向车外吐痰、投掷物品。

(6) 不要妨碍驾驶员正常操作。

(7) 禁止携带易燃、易爆等危险品乘车。

(8) 乘坐货运机动车时，不要站立或坐在车厢栏板上。

(9) 乘坐摩托车必须头戴安全头盔,不要倒坐或侧坐。

(10) 坚决拒绝乘坐黑摩的。拒绝乘坐包括报废车、无证车辆、超载车辆以及货运车、机动三轮车、农用车在内的非客运车辆。

### 2. 骑车安全知识

(1) 骑车前了解自行车、电动车的性能，确保车的车闸、车铃等安全有效。

(2) 熟悉和遵守道路交通法规，在规定的车道内骑车，不抢道、不占道，不闯红灯或推行、绕行闯越红灯。

(3) 骑车时集中精力，不打手机、不戴耳机听音乐或广播，骑车时双手不离把或不攀扶其他车辆。

(4) 在下坡或转弯前能够减速慢行，伸手示意。

(5) 不在市区或城镇道路上骑车带人，不违反规定载物。

(6) 不牵引车辆或受其他车辆牵引。

(7) 按规定停放车辆。

(8) 不擅自在自行车上安装电动机、发动机。

(9) 能够掌握不同天气的骑车特点，做到“顺风不骑快车，逆风不低头猛踏，雾天控制车速，雨天提防行人乱窜”。

### 3. 自驾出行安全知识

(1) 自驾出行的前提为能够熟练掌握车辆正确操作技能和驾驶常识。

(2) 熟悉和遵守道路交通法规，开车时不分心做其他事(如打电话等)。

(3) 在陌生路段行驶时注意观察交通状况，及时掌握当地交通特点，不开飞车。

(4) 出行前认真检查汽车性能，保证所需性能安全有效。

(5) 挂好车辆牌照，随身携带执照。

(6) 不酒后驾驶。

**温馨提示**：鉴于目前校区的道路安全状况，应选择合法的公共交通工具出行，避免夜间在校内外人迹稀少的道路独自出行；在夏季时避免接近草坪、后山植被茂盛的地方，防止蛇、虫叮咬。自觉遵守交通法规，积极维护交通秩序。

### 4. 大学生发生交通事故的处理办法

(1) **及时报案**。无论是在校外还是在校内，一旦发生交通事故，首先想到的是及时报案，有利于事故的公正处理，千万不能与肇事者 “私了”。若在校外发生交通事故除及时报案外，还应该及时与学校取得联系，由学校出面处理有关事宜。

(2) **保护现场**。事故现场的勘查结论是划分事故责任的依据之一，若现场没有保护好会给交通事故的处理带来困难，造成“有理说不清”的情况。切记，发生交通事故后要保护好事故现场。

(3) **控制肇事者**。若肇事者想逃脱一定要设法控制，自己不能控制可以发动周围的人帮忙控制。若实在无法控制，也要记住肇事车辆的车辆牌号等特征。

# 第五节　消防安全知识

## 一、要懂得——懂得所在场所用火、用电、用油、用气火灾的危险性

### 1. 学生宿舍的防火

在宿舍，学生应自觉遵守宿舍安全管理规定，做到不乱拉乱接电线；不使用电炉、电热杯、热得快、电饭煲等电器；使用台灯、充电器、电脑等电器要注意发热部位的散热；室内无人时，应关掉电器和电源开关；不在宿舍使用明火；不将易燃易爆物带进宿舍；不在宿舍内焚烧物品；发现安全隐患要及时向管理人员或有关部门报告；爱护消防设施，不将灭火器材随意移动或挪作他用；等等。

### 2. 教室、实验室、研究室的防火

在实验室、研究室实习或工作时，一定要严格遵守各项安全管理规定、安全操作规程和有关制度。在使用仪器设备前，应认真检查电源、管线、火源、辅助仪器设备等情况，如放置是否妥当、对操作过程是否清楚等，做好准备工作以后再进行操作。使用完毕应认真进行清理，关闭电源、火源、气源、水源等，还应清除杂物和垃圾。尤其涉及使用易燃易爆危险品时，一定要注意防火安全规定，按照规定一丝不苟地进行操作，用剩的化学试剂应送到规定的安全地点存放。

3. 公共场所的防火

电影院、KTV、酒吧等是人群密集的场所，近年来，多数公共场所都进行不同程度的改造、装修，采用了大量的高分子可燃材料，如幕布、垂帐、护墙板、木质柜台等。公共场所的舞台布景多是高分子泡沫材料，易燃且能产生有毒气体；加上电器设备多，用电量大，多条电线在舞台上移动，一旦发生火灾，后果不堪设想。因而公共场所火灾的预防尤为重要，在公共场所，要遵守消防安全制度和有关规则，做到不携带易燃易爆品去公共场所，如汽油、酒精等；不吸烟或随地丢弃烟头、火种；不使用明火照明；不随便触碰公共场所的电器设备开关；不玩弄电线，以免触电或引起短路；遵守公共场所秩序，不随意乱跑；不随意到放映室、舞台或柜台内触碰开关等。

4. 树林草坪的防火

高等院校的树林草坪等植被，不仅美化环境，净化空气，还能起到防风固沙、涵养水源、调节气候、维持生态平衡等作用。但是由于杂草多，枯草等地被物以及落到地上的枯枝、残叶、树皮、球果等都可成为引火物。一些树种如油松、侧柏、落叶松、桦树等树皮中含有油脂，大多容易燃烧。一旦发生火灾，很快就会蔓延，而且常常会带来巨大损失。所以在树林草处，更要注意防火，要遵守有关消防法规，做到不使用明火，严禁做容易引起火灾的游戏；严禁在树林草坪中吸烟；一旦发现火灾隐患要及时向有关部门报告；秋冬季节封山时段及干旱天气尤其要注意防火。

## 二、会报警——发现火灾后会迅速拨打“119”火警电话

(1) 要牢记“119”火警电话，消防队救火不收费。

(2) 接通电话后要沉着冷静，向接警中心讲清失火单位的名称、地址、着火的物品、火势大小以及着火的范围。同时还要注意听清对方提出的问题，以便正确回答。

(3) 把自己的电话号码和姓名告诉对方，以便联系。

(4) 打完电话后，要立即到交叉路口等候消防车的到来，以便引导消防车迅速赶到火灾现场。

(5) 迅速组织人员疏通消防车道，清除障碍物，使消防车到火场后能立即进入最佳位置灭火救援。

(6) 如果着火地区发生了新的变化，要及时报告消防队，使他们能及时改变灭火战术，取得最佳效果。

(7) 在没有电话或没有消防队的地方，如农村和边远地区，可采用敲锣、吹哨、喊话等方式向四周报警，动员乡邻来灭火。

《中华人民共和国消防法》明确规定：“任何人发现火灾都应当立即报警。任何单位、个人都应当无偿为报警提供便利，不得阻拦报警。严禁谎报火警。”

## 三、会逃生——懂得逃生技巧，发生火灾后迅速逃离现场

遇到失火的情况，要沉着冷静，切勿惊慌失措。若火势较小时，可利用身边的东西帮助灭火，例如，用盆接水浇泼火源灭火；用棉制被单或毛毯在水中浸湿，从火源的上方慢慢盖下，盖好后，再浇上少量的水；将扫帚蘸水成湿扫帚，用其拍火，同时向火中浇水会

更有效。

但当火势较大时，我们需要沉着应对，通过一些逃生自救方式来避免伤害。火灾发生时应注意以下几点：

(1) 火灾发生时应迅速逃生，不要贪恋财物。

(2) 平时要了解和掌握火灾逃生的基本方法，熟悉几条逃生路线。

(3) 受到火势威胁时，要当机立断披上浸湿的衣物、被褥等向安全出口方向冲去。

(4) 穿过浓烟逃生时，要尽量使身体贴近地面，并用湿毛巾捂住口鼻。

(5) 假如身上着火，千万不要奔跑，可就地打滚或用厚重的衣物压灭火苗。

(6) 遇火灾不可乘坐电梯，要向安全出口方向逃生。

(7) 室外着火，门已发热，千万不要开门，以防大火蹿入室内；用浸湿的被褥、衣物等堵塞门窗缝，同时泼水降温。

(8) 若逃生路线被大火封锁，要立即退回室内，通过打手电筒(夜间)、挥舞衣物等醒目物品、呼叫等方式向窗外发送求救信号，等待救援。

(9) 千万不要盲目跳楼，可利用疏散楼梯、阳台、排水管等逃生自救。另外，也可用绳子或把床单、被套撕成条状连成绳索，紧拴在窗框、铁栏杆或重物上，用毛巾、布条等保护手心，顺绳滑下，或下到未着火的楼层脱离险境。

### 四、会灭火——发生火灾后会使用灭火器、消火栓等扑救初期火灾

(1) 手提式干粉灭火器的使用方法：使用时，应手提灭火器的提把或肩扛灭火器带到火场。在距燃烧处 4 米左右，站在上风方向，放下灭火器，先拔出保险销，一只手握住开启把，而另一只手握在喷射软管前端的喷嘴处。先将喷嘴对准燃烧处(根部)，用力握紧开启压把，使灭火器喷射。

(2) 消火栓的使用方法：打开消火栓门，按下内部火警按钮(按钮是报警和启动消防泵的)；一人接好枪头和水带奔向起火点，而另一人接好水带和阀门口；逆时针打开阀门水喷出即可。(需要注意的是，水带无缠绕，枪头接好后方可打开阀门，电起火要确定切断电源。)

## 第六节　饮食安全知识

### 一、大学生膳食指南

(1) 食物多样，以谷类为主。

(2) 多吃蔬菜、水果和薯类。

(3) 每天吃奶类、豆类及其制品。

(4) 适量摄入鱼、禽、蛋、瘦肉。

(5) 食量与体力活动要平衡，保持适宜体重。

(6) 吃清淡少盐的膳食。

(7) 饮酒应限量。

(8) 合理分配三餐。

## 二、食物中毒的常见症状

食物中毒多发生在气温较高的夏秋季，可见个别发病也可见集体中毒(如发生在食堂及宴会上)。食物中毒者最常见的症状是剧烈的呕吐、腹泻，同时伴有中上腹部疼痛。食物中毒者常会因上吐下泻而出现脱水症状，如口干、眼窝下陷、皮肤弹性消失、肢体冰凉、脉搏细弱、血压降低等，最后可致休克。

## 三、食物中毒的预防

(1) 不乱食用公共食堂以外的食物。

(2) 夏季若有剩余的饭菜，不要放在温度较高的宿舍、教室里面，以防霉变。

(3) 食用的凉菜、瓜果要认真清洗、消毒。

(4) 对于酒醉、盐泡的各种虾蟹、生鱼及半生不熟的烧烤等，最好不要食用。

(5) 注意养成良好的个人卫生习惯，饭前便后要洗手。

## 四、食物中毒的救护

(1) 必须给患者补充水分，有条件的可输入生理盐水。

(2) 症状轻者让其卧床休息。若仅有胃部不适，应多饮温开水或稀释的盐水，然后手伸进咽部催吐。

(3) 若发觉中毒者有休克症状(如手足发凉、面色发青、血压下降等)，应立即使患者平卧，双下肢尽量抬高并迅速请医生进行治疗。

(4) 若确定是误食本身有毒的食物，如河豚、毒蘑菇等造成的食物中毒，尽早催吐效果较好，并急送医院抢救。

(5) 如果是集体中毒，救护工作要有条理。应迅速通知卫生检疫部门检疫；最好能保留吃剩下的食物，以利于诊断、治疗或检疫。

(6) 吃清洁卫生、未变质的食物。

# 第七节　公共安全知识

## 一、常见传染病的预防

预防传染病的九个小常识如下：

(1) 早发现，早报告，早治疗：当自己或周围的人出现发热、咳嗽、呼吸困难、气短等一种或多种呼吸道症状时，应及时到医院就医并报告给相关部门，切忌不当回事，更不要自己胡乱吃药，以免延误诊断和治疗，既耽误了自己，又可能影响他人。

(2) 加强个人卫生和个人防护：要注意勤洗手、勤漱口、不要用脏手触摸脸、眼、口等部位。出门在外尽量站在空气通畅的地方。避免去拥挤的公共场所。

(3) 多通风：新鲜空气能够去除过量的湿气和稀释室内污染物。应定时开窗通风，保持空气流通；让阳光射进室内，因为阳光中的紫外线具有杀菌作用；也可用食醋熏蒸房间，起到消毒效果。

(4) 减少对呼吸道的刺激：不吸烟、不喝酒、少食辛辣的食物，以减少对呼吸道的刺激。

(5) 坚持体育锻炼和耐寒锻炼：可以适当增加户外活动，因为运动不仅能促进身体的血液循环，增强心肺功能，对我们的呼吸系统也是一个有益的锻炼。

(6) 注意生活规律：保证睡眠充足。生活不规律易使免疫系统功能减弱；充足的睡眠能消除疲劳，调节人体各种机能，增强免疫力。

(7) 常喝水：当气候干燥时，空气尘埃含量高，人体鼻黏膜容易受损，要多喝水，让鼻黏膜保持湿润，能有效抵御病毒入侵，还有利于体内毒素排泄，净化体内环境。

(8) 避免受凉：当人体受凉时，呼吸道血管收缩，血液供应减少，局部抵抗力下降，病毒容易入侵。

(9) 勤洗手：传染病患者的鼻涕、痰液、飞沫等呼吸道分泌物以及排泄物等中含有大量的病原，有可能通过手接触分泌物和排泄物传染给健康人，因此特别强调注意手的卫生。

【扫一扫】《高等学校新型冠状病毒肺炎防控指南》：

《高等学校新型冠状病毒肺炎防控指南》

## 二、远离毒品

毒品是指鸦片、吗啡、大麻、海洛因、冰毒、可卡因等以及国家规定管制的其他能够使人形成瘾癖的麻醉药品和精神药品。

### 1. 吸毒对身心的危害

1) 吸毒对社会的危害

(1) 对家庭的危害：家庭中一旦出现了吸毒者，家庭便会受到损害。吸毒者在自我毁灭的同时，也破坏自己的家庭，使家庭陷入经济破产、亲属离散，甚至家破人亡的困难境地。

(2) 对社会生产力的巨大破坏：吸毒首先导致身体疾病，影响生产，其次是造成社会财富的巨大损失和浪费，同时毒品活动还造成环境恶化，缩小了人类的生存空间。

(3) 毒品活动扰乱社会治安：毒品活动加剧诱发了各种违法犯罪活动，扰乱了社会治安，给社会安定带来巨大威胁。无论用什么方式吸毒，对人体的身体都会造成极大的损害。

2) 吸毒对身心的危害

(1) 吸毒对身体的毒性作用：毒性作用是指用药剂量过大或用药时间过长引起的对身体的一种有害作用，通常伴有机体的功能失调和组织病理变化。中毒主要特征有嗜睡、感觉迟钝、运动失调、幻觉、妄想、定向障碍等。

(2) 戒断反应：是长期吸毒造成的一种严重和具有潜在致命危险的身心损害，通常在突然终止用药或减少用药剂量后发生。许多吸毒者在没有经济来源购毒、吸毒的情况下，或死于严重的身体戒断反应引起的各种并发症，或由于痛苦难忍而自杀身亡。戒断反应也是吸毒者戒断难的重要原因。

(3) 精神障碍：吸毒所致最突出的精神障碍是幻觉和思维障碍。他们的行为特点围绕毒品转，甚至为吸毒而丧失人性。

(4) 感染性疾病：静脉注射毒品给滥用者带来感染性合并症，最常见的有化脓性感染和乙型肝炎，及令人担忧的艾滋病问题。此外，吸毒还会损害神经系统、免疫系统，易感染各种疾病。

### 2. 大学生要坚决抵制毒品的侵袭

(1) 充分认识毒品违法犯罪活动的危害性，加强自身的学习和法律意识修养，培养高尚的情操和伦理道德观念。

(2) 积极参加有益健康的文体活动，加强集体观念，培养广泛的兴趣和爱好，避免孤僻的生活方式。

(3) 提高对毒品的防御能力，不要结交有吸毒恶习的朋友或听信他们的说法。

(4) 绝不可因好奇而尝试毒品，防止上瘾而难于自拔。

(5) 一旦沾染毒品，要积极主动向老师和学院报告，自觉接受学院、家庭及社会有关部门的监督戒除及康复治疗。

### 3. 【扫一扫】有关毒品的法律法规

有关毒品的法律法规

## 三、艾滋病的预防

### 1. 艾滋病的定义

艾滋病是英语”AIDS”中文名称，AIDS 是获得性免疫缺陷综合征的英文缩写。它是由于感染了人类免疫缺陷病毒(英文简称 HIV)后引起的一种致死性传染病。HIV 主要破坏人体的免疫系统，使机体逐渐丧失防卫能力而不能抵抗外界的各种病原体，因此极易感染一般健康人所不易患的感染性疾病和肿瘤，最终导致死亡。艾滋病主要通过三种途径传播：性接触、血液和母婴传播。

### 2. 艾滋病的预防

艾滋病是一种目前尚无有效治愈方法但是完全可以预防的严重传染病。需要注意以下几个方面：

(1) 洁身自爱，不去非法采血站卖血，不涉足色情场所，不要轻率地进出某些娱乐场所；任何场合都应保持强烈的预防艾滋病意识；不要存在任何侥幸心理；不要因好奇而尝试吸毒。

(2) 生病时要到正规的诊所、医院求治，注意输血安全，不到医疗器械消毒不可靠的医疗单位特别是个体诊所打针、拔牙、针灸、手术。不用未消毒的器具穿耳孔、纹身、美容。

(3) 不与他人共享剃须刀、牙刷等，尽量避免接触他人体液、血液，对被他人污染过的物品要及时消毒。

(4) 注意与艾滋病病人的接触：给艾滋病病人采血及注射时，注射器应采用一次性用品，病人的血液、排泄物、污染的物品应进行彻底焚烧；病人的器皿及医用器械要专人专用，如病人的刮脸刀、牙刷、毛巾、茶杯等应专人专用，排尿、排便后要用肥皂洗手，可达到消毒的目的。

(5) 不歧视艾滋病病人及艾滋病病毒感染者，给予他们人道主义的关心和帮助有利于预防和控制艾滋病。

## 四、坚决抵制邪教侵害

### 1. 邪教的定义

邪教是指冒用宗教、气功或者其他名义建立，神化首要分子，利用制造、散布歪理邪说等手段蛊惑、蒙骗他人，发展、控制成员，危害社会的非法组织。邪教大多是以传播宗教教义、拯救人类为“幌子”，散布谣言，并且通常有一个自称开悟的具有超自然力量的教主，以秘密结社的组织形式控制群众，一般以不择手段地敛取钱财为主要目的。

### 2. 大学生应如何防范和抵制邪教

(1) 大学生应当参加合法的社会组织，参与健康向上、有益身心的社会活动，包括体育健身活动。

(2) 警惕境内外非法宗教组织对我国的宗教渗透。

(3) 如果接到了散发或邮寄的非法宗教宣传品或参加非法宗教组织的活动的邀请信，切不可轻易参加或将非法宗教宣传品在同学、朋友中散发、而应主动报告学院保卫部门或党组织，并配合学院进行工作。

(4) 我国原则上不允许教徒在家里聚会来举行宗教活动，如果有人邀请参加家庭宗教聚会，应该婉言谢绝。

(5) 大学生应当努力学习科学知识、科学思想、科学方法和科学精神。只有“四科”具备，才能正确地分析问题，解决问题，正确地认识世界，改造世界。

(6) 大学生要学会识别真伪，分辨善恶，分清宗教与邪教的本质区别，分清我们提倡的“真、善、美”与“法轮功”的本质区别，从根本上认清“法轮功”反人类、反社会、反科学、反政府的反动本质。

(7) 大学生要永远站在党和人民一边，与邪教“法轮功”及其他非法组织进行坚决的斗争，用实际行动去反对迷信，反对邪教，用实际行动去维护学校的稳定。

# 第八节　生命安全知识

## 一、体育运动安全

### 1. 防止运动损伤应注意的问题

(1) 充分了解自己的身体和健康状况。从事体育活动之前，必须充分了解自身的健康状况，以确定是否要参加某项活动。患有疾病或身体不适的同学，千万不可进行剧烈的体育运动，月经期的女同学要避免进行大幅度或震动大的跑跳运动，也不要进行增加腹压的力量性训练。

(2) 要做好准备活动。严禁不做准备活动就参加锻炼和比赛。准备活动的内容和量度要根据活动的性质、个人的身体情况、气象条件而定。

### 2. 体育运动中发生损伤的处理办法

一旦在运动过程中发生损伤，当事者一定要保持冷静，在场的同学要发扬互助友爱的人道主义精神，及时地给予受伤者以帮助，并为其进行恰当的处置。在这一过程中，主要掌握以下几点原则：

(1) 消除当事者的紧张和顾虑，积极利用身边的药品和物品进行急救。

(2) 如有大量出血和休克现象，应首先进行止血和抗休克(可以用手指按压当事者的人中)。

(3) 在不明伤情时，切忌毫无救助常识地实施护理、复位等处置，以免加重伤情。

(4) 尽快护送受伤者到院医务室或医院进行救治，为帮助医生了解受伤经过及受伤的程度，应将受伤及急救的情况详细告诉医生。

## 二、游泳安全

### 1. 游泳安全要点

(1) 设有“禁止游泳”或“水深危险”等警告标语之水域处，千万不可下水嬉戏。

(2) 禁止到不明地形的自然水域如河流、水塘、水坑等游泳、嬉水，以免发生危险。

(3) 在身心情况欠佳时，如疲倦、饱食、饥饿、生病、情绪不好以及酗酒后均不宜游泳。

(4) 潜水技术欠佳者，不可贸然潜入深水，以免发生生命危险。

(5) 在从事任何水上活动时，均应穿上救生衣。

(6) 不穿着牛仔裤或长裤下水。

(7) 如果看见有人溺水，要大声呼救；未熟练救生技术者，不要妄自援救。

(8) 河流出现暗流漩涡。如果不明水底状况，贸然下水或无视偌大水域隐藏的种种危险，恣意弄潮嬉水，很可能要付出极大的代价。

(9) 游泳后注意卫生和身体放松。游泳后，应立即用软质干毛巾擦去身上水垢，滴上氯霉素或硼酸眼药水，排出鼻腔分泌物，如若耳部进水，可采用“同侧跳”将水排出。之后，再做几节放松体操及肌体按摩操，或者在日光下小憩15～20分钟，以避免肌群僵化和疲劳。

### 2. 游泳中出现抽筋的自救方法

游泳中出现抽筋的自救方法如下图所示。

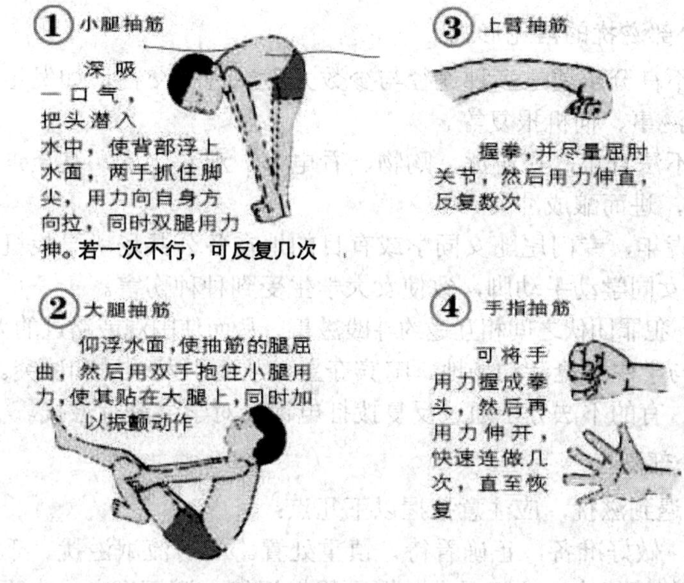


### 3. 救助溺水者的方法

救助溺水者的方法如下图所示。

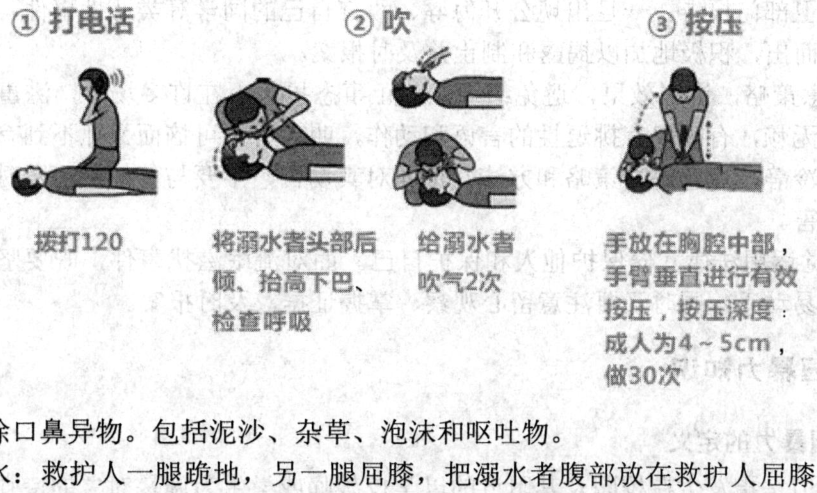


(1) 清除口鼻异物。包括泥沙、杂草、泡沫和呕吐物。

(2) 倒水：救护人一腿跪地，另一腿屈膝，把溺水者腹部放在救护人屈膝的大腿上，使溺水者的头和脚自然下垂，用力捶背或用力压他的背部，将水排出。

(3) 人工呼吸：有口对口吹气法、俯卧压背法、胸外心脏按压法。进行人工呼吸一般时间较长，救护时要有信心与耐心，等溺水者有轻度呼吸时，千万不要停止人工呼吸。

(4) 当溺水者清醒后，可给他喝些热茶或糖水等饮料，穿衣保暖，并送医院进一步检查，以防发生肺炎。

## 三、防滋扰安全知识

### 1. 滋扰的定义

滋扰主要是指对校园秩序的破坏扰乱，对大学生无端挑衅、侵犯乃至伤害的行为。大学生必须提高警惕，预防和制止外部滋扰，以保证学习和生活正常有序地进行。

### 2. 大学生受外部滋扰的常见形式

(1) 社会上的不良分子通过多种途径与少数大学生进行交往，如发生矛盾或纠葛，便有目的地入校寻衅滋事、伺机报复等。

(2) 有的社会不法青年，在游泳、购物、看电影、观看比赛，甚至走路等偶然场合，与大学生挑起矛盾，进而酿成冲突。

(3) 有的不法青年，专门尾随女同学或有目的地在各公共场所寻找机会侮辱、骚扰、调戏女生，甚至对女同学动手动脚，致使女大学生受到种种伤害。

(4) 社会人员、犯罪团伙之间相互邀约斗殴滋事，从而使围观或路过的大学生无端遭殃。

(5) 外来人员与学生争抢活动场地、喧宾夺主，从而引发矛盾和冲突。

(6) 电话滋扰：有的不法分子通过反复拨打电话，对学生进行滋扰。

### 3. 如何应对外部滋扰

在校内外如果遇到滋扰，应注意把握以下几点：

(1) 提高警惕，做好准备，正确看待，慎重处置。面对流氓滋扰，千万不要惊慌而要正确镇定对待。要问清缘由、弄清是非，既不畏惧退缩、避而远之，也不冲动动手，而应晓之以理，妥善处置。

(2) 充分依靠组织和集体的力量，积极干预和制止犯罪行为。如发现流氓滋扰事件，要及时向保卫部门报告。一旦出现公开侮辱、殴打自己的同学等类恶性事件，要敢于见义勇为，挺身而出，积极地加以揭露和制止并及时报案。

(3) 注意策略，讲究效果，避免纠缠，防止事态扩大。在许多场合，滋事者愚昧而盲目、固执而无赖，有时仅有挑逗性的言语和动作，叫人可气可恼而又抓不到有效证据。因此，一定要冷静，注意讲究策略和方法，正面对其劝告，不要与其纠缠，及时脱离现场，避免受到伤害。

(4) 自觉运用法律武器保护他人和保护自己。面对流氓滋扰事件，既要坚持以说理为主，不要轻易动手，同时又要注意留心观察、掌握证据，及时报案。

## 四、防校园暴力知识

### 1. 校园暴力的定义

校园暴力是指发生在校园及其附近的以学校教师或学生为施暴对象的恃强凌弱的暴力行为。

### 2. 校园暴力的形式

(1) 行为暴力：主要是指打架斗殴、敲诈勒索、抢劫财物等一系列对人身及精神达到某种严重程度的侵害行为。校园暴力的形式主要有五种：一是索要钱物，不给就拳脚相加，威逼利诱;二是以大欺小，以众欺寡;三是为了一点小事大打出手；四是同学间因“义气”之争，以暴力手段争长论短；五是不堪长期受辱，以暴制暴。

(2) 语言暴力：主要是指通过语言对精神达到某种严重程度的侵害行为，包括起侮辱性外号、造谣污蔑等行为。

(3) 心理暴力：主要是指通过言语、行为或其他方式对精神达到某种严重程度的侵害行为，如恐吓、侮辱、排斥、歧视、孤立等行为都是心理暴力行为。

**3. 遇到校园暴力事件的应对措施**

(1) 立即报警。直接拨打110。

(2) 及时向周围人群求救，让周围有责任心、身体强壮的同学、老师与犯罪嫌疑人周旋，对犯罪嫌疑人进行劝说，以拖延时间，尽一切可能制止正在发生的暴力事件，并尽快撤离到安全区域。

(3) 保护好受到暴力事件侵害的师生，将他们送到安全处。

(4) 如果已发生伤害事故，要以最快的速度将伤员送往就近医院进行抢救，并通知家长或亲属。

(5) 迅速将相关情况向学校保卫部门报告。

(6) 协助警方的维持秩序，配合警方调查，做好善后处理工作。

校园暴力打破了校园里原本属于我们的宁静与和谐，为了不让校园这方净土成为另一个“江湖”，为了不让我们的“花季”变成“花祭”，我们要坚决向校园暴力说“不”，坚决避免和制止校园暴力!

# 第九节　心理健康安全知识

## 一、大学生主要的不良心理表现

(1) 学业方面：表现为考试焦虑、成绩不稳定、学习压力过大、负担过重、专业不理想、缺乏学习动力、厌学情绪比较严重、没有学习欲望。

(2) 人际关系方面：表现为沟通不良、交往恐惧、人际冲突、关系失调、孤独封闭、缺乏社交技能等，从而产生自卑、自负、嫉妒、冷漠等不健康心态。

(3) 恋爱与性方面：表现为与异性交往困难，因单相思而苦恋、失恋，陷入多角关系不能自拔，对性冲动的不良心理反应，对自慰行为的过分自责且时常产生性幻想。

(4) 人生态度方面：表现为对人生意义的理解、人生价值的取向、人的本质的认识等问题产生消极的评价倾向，经不起批评、打击和失败，其他如家庭关系、经济困乏、职业选择、个人发展方面，也常出现困惑和苦恼以及情绪的不稳定等。

## 二、容易引发大学生违法犯罪的心理问题

追求享乐的享受心理、爱慕虚荣的虚荣心理、消极否定的逆反心理、极端自私的嫉妒心理、情绪低落的抑郁心理、自我否定的自卑心理、心胸狭窄的报复心理、寻求刺激的猎

奇心理、消极悲观的厌世心理、欲罢不能的手机依赖心理等心理问题。

### 三、大学生如何面对挫折

(1) 要正确地认识挫折。

(2) 冷静且客观地分析挫折产生的原因。

(3) 积极寻求战胜挫折的方法。

(4) 热爱生活。

(5) 锻炼意志力。

(6) 重建目标系统。

(7) 要有成败两手准备。

## 第十节　节假日安全知识

### 一、假期离校注意事项

(1) 同学们应注意放假时间段，不提前离校，须按时返校。留校学生应自觉遵守学院相关管理规定。

(2) 离校同学要整理好宿舍内务，妥善保管电脑等私人物品；关闭宿舍电源，检查所有电器、插座、注意防止火灾；最后一位离校的同学在离开宿舍前，确保本宿舍门窗关闭严实，注意防盗。

(3) 同学们离校，应把离校时间、乘坐车次告知辅导员和家长，并在到达目的地后，即使向辅导员报告。

### 二、外出旅程注意事项

#### 1. 外出旅程中的个人安全

(1) 注意交通安全，不乘坐非法运营车辆。

(2) 在回家的旅程中，要时刻注意自身财物安全，防止不法分子盗窃财物。

(3) 在外出的旅程中，不要随意和陌生人说话，提高警惕，防止上当受骗。

(4) 长途旅程的同学要尽量结伴。

#### 2. 社会实践时的个人安全

很多同学假期或去外地实习考察或旅游，要注意了解当地治安情况及风俗习惯，做好自我防护工作。

不论在何单位实习或考察，要服从该单位的领导，遵守所在单位的规章制度，虚心向指导人员学习，在工作、生活中注意自身的安全。

【安全提示】在进行社会兼职时，各位同学一定要注意，兼职的在校学生不属于劳动者身份，因而不受《劳动合同法》的保护。所以提醒同学们一定要提高自我保护意识，小心兼职陷阱，可以与用人单位签订书面协议，如果没有协议，注意保留能证明与用人单位发生劳务工关系的凭证，如入职表、工作证等，以便发生纠纷时作为证据。另外，传销是目前大学生打工中经常遭遇的陷阱。学生本来是以销售员的名义上岗工作，公司却要求他们必须购进一定数量的商品，不得退货。最近就有多起“大学生找工作被骗做传销”的新闻，大学生要注意防范。还有一类陷阱多发生在招聘家教或文秘时，有的女同学不加考虑，单独和对方见面，遭遇危险。

无论发生什么情况，有困难要及时与老师、家长、同学、朋友联系。留校学生如离校返乡或在外留宿，须提前向自己的辅导员取得联系，以便学院了解你的去向。

校园 110 中心报警电话：0594-3996110(24 小时昼夜值班电话)。

# 第十三章　就业创业伴你行

## 第一节　毕业生就业流程

### 一、毕业生就业工作流程图

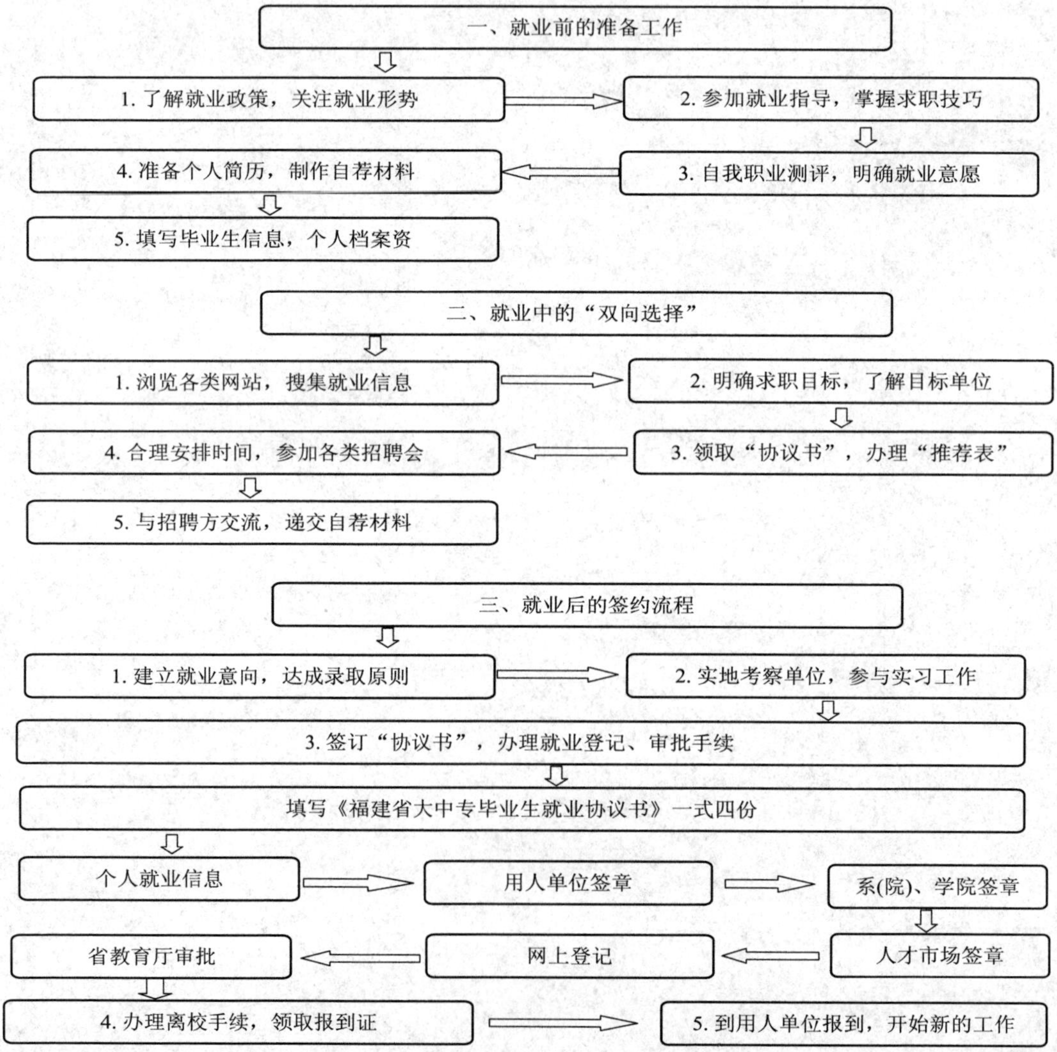

## 二、毕业生就业工作日程

毕业生就业具体工作一般从毕业生在学院的最后一学年开始，每学年循环一个周期，包括参加招聘活动、签订录用协议、开展就业实习、毕业教育活动等。就业工作日程如下：

(1) 9月份，集中处理(本届)毕业生遗留问题，开设(下届)毕业生就业指导课；开展订单班培养。

(2) 10月份，统计毕业生生源并向相关省市教育主管部门反馈；向用人单位寄发邀请函，筹办冬季毕业生供需见面会；举办专场招聘会。

(3) 11月份，制订下一届毕业生就业工作方案，核发毕业生就业推荐表和就业协议书；接待来访单位，收集和公布需求信息；举办冬季毕业生供需见面会。

(4) 12月份，毕业生离校实习；总结本届毕业生就业工作；举办就业咨询指导；发布年度就业质量报告；申报省级求职创业补贴。

(5) 次年1月份，向毕业生宣传有关就业政策及精神；毕业生利用寒假收集需求信息。

(6) 2月份至5月份，学院和用人单位组织多种形式的供需见面和信息交流活动；学生参加“三支一扶”、社区服务计划等基层项目、专升本等考试；毕业生签订就业协议；申报市级实习补贴。

(7) 6月份，学生返校参加毕业教育活动；申报市级实习补贴；毕业生办理离校手续；学院依据协议书着手编制就业方案，并上报省教育厅审批，审批后形成最终派遣方案下达实施。

(8) 7月份，毕业生派遣；寄发毕业生档案。

(9) 8月份，毕业生办理改派手续；开展毕业生调查；回访用人单位等。

## 三、就业指导中心工作流程

(1) 生源统计。每新学年开学初，由各系(院)按专业、生源地、毕业生人数统计毕业生生源情况，再由就业指导中心汇总，主要是给用人单位提供生源信息。

(2) 制定专业介绍。每新学年开学初，由各系(院)对所设专业做全面介绍，包括所设专业、培养目标、专业内容、课程设置(专业课、基础课、选修课)、毕业生适应的工作领域、专业前景等，再由就业指导中心汇总并统一印制，主要是向用人单位做介绍。

(3) 毕业生资格审查。毕业生资格审查的目的是确认和核实每一位毕业生的毕业资格，通过审查后毕业生才能取得毕业资格。毕业生资格审查的主要内容是毕业生生源、姓名、专业、学制、培养方式等，所审查的内容以高校新生录取名单上的内容为准。如有不一致之处，需出具相关手续。例如，改名手续，需出具市区级公安部门的改名手续；生源地变迁，需出具户籍变动手续(由现住址所在地的派出所出具户口迁移证明信)；降级、休学、转系、转专业等，需出具学籍变动手续(由教务处、学生工作处共同签字盖章的手续)。

(4) 发放就业协议书。协议书由学院统一印制，对已取得毕业资格的毕业生由就业指导中心审查后按系(院)发给毕业生。由于协议书是最后派遣的唯一依据，所以发下来时要仔细阅读上面的条款及说明，并核对自己的个人信息是否有误。每位毕业生只有一式四份协议书，因此要妥善保管。

(5) 走访。向用人单位介绍毕业生情况，了解各地区就业政策，收集需求信息。

(6) 向用人单位发邀请函，收集需求信息，邀请用人单位参加学院毕业生就业供需见面会。

(7) 组织校园招聘会、宣讲会，开展订单培养，让毕业生和用人单位“供需见面、双向选择”。

(8) 针对毕业生开设就业指导讲座，对学生进行全方位的就业指导。

(9) 收集并审核已签好的就业协议书。

(10) 形成就业方案并上报上级就业主管部门。

(11) 派遣、离校。在办理派遣、离校时，涉及以下工作。

① **办理报到证**。《毕业生就业报到证》由原来《派遣证》转化而来，全称是“全国普通高等学校本专科毕业生就业报到证”。它是由教育部印制，省(直辖市、自治区)级普通高等学校毕业生就业管理部门签发，只有列入国家或省毕业生就业方案的普通高校毕业生才能持有的有效报到证件。其办理程序如下：

A．毕业生领取《就业协议书》，一式四份。

B．毕业生在《就业协议书》上填写基本情况。

C．用人单位意见、签章，用人单位主管部门或人事代理机构意见、签章，毕业生签字，填写双方约定的其他条款。

D．毕业生所在的系(院)、学院毕业生就业工作部门填写意见并签章。

E．毕业生将求职信息登记在“全国高校毕业生就业管理系统”。

F．学院依据协议书着手编制就业方案，并上报省教育厅审批。

G．学院根据就业方案打印《就业报到证》。

H．毕业生持《就业报到证》在规定时间内报到。

② **指导办理档案的转寄**。档案在毕业生离校后由学院学生工作处统一以文件规定的方式寄送到用人单位或人才市场。

③ **报到证的作用**：

A.《就业报到证》是毕业生到单位报到的证明，毕业生到工作单位就业时，须持《就业报到证》，用人单位凭《就业报到证》为毕业生办理手续。

B．当地公安部门凭《就业报到证》为毕业生办理落户手续。

C．学院学生工作处依据《就业报到证》为毕业生办理档案投递、组织关系转移和户籍迁移等手续。

D.《就业报到证》一式两页，正本为蓝色由毕业生本人持有，到单位报到时交给单位；副本为白色，由学院学生工作处负责装入毕业生本人档案。

E.《就业报到证》正本由毕业生到用人单位报到时交给用人单位，是毕业生参加工作时间的初始记载和凭证，上面的日期是工龄的开始年限，与退休年龄和养老保险交纳年数都有关。

F.《就业报到证》是毕业生就业的证明，《就业报到证》中的姓名须与毕业生身份证中的姓名一致，单位的名称也必须准确。《就业报到证》的有效期一般为毕业后两年时间内(如2020届毕业生开具的报到证时间是2020年7月20日至8月19号。

G.《就业报到证》是毕业生报考公务员必备的资料。

H.《就业报到证》可以改派，改派手续为：

a. 用人单位在毕业生改派表或就业协议书上盖章。

b. 用人单位上级主管部门在毕业生就业协议书上盖章。

c. 学院就业指导中心审核后，报省教育厅审批。

## 四、大学生择业程序

一个完整的择业过程，至少要包括了解就业政策、收集信息、自我分析、确定目标、准备材料、参加招聘会(投递材料)、参加笔试、参加面试、签订协议、走上岗位等环节。走好择业的每一步，对成功实现自己的择业理想十分重要。

## 五、毕业生档案管理

(1) 毕业生档案是国家人事档案的组成部分，它如实记载了学生在校期间学习、生活、成长的真实记录，也是用人单位了解、考察和培养、使用学生的重要依据。

(2) 学院毕业生档案实行统一领导，分级负责管理的管理体制。各系(院)负责本部门毕业生毕业前档案材料的收集、整理、归档及管理工作。学生工作处负责全院毕业生毕业后档案的转递、整理及管理工作。

(3) 毕业生档案的管理工作由学院毕业生工作领导小组统一领导，学生工作处专人负责，各系(院)辅导员共同协作管理。

(4) 毕业生档案归档材料内容：

① 高中阶段档案；② 学生入学体检表；③ 毕业生登记表；④ 毕业生实习鉴定表；⑤ 综合素质测评表；⑥ 学籍卡；⑦ 奖惩材料复印件；⑧ 其他需要归档的材料。

(5) 归档材料必须真实，不得涂改。

(6) 毕业生毕业离校后，各系(院)应按学院的统一要求及时整理归档，按时将档案移交学生工作处。

(7) 各系(院)在移交档案时，应附《毕业生档案移交名册》，详细记载毕业生档案材料上交情况。名册一式两份，移交人和接收人须在上面签字，各持一份，并存档备查。

(8) 各系(院)不得扣留或留存毕业生档案，不得擅自将毕业生档案交给毕业生及他人。

(9) 学生工作处在接到毕业生档案后，应及时整理检查后粘贴密封条，并在一个月内转寄到相关部门。

(10) 毕业前已落实签约就业单位或办理人事代理的毕业生档案，在毕业离校后通过快递方式寄送就业单位人事部门或上级主管(人事代理)部门，档案寄送地址依据协议书所填信息。

(11) 毕业离校时未落实就业单位的毕业生或派遣回生源地人才交流中心的毕业生，个人档案全部寄送到生源地档案管理部门，请毕业生注意查收，未查收到档案的毕业生，应在毕业当年十二月以前与学院联系查询。以免事隔久远后，很难查清档案遗失的环节。

(12) 学生工作处转递寄发毕业生档案时应制作《毕业生档案移交清单》，并存档备查。

(13) 毕业生档案属于机密文件，原则不允许自带档案。因特殊原因需要自提档案的，应持用人单位或人事部门出具的《调档函》。毕业生自提档案后，由其本人负责保管，毕业生本人不得私启档案密封条，若出现档案损坏或丢失等问题由其本人负责，学院不承担任何责任。

## 六、毕业生党员组织关系转接

(1) 毕业生党员组织关系转出，均采用“党员 e 家”平台进行。在转出前，毕业生党员要与接收单位联系，明确拟转入的党组织(包括拟接收的党委和党支部名称)和拟转入单位。

(2) 毕业生党员在平台上提出转出申请前，务必将党费交至最新月份。毕业生党员转出申请提交后，由所在学生党支部(书记/组织委员)、党总支审核后，提交上级党组织进行审核。

(3) 毕业生党员组织关系原则上必须全部转出，所有转移工作于离校前结束。

(4) 在福建省外组织关系的接转。接受单位一般为单位所在的市县委组织部或单位上级的主管部门党工委，具体情况请与接收单位联系。

(5) 在接转过程中，党员要及时提醒接收单位党组织办理接收手续。

# 第二节　毕业生就业途径

## 一、应届大学毕业生出路

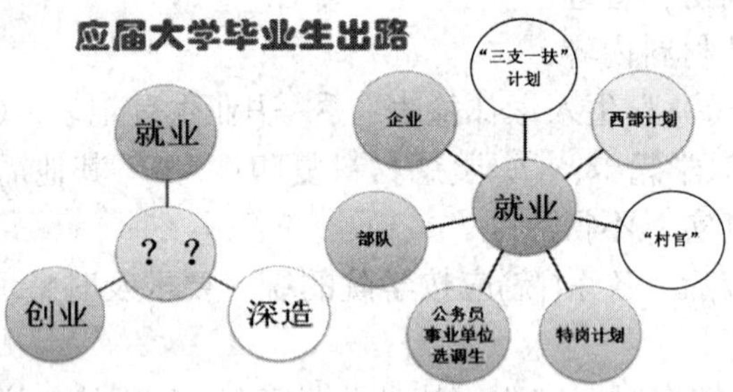


## 二、毕业生求职时间节点

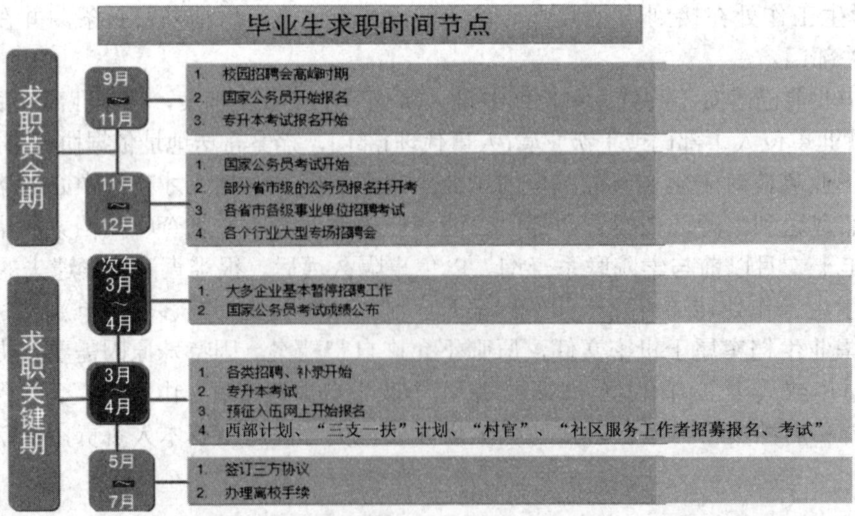

## 三、毕业生就业途径

（一）到企业就业

1. 毕业生求职渠道

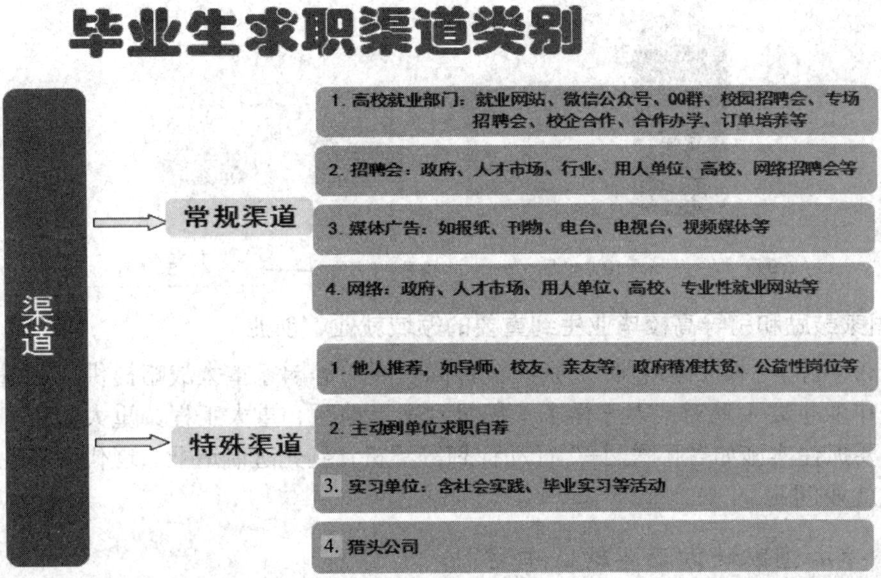


2. 学院就业信息发布渠道

3. 校园招聘会

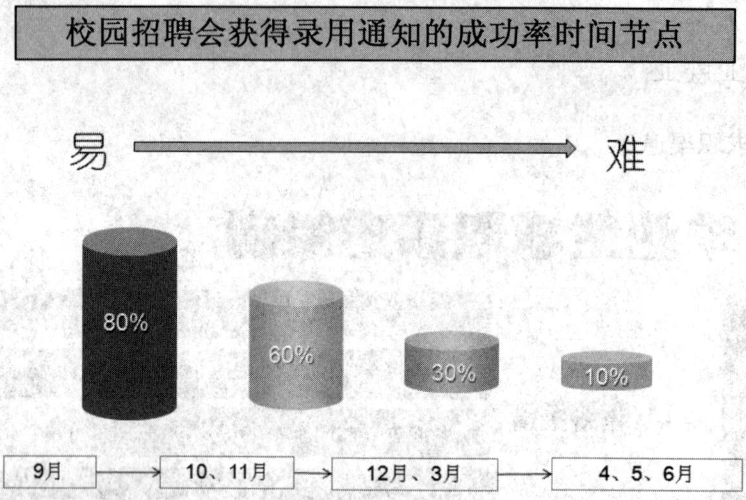


4. 国家鼓励和引导高校毕业生到重要的领域就业、创业

“一带一路”“长江经济带”“京津冀协同发展”等国家重大战略提供了大量的岗位需求。高校毕业生要主动对接人才需求，积极到重点地区、重大工程、重大项目、重要领域去就业。要抓住实施如“互联网+”行动计划等契机，到先进制造业、现代服务业和现代农业等领域就业创业。

(二) 参加国家地方基层就业项目

1. 基层就业的含义

基层就业就是到城乡基层工作。国家近几年出台了一系列优惠政策鼓励高校毕业生积极参加社会主义新农村建设、城市社区建设和应征入伍。一般来讲，“基层”既包括广大农村，也包括城市街道社区；既涵盖县级以下党政机关、企事业单位，也包括社会团体、非公有制组织和中小企业；既包含单位就业，也包括自主创业、自谋职业。

2. 国家地方基层服务项目及优惠政策

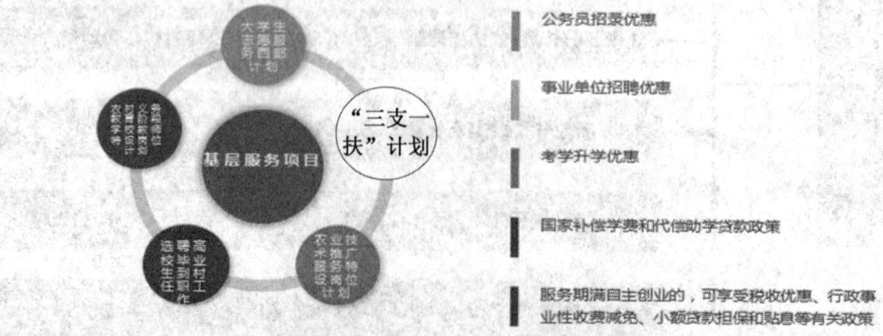

详细信息请点击就业服务网-政策解读(http: //jy.fjmzw.com/InfoView-702-24558.html)。

1) 高校毕业生“三支一扶”计划

**政策内容：** 面向省内全日制普通高校、省外全日制普通高校福建生源应届高校毕业生和近年来未就业高校毕业生(不含成人教育培养类别等非全日制高校毕业生)，每年统一招募约 500 名，安排到纳入县级基本财力保障范围的县(市、区)的乡(镇)从事支教、支农、支医和扶贫工作，服务期限为 2 年。

**在岗待遇：**

(1) 服务期间，按月发放生活补贴(2019 年省级“三支一扶”高校毕业生生活补贴标准为每人每月 3358.65 元)；统一办理社会保险(包括基本养老保险、基本医疗保险、失业保险、工伤保险和生育保险)和人身意外伤害保险。办理社会保险具体按原省公务员局、省人力资源和社会保障厅、省高校毕业生“三支一扶”工作协调管理办公室《关于省级“三支一扶”高校毕业生服务期间参加社会保险有关问题的通知》(闽人发〔2012〕3 号)执行。新招募和服务期间“三支一扶”高校毕业生应统一办理参加工伤保险，按照《工伤保险条例》规定，应由用人单位支付的工伤待遇，由负责发放高校毕业生生活补贴的部门发放。

(2) 按照每人 2000 元标准，给予每名新招募且在岗服务满 6 个月以上的“三支一扶”高校毕业生一次性安家费补贴。

(3) 到纳入县级基本财力保障范围的县(市、区)的乡(镇)参加“三支一扶”的高校毕业生，其在校期间的国家助学贷款本息，由服务县(市、区)财政按每年 2000 元代为偿还。具体按原省人事厅、省财政厅《关于做好福建省“三支一扶”高校毕业生国家助学贷款代偿资助工作有关问题的通知》(闽人发〔2007〕76 号)执行。

(4) 各地、各高校可根据实际，制定鼓励引导高校毕业生参加“三支一扶”等服务基层项目的具体措施，提高保障水平。鼓励有条件的单位，比照所在服务单位相同岗位工作人员，落实享受同等福利待遇。

**期满政策：** “三支一扶”高校毕业生服务期满后自主择业。服务期满考核合格的，享受以下政策待遇：

(1) 在全省公务员录用考试中，安排当年招录计划数 15%的职位，定向招录当年服务行将期满考核合格和服务期满考核合格的“三支一扶”等服务基层项目高校毕业生。

(2) “三支一扶”高校毕业生服务的事业单位中自然减员空岗，可用于聘用当年服务行将期满考核合格的“三支一扶”高校毕业生。市、县相关事业单位公开招聘工作人员，应拿出一定数量的岗位公开招聘当年服务行将期满考核合格和服务期满考核合格的“三支一扶”等服务基层项目高校毕业生。当年服务行将期满考核合格和服务期满考核合格的“三支一扶”高校毕业生，报考省、设区市事业单位的，笔试总分加 3 分；报考县(市、区)、乡(镇)事业单位的，笔试总分加 5 分。

(3) 对于服务期满考核合格、符合用人单位岗位要求并愿意继续在我省农村基层工作的，在我省乡(镇)事业单位编制内新增工作人员时，可免于参加统一招考，由接收单位报县(市、区)人社部门办理事业单位工作人员聘用核准相关手续。各地在实施招聘高校毕业生到农村中小学、县乡农技推广机构就业、乡镇卫生院就业等基层紧缺人才补充计划，组织事业单位公开招聘考试时，要设置“专门岗位”面向当年服务行将期满考核合格和服务期满考核合格的“三支一扶”等服务基层项目高校毕业生招考，或按规定采取“考核聘用”等方式聘用服务期满考核合格的“三支一扶”等服务基层项目高校毕业生。

(4) 符合《中华人民共和国执业医师法》及卫生计生委医师资格考试报名有关规定的支医人员，由服务地相应医疗机构出具试用期考核合格证明，当地县级卫生行政部门负责帮助办理参加执业医师资格考试的有关手续，确保他们能顺利参加考试。具体按原省人事厅、省卫生厅《关于做好我省支医“三支一扶”高校毕业生试用工作和参加执业医师考试等有关问题的通知》(闽人发〔2007〕156号)执行。

(5) 服务期满考核合格，符合报考条件，在服务期满后三年内报考省内普通高校硕士研究生，初试总分加10分；在同等条件下招生单位优先录取。对于已被录取为研究生的应届高校毕业生参加“三支一扶”的，学院应为其保留学籍至服务期满。高职(高专)毕业生参加“三支一扶”，服务期满考核合格，可免试入读我省成人高等学历教育专科起点本科。

(6) 服务满1年且考核合格后，可按规定参加职称评定。服务期间，由各级政府人社部门所属人才服务机构提供人事档案保管服务，并建立期满“三支一扶”高校毕业生专门人才数据库，有针对性地提供就业指导和推荐服务，帮助其落实就业单位。有创业意愿的，及时纳入当地“大学生创业引领计划”等，有针对性地提供创业公共服务，按规定享受相关扶持政策。

(7) 服务期满考核合格，被机关事业单位录(聘)用或进入国有企业就业的，其服务期间计算工龄，支教服务期间计算教龄，其参加工作时间按其到基层报到之日起算。其中，被录用为公务员的，试用期工资可高于直接从各类学校毕业生中录用公务员的试用期工资，按相同学历新录用公务员转正定级工资标准低一个级别工资档次的数额确定；被事业单位聘用的，岗位工资按所聘岗位确定，薪级工资比照本单位相同学历新聘用人员定级工资标准确定。

凡通过享受政策待遇，被录(聘)为公务员和事业单位工作人员的服务基层项目高校毕业生，不再重复享受报考公务员和事业单位专门职(岗)位、报考事业单位加分和基层事业单位考核聘用等就业优惠政策。

**办理渠道**：根据通知(公告)，符合招募条件的高校毕业生，在规定期限内登录“福建省毕业生就业创业公共服务网”(http: //rst.fujian.gov.cn/fjbys/)，通过“个人注册”生成的账号、密码登录服务平台进行报名。

2) 大学生志愿服务欠发达地区计划

**政策内容**：面向省内全日制普通高校、省外全日制普通高校福建生源应届高校毕业生和近年来未就业高校毕业生及家庭经济困难、就业困难毕业生(不含成人教育培养类别等非全日制高校毕业生)，每年招募300名大学生志愿者到我省三明、南平、龙岩、宁德欠发达地区纳入县级基本财力保障范围的县(市、区)的乡镇开展为期两年的农业科技、医疗卫生、基础教育、基层青年工作等方面的志愿服务。服务期间，按月发放生活补贴(2017年起，生活补贴发放标准按上一年度公布的全省在岗职工平均工资的60%确定)，统一办理社会保险和人身意外伤害保险。到纳入县级基本财力保障范围的县(市、区)的乡(镇)参加志愿服务欠发达地区计划的高校毕业生，其在校期间的国家助学贷款本息，由服务县(市、区)财政按每年2000元代为偿还。服务期满后自主择业。服务期满考核合格的，颁发《福建省高校毕业生服务基层项目证书》，享受公务员和事业单位定向考录(聘)、报考事业单位加分、乡镇事业单位考核聘用、报考研究生加分等政策待遇。

**办理渠道**：按规定时间内，登录福建志愿服务网(www.541205.org 或 www.541205.com)查看有关情况，填写个人报名信息。

3) 高校毕业生服务社区计划

**政策内容**：面向省内全日制普通高校、省外全日制普通高校福建生源应届高校毕业生和近年来未就业高校毕业生(不含成人教育培养类别等非全日制高校毕业生)，每年招募约300名，安排到纳入县级基本财力保障范围的县(市、区)的城市社区从事社区建设工作，服务期限为2年。服务期间，按月发放生活补贴(2017年起，生活补贴发放标准按上一年度公布的全省在岗职工平均工资的60%并低于200元确定)，统一办理社会保险(基本养老保险、基本医疗保险、失业险、工伤、生育险)和人身意外伤害保险。实行贫困生助学贷款国家代偿政策。服务社区高校毕业生在校期间的国家助学贷款本息，由省级财政按每人每年2000元代为偿还。服务期满后自主择业。服务期满考核合格的，颁发《福建省高校毕业生服务基层项目证书》，享受公务员和事业单位定向考录(聘)、报考事业单位加分等政策待遇。

**办理渠道**：各级民政部门。

### 3. 我院对毕业生参加基层项目的优惠政策

对符合条件并被国家基层服务项目录取的学生填写《湄洲湾职业技术学院毕业生基层就业补助申请表》，经所在系(院)签署意见，连同手续齐全的就业协议书，于毕业当年6月20日前一并交至学生工作处进行资格审查，报请学院领导审批通过后给予2000元/人的就业奖励。

## (三) 参军

高校毕业生应征入伍服义务兵役要经过的程序如下：

学生报名 → 初检初审 → 确定预征 → 填写表格 → 各地应征 → 批准入伍 → 正式入伍

**政策内容**：为积极鼓励高校毕业生应征入伍服义务兵役，教育部、财政部、解放军总参谋部、公安部等部门以空前力度出台了许多优惠政策，鼓励更多有志青年投身军营报效祖国、成长成才。应届高校毕业生预征制度一般在五六月份进行；高校毕业生应征入伍服义务兵役，将由政府补偿相应学费，代偿助学贷款；服义务兵役期间，在选取士官、考军校、安排到技术岗位等方面优先；具有普通高等学校本科以上学历，取得相应学位、表现优秀、符合总政治部有关规定的，可以直接选拔为军官；退役后参加政法院校为基层公检法定向岗位招生考试时，优先录取；具有高职(高专)学历的，退役后免试入读成人本科，或经过一定考核，入读普通本科；退役后报考硕士研究生初试总分加10分；荣立二等功及以上的，退役后推荐免试攻读硕士研究生；退役后可根据需要参照应届高校毕业生办理就业报到手续。

办理渠道：学生工作处。

## (四) 专升本

升学是大学生就业的一个重要途径。随着高校扩招，毕业生数量迅速增加，用人单位的选择空间增大，学历已成为一道必须跨过的门槛。因此，越来越多的毕业生选择了在学业上继续深造，一方面提高了学历层次与就业竞争力；另一方面也缓解了就业压力。目前，大学生升学主要有专科毕业生升入本科院校对应专业继续学习。

我院在校生专升本有以下五大途径。

**1．自考本科衔接考试(优先推荐)**

在籍学生在进行大专学习的同时，在学有余力的前提下，由我院教师利用课余时间组织辅导，套读自考本科课程。本科的课程 1/3 由我院组织学习考试；1/3 由联办本科院校出试卷，我院负责组织培训、考试；最后 1/3 由省自考办出试卷，我院负责组织培训、考试。目前我院已同以下学校进行联办：

(1) 与集美大学合作专业：销售管理、物流管理、数控技术、计算机网络、会计、国际贸易、工程管理、艺术设计(室内设计方向)。

(2) 与福建农林大学合作专业：食品质量与安全。

**2．3+2 专升本(含金量最高)**

在大专三年级时参加全省统一组织的全日制“专升本”考试(3+2)，大专毕业后升读省内的本科院校，再学习 2 年。

**3．成人函授本科教育(学习较为轻松)**

取得大专毕业证后参加成人高考，经录取就读成人函授本科教育，学制三年。

**4．自学考试(难度较大)**

学生根据自己的情况选择相关的专业，通过自学，参加国家统一组织的自学考试(一般为 15 门)，取得合格成绩，获取自考本科文凭。

**5．获奖免试入读**

获得省技能大赛一等奖、全国技能大赛三等奖以上的毕业生可免试入读本科院校。

**小贴士**：专升本要运筹帷幄，不要等到大三才开始着手准备。很多高职高专的大学生因为高考没考好，想通过专升本的方式进入本科学校继续深造学习，因此，对于大一新生而言，应该从入学那一刻开始，就要着手准备，升本的成功率很高。到大三时可再适当参加专项培训，快速提升各考试科目的成绩，大大增高录取机会。

### (五) 国家公务员录用

国家公务员录用是指国家行政机关为补充主任科员以下的非领导职务的公务员，按照一定的标准和法定程序，采用公开考试、严格考核的办法，将非国家公务员身份的人员选拔进入国家公务员队伍的一种人事管理制度。国家公务员录用制度是在改革我国传统的干部录用制度的基础上确立的，其目的在于保证国家机关能选拔到真正优秀和适合的人才。

公务员招考，一般每年都会在国庆过后发布招考公告，公告科目笔试时间都在 11 月的最后一个周末。

### (六) 出国留学或工作

出国留学是毕业生通过公费或自费的方式申请到国外高校求学深造。目前，也有一部分毕业生通过各种渠道到境外的企事业单位去工作。我国政府对出国留学或工作实行的是“支持留学，鼓励回国，来去自由”的方针。

(七) 灵活就业

灵活就业是在高校毕业生就业中出现的一个新概念，它特指毕业生在就业主管部门就业方案中尚处于待就业中，但实际上毕业生已经通过合法途径取得劳动收入的就业形式。比如毕业生就职于小型私企或临时就职于企事业单位等，其工作具有短期性、灵活性、流动性等特点。

国家鼓励大学毕业生灵活就业，有关部门已制定出相关保障措施，如基本医疗保险、档案托管等，以确保大学毕业生在选择灵活就业的同时，没有后顾之忧。

(八) 自主创业

自主创业时，毕业生不是向社会“寻求”工作，而是利用自己所学知识，通过科技创新、社会服务或利用自己的特长，自己或与他人合作创办公司。毕业生自主创业的同时，不仅解决了自己的就业问题，而且还可以为他人创造就业机会。自主创业已成为大学毕业生的一种新的就业途径。

## 四、获取求职信息的渠道

**1. 个人搜索**

个人搜索是指大学毕业生广泛搜集自己专业和谋职范围内招聘单位的信息资料并加以研究。个人搜索是一种不通过任何中介的直接求职方式。

**2. 上门搜集**

现实情况表明，漫无目的且随便地把个人简历邮寄给招聘单位，这种方式成功率最低。但是，直接上门拜访每一个令你感兴趣的公司或工厂，无论他们是否有空缺职位，询问他们是否想要一名像你这样的职员，是否有你完全能适应的职位，这种方法的求职成功率将成倍地提高。通过实地考察，对招聘单位的地理环境等外部条件有清晰的认识，可待决策时参考。

**3. 采取发函、打电话等方式搜集**

采取发函、打电话等方式咨询招聘单位人事部门有无近期招聘信息，在发函时附上一张回函邮票更好，以显示自己求职的诚心和求职的急切心情。

**4. 大学毕业生就业指导机构**

学院的毕业生就业指导机构专门从事毕业生就业指导工作，是毕业生获取求职信息的主要渠道。在每年毕业生就业阶段，学院毕业就业指导机构会有针对性并及时地向各个招聘单位发布毕业生资源信息，并以电话联系和参加各种信息交流活动等方式征集利用大量的需求信息。这些机构在毕业生和招聘单位之间架起一座信息桥，从而使毕业生获得许多需求信息。这些信息数量大，针对性、准确性、可靠性都较强。同时学院还会将搜集的需求信息加以整理、公布，这是毕业生求职的最主要的信息源。

5. 社会关系

一般来说，社会关系包括家长、亲戚、朋友、师生、校友以及其他熟人。毕业生可以直接通过家长、亲友、同学及其他熟人的帮助来广泛收集就业信息。这种信息针对性强，参考价值较高，是大学生就业的重要渠道。

6. 传播媒介

传播媒介不仅传播速度快，而且涉及面广，信息传播也很及时。许多招聘单位通过新闻媒介，如广播、电视、报纸、杂志、电话及网站等，介绍企业状况、发展前景及人才需求，从而成为一个巨大的信息源。

7. 各类就业市场

很多用人单位会委托人才中介机构，发布招聘信息，对网申的简历进行网上筛选和打分，确定宣讲的目标人群或者下一步面试的名单。因此，各类人才服务机构信息量大，种类齐全，只要毕业生能把握好机会，将会大有收获。

我省主要的人才网站如下：

福建省毕业生就业创业公共服务网(http: //rst.fujian.gov.cn/fjbys/ )；

中国海峡人才网( www.hxrc.com )；

福建人才联合网( www.fjrclh.com)；

福建建筑人才网(www.fjjzrc.com)；

福建青年人才网(www.fjqnrc.com)；

福建信息产业人才服务中心(http: //fjite.gov.cn/)；

东南人才网( www.dnrcw.com)；

厦门人才网(www1.xmrc.com.cn)；

福州人才网(www.xmrc.com.cn)；

泉州人才网(www.qz100.com)；

南平人才网(www.nprc.com.cn)；

三明人才网(www.smrsrc.com)；

宁德人才网(www.ndrc.com.cn)；

莆田人才网(www.ptrc.com.cn)；

漳州人才网(www.zzjob.net)。

## 第三节　大学生就业创业扶持政策

### 一、福建省大学生就业扶持政策摘要

(一) 在校学生扶持政策

1. 推行创业教育

享受标准：在大中专院校(含技工院校)全面推行创业教育，实施弹性学制，放宽学生

修业年限，允许在校生保留学籍休学自主创业。

承办部门：各级教育部门。

文件依据：《福建省人民政府关于进一步加强新形势下就业创业工作十五条措施的通知》(闽政〔2015〕44号)。

**2. 支持调换专业**

享受标准：在本科三、四年级，专科二、三年级，允许学生根据紧缺产业的人才需求转专业或调整专业方向，促进人才培养与社会需求、就业创业的良性互动。

承办部门：省教育厅。

文件依据：《福建省人民政府关于加快发展现代职业教育的若干意见》(闽政〔2015〕46号)。

**3. 推行现代学徒制**

享受标准：坚持校企双主体育人，签好学生与企业、学校与企业这两个合同。对于实行现代学徒制培养的在校生由企业给予生活补助，每年补助标准由省财政厅、人社厅、教育厅下达。政府从就业专项资金中安排经费补助企业，从职业教育专项经费中安排经费奖补学院。

承办部门：省财政厅、人社厅、教育厅。

文件依据：《福建省人民政府关于加快发展现代职业教育的若干意见》(闽政〔2015〕46号)。

**4. 设立高校家庭经济困难毕业生就业补助金**

享受标准：省内高校达到毕业条件的普通全日制建档立卡家庭经济困难、低保家庭(含特困人员)和家庭经济困难残疾本专科学生，参加公考、考级、考证、考研、面试等按2000元/人标准一次性补助。

承办部门：省内各高校。

文件依据：福建省教育厅福建省财政厅《关于做好高校家庭经济困难毕业生资助工作的通知》(闽教学〔2017〕38号)。

**5. 国家助学贷款还款救助**

享受标准：通过国家助学贷款完成毕业的家庭经济困难学生，毕业后确实无力按期偿还贷款的，可根据《福建省国家助学贷款还款救助操作规程》(闽教学〔2017〕24号)有关要求，申请还款救助。

承办部门：省教育厅、省财政厅。

文件依据：福建省教育厅和福建省财政厅《关于做好高校家庭经济困难毕业生资助工作的通知》(闽教学〔2017〕38号)；《福建省国家助学贷款还款救助操作规程》(闽教学〔2017〕24号)。

**6. 应征入伍服兵役国家资助**

享受标准：高校家庭经济困难应届毕业生应征入伍的，除享受高校就业补助金外，可根据《高等学校学生应征入伍服义务兵役国家资助办法》(财教〔2017〕236号)，申请学费补偿或国家助学贷款代偿。

承办部门：省教育厅、省财政厅。

文件依据：福建省教育厅和福建省财政厅《关于做好高校家庭经济困难毕业生资助工作的通知》(闽教学〔2017〕38 号)；《高等学校学生应征入伍服义务兵役国家资助办法》(财教〔2017〕236 号)。

### (二) 毕业学年及毕业后扶持政策

#### 1. 就业扶持相关政策

1) 求职创业补贴

补贴标准：省内高校(含部属、省属和设区市属高校)毕业年度内有就业意愿的享受城乡最低生活保障、零就业家庭的、已获得国家助学贷款的全日制普通高校毕业生(已明确毕业后继续升学、出国出境以及暂无就业愿望的人员除外)和全日制普通高校残疾高校毕业生，给予一次性求职补贴，标准为 2000 元/人。

承办部门：各级人社部门。

文件依据：《福建省人民政府关于进一步加强新形势下就业创业工作十五条措施的通知》(闽政〔2015〕44 号)；《福建省人民政府关于做好 2015 年普通高等学校毕业生就业创业工作的通知》(闽政〔2015〕13 号)；《福建省财政厅福建省人力资源和社会保障厅关于印发〈福建省就业专项资金管理办法〉的通知》(闽财社〔2015〕4 号)。

2) 见习补贴

补贴标准：对经县级以上人力资源社会保障部门认定的见习企业(单位)吸纳离校未就业高校毕业生参加 3～6 个月就业见习的，可享受就业见习补贴。见习补贴由见习企业(单位)先行垫付。补助标准由省级及设区市级政府按不低于当地最低工资标准的 50%确定。对毕业生见习期满留用率达到 50%以上的单位，各地可适当提高见习补贴标准。

承办部门：各级人社部门。

文件依据：《福建省人民政府关于进一步加强新形势下就业创业工作十五条措施的通知》(闽政〔2015〕44 号)、《福建省财政厅人社厅关于印发〈福建省就业专项资金管理办法〉的通知》(闽财社〔2015〕4 号)。

3) 试用期工资

补贴标准：对到省扶贫开发工作重点县机关事业单位就业的高校毕业生，试用期可直接按试用期满后工资确定。

承办部门：各级人社部门。

文件依据：《福建省人民政府关于进一步加强新形势下就业创业工作十五条措施的通知》(闽政〔2015〕44 号)。

4) 招录公务员优先

享受标准：全省公务员录用考试安排当年招录计划数 15%的职位，用于定向招录符合条件的服务基层项目的高校毕业生及退役大学生士兵。承担服务基层项目的县(市、区)在开展事业单位公开招聘时，可结合实际适当提高定向招考比例。鼓励各地在基层特别是街道(乡镇)、社区(村)购买一批公共管理和社会服务岗位，优先吸纳高校毕业生就业。

承办部门：各级人社部门。

文件依据：《福建省人民政府关于进一步加强新形势下就业创业工作十五条措施的通知》(闽政〔2015〕44 号)。

**2. 社会保险补贴政策**

(1) 离校未就业高校毕业生灵活就业后，向公共就业人才服务机构申报就业并以个人身份缴纳基本养老保险费、基本医疗保险费的，可给予不超过其实际缴费额 2/3 的基本养老费、医疗保险费补贴，补贴期限最长不超过 3 年。

(2) 毕业 5 年内高校毕业生、就业困难人员在闽自主创业，本人及其招收的应届高校毕业生(包括毕业学年高校毕业生及按发证时间计算，获得毕业证书起 12 个月以内的高校毕业生)可同等享受用人单位招收就业困难人员社会保险补贴政策。

(3) 小型微型企业[中小微企业划型标准按照《关于印发中小企业划型标准规定的通知》(工信部联企业〔2011〕300 号)执行]招用应届高校毕业生，与其签订 1 年以上期限劳动合同并按规定缴纳基本养老保险费、基本医疗保险费的，按其实际招用应届高校毕业生人数给予 1 年期限的基本养老、医疗保险补贴，不包括个人应缴纳的基本保险费。

承办部门：各级人社部门。

文件依据：《福建省人民政府关于进一步加强新形势下就业创业工作十五条措施的通知》(闽政〔2015〕44 号)；《福建省财政厅福建省人力资源和社会保障厅关于印发〈福建省就业专项资金管理办法〉的通知》(闽财社〔2015〕4 号)。

**3. 职业培训补贴相关政策**

1) 职业培训补贴

补贴标准：参加经人力资源社会保障部门批准的培训机构组织的职业技能培训，获得人力资源社会保障部门颁发的职业培训结业证书或通过社会化考试取得国家职业资格证书的按相应技能等级确定补贴标准：初级工(五级)每人 500 元；中级工(四级)每人 700 元；高级工(三级)每人 1000 元；技师(二级)每人 1600 元；高技技师(一级)每人 2000 元。参加就业公共服务机构、省级重点以上技工院校组织的职业培训或按项目运作培训获得职业培训结业证书的补贴标准为每人 350 元。

承办部门：各级人社部门。

文件依据：《福建省人民政府关于进一步加强新形势下就业创业工作十五条措施的通知》(闽政〔2015〕44 号)；《福建省财政厅福建省人力资源和社会保障厅关于印发〈福建省就业专项资金管理办法〉的通知》(闽财社〔2015〕4 号)。

2) 职业技能鉴定补贴

补贴标准：初次通过国家职业技术工种鉴定、取得国家职业资格证书的大中专院校(含技工院校)毕业学年学生，补贴标准按物价部门核定的实际收费额的 80%确定，且每人不超过 150 元。

承办部门：各级人社部门。

文件依据：《福建省人民政府关于进一步加强新形势下就业创业工作十五条措施的通知》(闽政〔2015〕44 号)；《福建省财政厅福建省人力资源和社会保障厅关于印发〈福建省就业专项资金管理办法〉的通知》(闽财社〔2015〕4 号)。

### 4. 创业扶持相关政策

1) 创业培训补贴

补贴标准：参加有资质的教育培训机构组织的创业培训并取得培训合格证书的，不超过 1000 元/人。每位符合条件的人员只能享受一次补贴，不得重复申请。

承办部门：各级人社部门。

文件依据：《福建省人民政府关于进一步做好新形势下就业创业工作十五条措施的通知》(闽政〔2015〕44 号)；《福建省财政厅福建省人力资源和社会保障厅关于印发〈福建省就业专项资金管理办法〉的通知》(闽财社〔2015〕4 号)。

2) 创业资助

补贴标准：在校及毕业 5 年内的普通高等学校、职业学校、技工院校学生，就业困难人员租用经营场地在闽创业(在各类创业孵化基地、创业园等已享受政府租金优惠政策的除外)，给予最长 2 年，不超过租金 50%，每年最高 3000 元的创业资助。

承办部门：各级人社部门。

文件依据：《福建省人民政府关于进一步做好新形势下就业创业工作十五条措施的通知》(闽政〔2015〕44 号)；《福建省财政厅福建省人力资源和社会保障厅关于印发〈福建省就业专项资金管理办法〉的通知》(闽财社〔2015〕4 号)。

3) 初创企业经营者进修学习资助

补贴标准：每年资助一批具有发展潜力和带头示范作用突出的初创企业经营者，参加 EMBA、MBA 等高层次进修学习，各地就业专项资金按不超过实际费用 80%且每人不超过 1 万元标准给予补助。

承办部门：各级人社部门。

文件依据：《福建省人民政府关于进一步做好新形势下就业创业工作十五条措施的通知》(闽政〔2015〕44 号)。

4) 创业担保贷款

贷款额度：大学生自主创业可申请最高 30 万元创业担保贷款。

贷款贴息：在贷款基准利率基础上上浮 3 个百分点以内的，由财政予以贴息。各地可结合当地实际，确定支持对象、标准和条件，对现行中央、省级政策规定之外发放的创业担保贷款，贴息资金由各地自行承担。从 2016 年起，贴息资金不再从就业专项资金中支出，从其他途径列支。

贴息期限：最长不超过 2 年。

承办部门：各级人社部门(条件认定)、经办银行(贷款)、财政部门(贴息)。

文件依据：《福建省人民政府关于进一步做好新形势下就业创业工作十五条措施的通知》(闽政〔2015〕44 号)；《财政部人力资源社会保障部关于印发就业补助资金管理暂行办法的通知》(财社〔2015〕290 号)；《福建省财政厅福建省人力资源和社会保障厅关于印发〈福建省就业专项资金管理办法〉的通知》(闽财社〔2015〕4 号)。

5) 税费减免

减免标准：一是毕业年度内高校毕业生从事个体经营或创办个人独资企业的，在 3 年内按每户每年 9600 元为限额依次扣减其当年实际应缴纳的营业税、城市维护建设税、教育费附加、地方教育附加和个人所得税。二是对高校毕业生创办的符合财政部、国家税务总局《关于小型微利企业所得税优惠政策有关问题的通知》(财税〔2014〕34 号)规定条件的小型微利企业，按规定条件享受小型微利企业所得税优惠政策。对年应纳税所得额低于减免额度的小型微利企业，其所得额按 50%计入应纳税所得额，按 20%的税率缴纳所得税，该政策执行至 2016 年 12 月 31 日。

承办部门：各级国税局、地税局。

文件依据：《福建省人力资源和社会保障厅等十二部门关于鼓励扶持高校毕业生回乡创业的通知》(闽人社文〔2015〕197 号)；《福建省人民政府关于做好 2015 年普通高等学校毕业生就业创业工作的通知》(闽政〔2015〕13 号)。

6) 支持返乡创业

补贴标准：高校毕业生回乡创业项目新增的土地承包经营权流转面积连片 10 亩以上、流转年限 3 年以上的，自创业之日起三年内由创业地县级财政每年给予每亩 500 元的资金补助，三年补助总额不超过 10 万元；土地承包经营权流转满 3 年继续流转的，每年给予每亩 100 元的资金补助。

承办部门：创业地财政局、人社局。

文件依据：《福建省人力资源和社会保障厅等十二部门关于鼓励扶持高校毕业生回乡创业的通知》(闽人社文〔2015〕197 号)。

7) 创业带动就业补贴

补贴标准：初创三年内的小微企业(不含个体工商户)吸纳就业(签订 1 年以上期限劳动合同并缴纳社会保险费)的，可按人数给予每人不超过 1000 元、总额不超过 3 万元的创业带动就业补贴。

承办部门：各级人社部门。

文件依据：《福建省人民政府关于进一步做好新形势下就业创业工作十五条措施的通知》(闽政〔2015〕44 号)。

8) 网络创业人员享受就业创业政策

补贴标准：经工商登记注册的网络创业人员，同等享受各项就业创业扶持政策；未进行工商登记注册的，可认定为灵活就业人员，享受相应扶持政策。

承办部门：各级人社部门。

文件依据：《福建省人民政府关于进一步做好新形势下就业创业工作十五条措施的通知》(闽政〔2015〕44 号)。

### (三) 《就业创业证》申领管理办法

发放范围：进行就业登记、失业登记的劳动者；被认定为就业援助对象的劳动者；享受相关就业扶持政策的劳动者；省级人力资源社会保障部门规定范围内的其他劳动者。

办理流程：

(1) 办理就业登记及申领《就业创业证》：各类用人单位为招用劳动者，个体经营、灵活就业、自主创业的劳动者直接向公共就业和人才服务机构申领《就业创业证》。

(2) 办理失业登记及申领《就业创业证》：在法定劳动年龄内，有劳动能力，有就业要求，处于无业状态的城镇常住人员，其中包含就业困难人员、零就业家庭、城镇低保家庭、农村贫困家庭劳动力等，在公共就业和人才服务机构进行失业登记，申领《就业创业证》。

(3) 高校毕业生申领《就业创业证》：毕业年度内高校毕业生在校期间需申领《就业创业证》的，由毕业生登录福建省毕业生就业公共网，填写《福建省高校毕业生就业创业证申请登记表》，经所在高校毕业生就业工作部门审核、省大中专毕业生就业工作办公室复核后，所在高校毕业生就业部门打印表格，由毕业生本人或委托所在高校毕业生就业工作部门，凭加盖高校毕业生就业工作部门印章的《福建省高校毕业生就业创业证申请登记表》及申请人身份证，向高校所在地或就业创业地公共就业和人才服务机构申领《就业创业证》；毕业年度内高校毕业生离校未就业的直接向就业创业地公共就业和人才服务机构申领《就业创业证》。

持证享受优惠政策：持证处于失业状态并有缴纳失业保险费的可按规定向公共就业服务机构申领失业保险金；灵活就业并缴纳社会保险费的可向公共就业服务机构申请社会保险补贴；持证(注明“自主创业税收政策”)人员自主创业的可向税务部门申请税费减免优惠。

承办部门：各级人社部门。

文件依据：《福建省劳动和社会保障厅关于印发〈福建省就业登记和失业登记管理办法〉的通知》(闽劳社文〔2009〕15 号)；《福建省人力资源和社会保障厅转发人力资源社会保障部关于进一步完善就业失业登记管理办法的通知》(闽人社文〔2015〕106 号)；《福建省人力资源和社会保障厅等十二部门关于鼓励扶持高校毕业生回乡创业的通知》(闽人社文〔2015〕197 号)；《福建省人民政府关于做好 2015 年普通高等学校毕业生就业创业工作的通知》(闽政〔2015〕13 号)。

## 二、学院对困难毕业生的就业政策

### 1. 职业指导

对家庭困难毕业生、残疾毕业生、灾区生源毕业生和少数民族毕业生等各类困难毕业生，各系(院)指定专人负责，建立就业困难学生的个性档案，实行“一生一策”动态管理，精准帮扶。

### 2. 就业帮扶

优先向适宜单位、合作密切的企业和实施订单培养的企业进行重点推荐，优先予以安排。设置专项就业援助基金，对符合条件的建档立卡家庭经济困难、家庭经济困难、身体残疾等毕业生进行就业援助，给予一次性 2000 元/生求职补贴；对于报名“三支一扶”计划、“社区服务计划”等基层项目的就业困难毕业生予以重点推荐，对于被录用的毕业生，每生给予 2000 元奖励补贴。

## 三、学院大学生创新创业扶持政策

我院大学生创新创业扶持政策如下图所示。

1. 入驻大学生创新创业园

学院提供桌椅、电脑等基本办公设备，免交水电、卫生、网络通信等费用，免费开放实验室、创新创业实训基地、大师工作室等，对进入创业园经营满一年，经评估已成功运转并盈利的，予以 5000 元奖励。

2. 设立创新创业奖学金

创新创业奖学金用于表彰在创新创业中表现突出的学生。

3. 建立大学生创新创业专家指导团

每个项目选配一名校内和一名校外导师，为大学生创新创业提供免费的创业培训、技术、智力、政策咨询、法律援助等方面经常性的咨询、专业化的指导和跟踪服务。

4. 协助创新创业孵化项目申请各类创业扶持基金

支持大学生参加各类创业项目比赛，为大学生创新创业搭建交流合作、融资对接、宣传奖励等平台，展示创新创业教育成果，通过多种渠道，向社会宣传、推介成熟的创业项目。

5. 推行休学创新创业

实施弹性学制，放宽学生修业年限，允许调整学业进程、保留学籍休学创新创业。在校生休学创业的修业年限在原有学制基础上可延长 2～5 年，学生可根据创业需要与学院协商确定休学年限，办理相关休学手续；恢复学籍后，学院根据其创业规模给予 5～10 个学分奖励，并支持其转入与创业项目相关的专业学习。

6. 学分奖励

在校生在大学生创业基地创业经营满一年，经评估可抵 3 个学分，并可作为学生评先评优的加分项目。

7. 参加创新创业大赛奖励

(1) 学院设立大学生创新创业竞赛奖励金，用于奖励在参加创新创业大赛中获奖的参赛项目。

(2) 所有创新创业类竞赛项目，必须经学院领导审批后方可参加，主要有：中国“互联网+”大学生创新创业大赛、中国女大学生创新创业大赛、“挑战杯”中国大学生创业计划竞赛、福建省大学生文化创意设计大赛、莆田市互联网经济创新创业大赛、莆田市大学生创新创业大赛等。

(3) 获奖学生集体或个人的奖励参照表如下表所示。

| 级别＼奖次 | 一等奖 | 二等奖 | 三等奖 | 优秀奖 |
|---|---|---|---|---|
| 国(部)级 | 30000 | 20000 | 15000 | 1000 |
| 省级 | 10000 | 5000 | 2000 | 500 |
| 市级 | 1000 | 800 | 600 | 200 |
| 校级 | 校级比赛及同项目赛事晋级比赛以单次比赛方案规定的奖励金为准 | | | |

(4) 参加创新创业竞赛对应学分奖励参照表如下表所示。

| 竞赛级别 | 院级 | | | | 市级 | | | | 省级 | | | | 国家级 | | | |
|---|---|---|---|---|---|---|---|---|---|---|---|---|---|---|---|---|
| | 优秀奖 | 三等奖 | 二等奖 | 一等奖 | 优秀奖 | 三等奖 | 二等奖 | 一等奖 | 优秀奖 | 三等奖 | 二等奖 | 一等奖 | 优秀奖 | 三等奖 | 二等奖 | 一等奖 |
| 专业技能类竞赛 | 0 | 0 | 0 | 2 | 0 | 1 | 2 | 4 | 1 | 4 | 6 | 10 | 4 | 10 | 12 | 16 |

## 8. 学院创新创业园项目入驻申报流程

学院发布招募公告征集项目

⇩

申请人提交相关入驻申请材料

⇩

各系(院)对创业项目进行初审

⇩

初审合格项目进行答辩

⇩

各系(院)确定入驻项目，报创新创业园管理机构审

⇩

审批通过，项目负责人与学院签订入驻协议

⇩

创业项目正式入驻

# 第四节　毕业生就业创业的建议

## 一、对大学生就业的建议

在高等教育由精英式教育转变为普及教育的今天，大学生不再是“天之骄子”，上大学不等于就业这是不争的事实，目前大学毕业生的就业率低，很多大学生毕业后根本找不到工作，有部分临时找到一份工作，因低于自己期望值而慢慢放弃；面对严峻的就业形势，所有大学生都很担心自己的前程。其实过于忧虑也没有必要，关键在于理解上大学的意义，上大学的真正目的在于：能让自己成为有独立思考的人；能让不成熟的心灵变得成熟、让浮躁的心变得沉稳；能培养自己的气质和内涵。大学生只要正确面对就业，正确择业，大学毕业后，凭借自己对工作的热忱，一定会找到适合自己的工作。下面就大学生就业提出几点建议：

### 1. 提前进行职业生涯规划

大学期间应根据自己的性格、特点、习惯、兴趣、爱好提前对自己的职业进行规划，选择什么职业、从事什么工作，自己要有一个目标，因为人有了目标，才有动力，才会朝目标方向去努力。有了职业规划，才能有重点地学习、锻炼、实践，把自己打造成一个社会有用的人才。

### 2. 多掌握一些知识和技能

当然，知识并不是越多越好，而是越实用越好，现在企业喜欢一专多能的人才，学文的人要懂一些理工科常识，学理工科的要懂一些基本的文科常识，企业需要的是综合性人才，否则你的职业生涯将是比较痛苦的。

### 3. 培养自己的特长

专业由于种种原因，可能你并不喜欢它，话又说回来，这世上你喜欢的东西可能没有多少，这没有关系，但需要你起码要培养自己的一个专长。如果你样样都好，但没有特长，企业很难安排你的工作。

### 4. 参与集体活动

参与集体活动不仅可以培养自己的团队精神，还可以获得人际关系技巧、角色认知、扩大视野、能力得到体现、价值得到承认。企业现在越来越讲究团队合作，任何一个脱离团队合作的人，在企业里都不可能长久。

### 5. 培养好习惯

叶圣陶曾说：“教育就是培养习惯。”培根有言：“习惯是人生的主宰。”好的习惯可以使人走向成功，坏的习惯使人失败，习惯决定命运，为了未来命运，大学生在校期间必须养成好习惯。

### 6. 加强自身修养

修养是一个人立足社会待人处事的一种态度，它反映了一个人的涵养和水平。良好的修养也是文化知识对人心润泽的结果，是内在的人格魅力的表现。如果一个人的修养低，他的个性必定显得粗糙、张扬，不懂内敛，这样的人也许会浮夸、虚伪，同时，这也无异于树大招风、招致祸端。

7. 勤于思考

人与动物的最大区别就是人有思维，会思考，能在思考中不断超越自己，勇于创造，思考就是进行比较深刻、周到的思维活动。同时思考是获取知识的关键。生命不息，思考不止。因此大学生在学习期间，不能“读死书”、要勤于思考，敢于挑战书本、权威。思考如何学习、如何工作、如何生活、如何做人。

8. 参加实践活动

参加各种社会活动，一方面可以让你看到学校以外的世界，有个感性的认识，懂得如何去加强自己的弱项，另一方面可以获得经验、发现自己的长处和能力，锻炼自己的实际工作能力和解决实际问题的能力，最好能在课余时间寻求与自己本专业或未来职业有关的工作进行社会实践，使自己的知识和技能融会贯通，综合起来，为己所用。

9. 锻炼身体

好的身体会让人精神焕发、精力充沛，让人看到有种愉快的感觉，任何企业都不喜欢病怏怏的人。

10. 学会与人相处

社会和学校最大的不同就是人际关系复杂，尽管你的各方面能力都很突出，但如果人际关系处理不好，仍然很难取得成功。要学会与任何人友好相处，不管老还是少，男还是女，地位高还是低都要与之友好相处，这样大家才会喜欢你、帮助你、支持你。

通过上述各方面的努力，职前就达到职业的基本要求，并为将来的成长、提拔、重用埋下“种子”，那你的前途将是一片光明，当然上述要求并不是一两天就能做到的，应该越早开始越好。

## 二、对大学生自主创业的建议

1. 树立全新的人才观，重视创业素质的自我培养

成功的创业者具备一些核心的主要特质和次要特质，要有创业观念、有才、有胆、有识，同时有坚忍不拔的意志，克服创业过程中的困难，重视创业素质的自我培养，注重培养自己的能力，锤炼自己的胆子，同时培养自己的创业人格、创业者思维和创业意识与技能。

2. 注意在思想上和精神上锤炼自己

要树立自信、自强、自主、自立意识。自信就是对自己充满信心，相信自己有能力。自强赋予人主动积极的人生态度和进取精神，相信自己能够成为创业的成功者。自主就是具有独立的人格，具有独立性思维能力，不受传统和世俗偏见的束缚，不受舆论和环境的影响，能自己选择自己的道路，善于设计和规划自己的未来。自立就是凭自己的头脑和双手，凭借自己的智慧和才能，凭借自己的努力和奋斗，建立起自己生活和事业的基础。

**3. 广泛获取创业经验**

如今，不少大学都开设了创业指导课，教授创业管理、创业心理等内容，帮助大学生打好创业知识的基础。大学图书馆也提供创业指导方面的书籍，大学生可通过阅读增加对创业市场的认识。通过这种途径获得创业知识，往往针对性较强。

**4. 注重自身能力的综合培养**

大学生要学会认知，学会做事，学会生存创业。从事创业的人既要懂经营，又要善管理，既要能协调处理各方面的关系，又要当机立断，临危不乱，既要能言善辩，又要能谈判公关，既要能开拓创新，又要不怕挫折。因此，创业能力的综合性很强，其中要有管理能力、组织协调能力、创造能力、经营能力、语言表达能力、判断能力、应变能力、分析问题和解决问题能力、把握机会的能力、谈判能力等。

**5. 通过各种渠道积极参加实践活动，培养自己的创业能力**

实践环节能使大学生在校期间积累创业经验，培养创业能力的有效途径。所以大学生在校期间要积极参与创业实践活动，如大学生创业大赛等。其次，大学生还可通过参与社团组织活动、创业见习、兼职打工、求职体验、市场和社会调查等活动来接触社会，了解市场，并磨炼自己的心志，提高自己的综合素质。这些活动成为大学生步入社会大课堂的第一步，同时大学生在参与实践的过程中，既为他们将来开展创业活动积累了经验，也培养了他们分析问题和解决问题的能力、组织协调能力、管理能力、语言表达能力等，也有利于增强大学生的创业热情和创业意识，为大学生提供应对挫折，面对各种困难的心理准备，促进大学创业成功。